XUE XI FANG FA DE
        GE BAI NI GE MING

教育部全国特色高中建设课题研究成果

学习方法的
哥白尼革命

刘　伟◎著

海天出版社（中国·深圳）

图书在版编目（CIP）数据

学习方法的哥白尼革命 / 刘伟著. — 深圳：海天
出版社，2011.03
ISBN 978-7-5507-0074-1

Ⅰ.①学… Ⅱ.①刘… Ⅲ.①学习方法 Ⅳ.
①G791

中国版本图书馆CIP数据核字（2010）第261930号

学习方法的哥白尼革命
Xuexi Fangfa De Gebaini Geming

出 品 人　陈新亮
责任编辑　蒋鸿雁
责任技编　梁立新
责任校对　黄海燕
装帧设计　思成致远

出版发行　海天出版社
地　　址　深圳市彩田南路海天综合大厦（518033）
网　　址　www.htph.com.cn
订购电话　0755-83460293（批发）　83460397（邮购）
设计制作　深圳市思成致远创意文化有限公司　Tel：0755-82537697
印　　刷　深圳市希望印务有限公司
开　　本　787mm×1092mm　1/16
印　　张　12.5
字　　数　200千
版　　次　2011年03月第1版
印　　次　2015年01月第3次
定　　价　28.00元

目录

序

学习，作为一个词，几乎无人不晓。从上幼儿园的第一天起，孩子就可能会接触这个词。其实从生下来起，人就在实践这个词。再到后来，进了学校，更成为职业学习者。但从小学、中学直至大学，随着学习进度的加深，学习时间的延伸，学习的问题却越来越多。直至今日，学习作为一种系统工程，竟陷入困境，乃至绝境。大家貌似都在学习，却越来越不知道学什么和怎么学。

学习成为我们这个时代最困惑的问题。要命的是，这种困惑还会一代一代地延续下去，最终葬送我们这个学习历史最悠久、学习旅途最漫长的民族。这一点也不是危言耸听。

因为，回望一下老祖宗，似乎他们早在两千多年前就悟出了学习的真谛，我们是如何一点一点地丢掉那些珍珠的呢？

在古代，"学"和"习"不是一码事，两个字是应该拆开来理解的，所以在《论语》里孔子劈头第一句就说：学而时习之，不亦说乎。关于这句话历来也是解说不清，对于"学"倒是基本一致，分歧在于对"习"的认识，通常的解释是：学到的东西要时常地加以复习。而实际的意思应该是：学到的东西要时常地加以练习、实践，也就是操作的意思。另外，"时"除了"时常"之外，还有一层"适时"的意思，"适时"就不是被动地顺应时间，而含有主动地选择（时间）。

之所以搬出孔夫子，绝不是为了唬人，而是因为今天我们的教育体制已经偏离了轨道，离先贤为我们求索出的正道相去甚远。正如学者薛涌所言："在孔子以后，'中华民族'的'生命共同体'死了"，从这个意义上，薛先生认为"我们的文化失败了，我们仍生存在这种失败的痛楚之中。挖掘孔子的意义，是为了再给我们这个文明一次机会"。这是站在大文化的视野看问题，而在我看来，与其说是我们的文化失败了，不如更直接地说"我们的教育失败了"，而且是大败。因为文化是终极的塔尖，是最后的制高点，而塔基是教育，是最初的出发点。没有了教育，文化的传承和创新又从何而来？

在孔子时代，已经知道"学习"既包含"学"，也包含"习"，但两千年之后，我们却让"学习"成为一个复合词。五四开始，我们进行了历史上最具颠覆性的文体改革，废除文言文，推行白话文。白话文让文言时代的大量单音节词变成为双音节词，于是"学"与"习"便顺理成章地近亲结婚成为"学习"。但白话文的许多双音节词都伴生着语义的模糊性和偏向性，这种模糊性和偏向性具有先天性。比如"是非"，原本包含着是与非，而今人用这个词大都形容"非"。因此，"学习"这个词的天平也就偏向于"学"，"习"便成了附庸。

这种语词上的变化，并不止于语词。变化往往始于变话，在我们对母语的一再改造中，我们从文化母体中日益剥离，最终成为文化孤儿。我们从精确的"学"与"习"变成既全面又含混的"学习"后，孔子所代表的文化精神和教育精神便也一道失传了。这种令人痛惜的失传，随着时间的推移逐渐加速，而且终将失控。

于是，我们看到我们的孩子，在僵化的应试教育的牢笼中成为奴隶，他们只懂得打勾或打叉；于是，我们看到我们的孩子，在分数的评价体系中失去快乐、失去童年、失去生活；于是，我们看到曾经把圆圈想象成苹果和太阳的少年，成为青年时只能把圆圈想象成硬币，成为中年时只能把圆圈想象成橡皮图章；于是，我们看到太多不愿看到的东西，看到中国人的创造力在一天天萎缩下去，看到精神世界在日甚一日地苍白失血……

正是在这种对于中国教育制度的浓重悲观中，刘伟先生拿来了他的书稿《学习方法的哥白尼革命》，在展阅书稿的这些天，我每天在感知着一种富有冲击力的思维。我是一个悲观主义者，而刘伟则不同，他对我们的教育虽然充满忧虑，但他比我乐观。而且由于他长期在教学一线，又不舍昼夜地思考教育的出路，所以他从解决方案入手切进教育，总是显得厚实。

我与刘伟认识有些年头了，他研究教育，我研究文化，经常进行关于文化和教育的对话，非常有意思的是，我们俩从两个不同的方向各自出发，却常常能在相同的地点交叉。我喜欢从文化角度触及教育，他喜欢从教育角度反观文化，虽殊途而同归，时有高度共识。每次交流，都各有所获。

及至这本《学习方法的哥白尼革命》，我更是对他有了全面的了解。说实话，我一直对作为一种方法论而存在的学习观存有疑虑。十年前有一本轰动一时的《学习的革命》，也不能让我满意，我以为，学习不仅是一种技术或者技巧，而是一种世界观，是世界在人自身中内化的结果。很多外在的所谓方法、诀窍等等都只是在做兜圈子运动。正如《易经》中的"易理"让我着迷，但所谓"易术"则让我看轻，觉得江湖术士的装神弄鬼让《易经》降格。而曾经的那本《学习的革命》，除了告诉我们"怎样才能一天读四本书，并且把它们记住；怎样在四到八周内掌握一门外语的核心内容"等等玄而又玄却无法兑现的技术，基本上是一本多余的书。

带着固有的疑虑看这部书稿，发现刘伟自有高明之处，他虽然仍然以"方式"、"方法"来破解学习问题，但实际上跳出了方法论的窠臼，在朝向"学习观"的内在路径。简单地说他是由外向内地掘进，目标在问题的"圆心"上，而远非在问题的外径上周旋。这就让他的书和那本过眼烟云的畅销书拉开了档次。

这本书由35篇随笔构成，分为六辑，为他的"学习观"画了一幅图，因为有了六个侧面，所以这幅图是全息的。每篇只谈一个问题，而且是建设性地谈，都可以单独阅读，所有随笔构成一个完整的思想体系。文字通俗易懂，尽量用讲故事、说人物、举实例、引名言来说明怎样通过最高效的学习方法成为智慧的人。读者对象是初中程度以上的各个层次、各种行业的读者，几乎包括了爱学习的所有人。让我感兴趣的是，刘伟主张"把学习变成研究"，在我看来，"把学习变成研究"正是回到"学而时习之"的本意，在这里"学习"与"研究"恰好对应了孔子的"学"与"习"。把二者放在一起考察，并且摆正双方的位置，其实才是真正打开学习困境的钥匙。从某种意义上，没有了研究，学习也就没有意义了。《礼记》中有"鹰乃学习"的句子，按许慎《说文解字》的解释，"习"的含义就是"数飞"，既是"数"飞，就不止飞一次两次，而是许多次，从颤颤巍巍地飞，到一飞冲天。小鸟虽然没有"学"飞翔课本，但通过雌鸟的身教加上"习"和"研究"，最后"数飞"而成。"鹰乃学习"即是这本书的最好注脚。

读这本书，于我而言也是一种学习，绝非谦词。

所以当刘伟请我为他作序时，我觉得汗颜。但有了共鸣，却是真切地兴奋，并不揣冒昧地记录下来，算没有白读。

相信读到这本书的读者也不会白读。

胡野秋

2011年1月于深圳无为居

（作者系文化学者、香港凤凰卫视策划人）

第一辑 <<<

成为杰出人才：

你需要哪些本领？

时代病：本领恐慌

我们的队伍里边有一种恐慌，不是经济恐慌，也不是政治恐慌，而是本领恐慌。

——毛泽东

工作、工作，哪里去找工作？

深圳每年都举办大学毕业生、研究生双向选择招聘会，出乎主办者意料的是，近些年全国都涌来十多万名大学毕业生、研究生、留学生，而招聘会只能提供两三万职位。每年招聘现场都人头攒动，人山人海，拥挤不堪，每个招聘摊位前都排起了长队……

深圳某公司要招聘一名普通文员，报纸上登出招聘广告后，竟然有100多位大学本科毕业生、研究生来应聘，其中许多是重点大学毕业的。经过笔试，挑出了13位硕士学历以上的毕业生参加面试。当最后录取了其中一位后，有两位落选的女硕士竟流下了眼泪……

据媒体报道，我国目前有几百万大学毕业生和研究生找不到工作，这个数字还在逐年增加，如今已超过1000万。农村近两亿的剩余劳动力还在源源不断地涌入城市，求职竞争已经到了白热化的程度。

不仅我国，当今世界各国政府最头疼的都是失业问题，每到经济下滑时期，失业率都居高不下。失业会引发贫富差距拉大、犯罪率上升、社会保障体系不堪重负、社会动乱等一系列社会问题，国家的稳定与就业率密切相关。

在南方出版社出版的《学习力》一书中，美国一位父亲发出了这样的感慨："每次我到幼儿园接女儿回家，望着她那无忧无虑的小脸蛋，我的担忧就愈发沉重起来：可怜的孩子啊！你知道不知道，许多年后，当你踏入社会谋求一份办公室普通文员的职位时，最少会有8个同胞与你竞争这个位置，其中包括两个耶鲁的博士、3个牛津的硕士，而另外3个则具有5年以上在跨国公司工作的经验。到那个时候，如果你不能比他们更优秀，就做好申请救济金的准备吧！"

如果你问问周围的朋友或同事，他们最感恐慌的是什么？十之八九是担心下岗、职位竞聘、孩子就业等问题，也就是担心自己或孩子被竞争激烈的社会所淘汰。就是那些有了稳定工作的人，其中许多人也还在努力学习新知识，不断增强自己的本领。就是各级官员，在社会飞速变化面前，也感到了本领不够的巨大压力。前些年，中共中央曾发出了加强党的执政能力的号召，这说明党的执政本领也不能适应社会的飞速发展，急需提高。

本领恐慌

毛泽东曾经在上世纪三十年代说过："我们的队伍里边有一种恐慌，不是经济恐慌，也不是政治恐慌，而是本领恐慌。"在当今这个变化空前迅速、竞争极为激烈的时代，本领恐慌更加普遍和强烈了。

曾被我国众多媒体称为"惊世才女"的石家庄才女王小平，在2001年她20岁的时候写了一本书《本领恐慌》，书中认为当今是一个本领恐慌越来越普遍和强烈的时代。王小平分析了产生本领恐慌的原因、当今和未来需要哪些本领、什么是最重要的本领等等。这本书一出版，立即成为畅销书，上百家媒体争相报道。可以说，《本领恐慌》触动了我国大众敏感的神经。

多少农村打工青年因为缺乏本领而挣扎在城市的最底层，生活相当艰难；多少高学历的毕业生因为缺乏现代社会需要的本领而难以找到合适的工作；多少国企职工因缺乏市场经济需要的竞争本领而下岗；多少蓝领工人缺乏职业技能而失业；多少公务员因为缺乏现代行政管理本领而面临职位竞聘的威胁；多少研发人员因为缺乏自主创新本领而开发不出原创性的成果；多少孩子因缺乏学习本领而上不了好的中学、大学；多少人因缺乏终身学习的本领而跟不上时代的飞速发展……

本领恐慌已经成为当代多发病和流行病，已经威胁到每一个人。

怎样尽快获得当今和未来社会需要的本领，已成为每个人面临的最紧迫问题。

奇缺人才

令人惊奇的是，在职位竞争空前激烈、许多大学生研究生找不到工作的同时，许多机构，特别是高新科技企业和跨国公司又痛感招不到合适的人才，特别是高层次的综合性人才，许多高新科技职位和高层管理职位空在那里无人能胜任。

深圳有一家研制无线上网设备的通讯公司，曾经在人才大市场连续摆摊三个月，招聘试用了60多位博士、硕士，但最终一位都没录用。公司人力资源部的经理感叹地说："这么多高学历的毕业生，怎么就没有一位我们满意的人才呢？"

如果和高新科技公司或跨国公司的总经理们聊聊，你会发现，他们最感着急的就是招不到合适的人才，特别是那种既懂专业又会管理、综合素质高、创新能力强、有开拓精神和组织能力的帅才更是难寻。他们想尽办法到处挖人才，甚至借助专业的"猎头公司"四处猎头。美国一家高科技公司的老总发现欧洲某国有一家公司里有一位大人才，为了得到这位人才，他竟然把这家公司整个买下！

这真是一个令人惊奇的现象！

一方面是我国大量高学历的毕业生找不到工作，另一方面是众多知识型的高科技企业和机构招不到合适的人才，如此强烈的对比说明了什么呢？

众多专家学者指出了许多原因，但笔者认为最重要最根本的原因是：当今我国教育系统所培养的毕业生大多已经不适应知识经济社会的需要了，教育体制、招生方法、教学方法、学习方法、考试方法、甚至学校形式已经严重滞后于社会的飞速发展，应该全面深入地反思一下我国的教育了！

郎咸平的警世之言

香港著名经济学家郎咸平曾经在烟台给民办企业家们举办了一次讲座，一位溜进会场的高二女生向他提问："有学者说我们当下是处在人口红利期，我们今天知道这个说法是错误的。当我们大学毕业以后，我们面临的问题将会更多，我们将面临我们的爸爸妈妈爷爷奶奶将要全部靠我们养活，以及到时候考大学将会更难，研究生会更多，以及就业难问题，我们现在应该做怎样的准备，才能在将来更好地度过我们的人生？"

郎咸平这样回答："我告诉各位和我们的民族，我们这么多的年轻人都在学什么？讲一句难听的话，我们的教育本身就是在摧残创造力。我们在干什么，我们在培养解题高手，像你这种爱提问的女孩，甚至老师都不会喜欢你。我告诉你A我期待你讲B，我告诉你C我期待你讲D，可是我们的大学教育没有培养学生这种能力。这种错误并不是一个学者专家的错误而是整个教育体系出了严重的错误。这句话我也送给各位家长，为什么中国科技大学的少年班是失败的，因为他们选拔的尖子学生根本不是天才而只是解题高手。为什么他们培养不出真正的天才？真正的天才要像你这样爱问问题才能成为天才，永远怀疑A。你们的子女只要读完本科的结果就会是这样，你告诉他A就是A，不会怀疑A是错的或者C是错的，各位理解我的意思吗？我希望每位父母把我的话带回去给你的子女，怀疑告诉你的一切都可能是错的，只有这样才会培养你独立思考的创造力。

"我们搞教改的原因是我们看到美国的大学生这么多，就误认为如果我们同样生产这么多的大学生就可以通过人力资本扩张像美国那样富裕，因为我们到处都是大学，最后发现今年培养出580万大学生，大部分找不到工作。

那就是因为，真正需要大学生的是整条产业链中的'六'，即科技开发、产品设计、企业管理、零售规划、仓储物流、市场营销，制造业这个'一'是不需要大学生的。搞教改的人完全不知道美国大学生比例这么高的原因，就是因为他们掌控着整个产业链的'六'，而我们掌控的是'一'。制造业本身不太需要大学生。科技开发、产品设计、零售规划、仓储物流这些方面需要大学生，可是我们都不掌控。都由谁掌控呢？由欧美各国掌控着。

"中国长此下去会成为最贫穷的国家，因为我们掌控了价值链中最不重要的一个环节，因为掌控了6+1中的'1'之后，带来的必然结果就是给你们一个最差的自然资源，挖光、用光的自然环境以及被剥削的劳工，我们这一代是最对不起下一代了。"

郎咸平教授最令人震惊的结论是："这种错误并不是一个学者专家的错误而是整个教育体系出了严重的错误。"

著名学者、原中国社会科学院美国研究所所长资中筠在一次讲座中指出："中国教育再不彻底改革，人种都会退化。"

其实我们不难发现，我国走火入魔的应试教育，已经使亿万学生失去了好奇心、想象力、自主创新能力，人种已经在大规模退化！

在我国教育短期内难以迅速改变的情况下，我们每个人都应当超前思考：当今和未来社会最需要什么样的人才？什么样的教育才能培养出这样的人才？采用什么样的学习方法才能成为这样的人才？

由于新经济的变化总是比教育体制变化快得多，我们每个人特别是青少年不能消极等待，消极等待的结果一定是未来缺乏社会最需要的本领，成为不幸福的人。我们每个人只有取法乎上，才能得乎中，才能在竞争中取得先机。那么这个"上法"该是什么样的呢？在必须终身学习的知识经济时代，怎样又快又好又快乐地学习，获得社会最需要的本领，已经成为每个人面临的生死攸关的问题。

"生存还是死亡，这是个问题"，哈姆雷特之问，又一次鸣响在每个人的耳畔！中华民族到了最危险的时候，并不危言耸听……

知识还不是力量

知识就是力量。

——培 根

知识变成本领才是力量。

——刘 伟

北大培养的废物

我的朋友陈总是深圳一家民营高科技公司的总经理，最近他正苦恼招不到人才。我觉得不可理解，现在大量大学生、研究生、留学生正愁找不到工作，怎么会招不到人才？陈总摇摇头说："我国的教育是用应试教育的办法培养学生，这样的学生很会解题和考试，许多学生考试成绩很好，但解决实际问题的能力很差，综合素质更不行。我的公司里研发能力最强的是一位大专生，他特别喜欢钻研，做事又踏实肯干，为人谦和，很有合作精神，综合素质远超过一些自我感觉良好的博士、硕士。我给他最高的工资，比博士还高。那些博士、硕士虽然显得知识很丰富，讲起来头头是道，但让他们去解决一个实际问题，他们往往束手无策，不知怎样下手，尤其不善与别人合作去解决问题，更缺乏组织管理能力。他们只是知识丰富，但缺乏实际本领。"

知识丰富，但缺乏实际本领，真是一语中的！

几年前，我国许多媒体曾经报道，北京大学有一位毕业生宣称自己是"北大培养的废物"，原因是他毕业后，发现自己缺乏社会需要的实际本领，求职到处碰壁，自己也没有创业能力，深感自己是被社会抛弃的废物。

这个新闻让人深感震惊！

北大是我国最高学府，是我国师资力量最强、软硬件条件最好、学习成绩最顶尖的学生最集中的地方。北大毕业生无疑知识是丰富的，但为什么这位毕业生却感到自己是"废物"呢？

原因就在于他的知识没有变成社会需要的本领，如果他有了这些本领，肯定会受那些急需人才的企事业单位的欢迎，还会觉得自己是"废物"吗？

知识变不成本领，尤其变不成知识经济社会最需要的本领，已经成为困惑每一个人的普遍问题，成为世界各国教育界重点研究的课题。

大学生的基本配备

那么大学生首先需要哪些基本的本领呢？

2008年，一场发源于美国的次贷危机突然爆发，迅速席卷全球，造成许多国家经济衰退，一时人心惶惶。

2009年，甲流在许多国家蔓延，各国医院频频告急，疫苗奇缺。

任何人都不会否认，当今世界是一个越来越全球化的、联系紧密的、日益变平的世界，某个国家的一次小小的风吹草动，很快便会引起连锁反应，影响全世界。在这个日新月异的时代，作为知识精英的大学生，需要些什么基本配备呢？

许多思想家和学者都指出：首先应当有一个正确的价值观。

台湾评论家、作家龙应台曾经指出：如今中国最流行的就是所谓"成功学"了，教人成功的书籍和杂志汗牛充栋，这些书籍和杂志永远被摆在书店进门最显眼的展示台上。大多数的封面是一个或一群穿西装的男人，两手交叉在胸前，带着极度自信的微笑，内容是告诉你如何往上爬，变成跨国企业的高级经理人。这些书籍或杂志会把"竞争"或"实力"等字眼印在封面，警告你早做准备，全力冲刺，营造出一种全球化来袭，害怕掉了队的恐惧气氛。

这些书籍和杂志把大众引向做成功的强者，但对全球经济游戏规则的不公平、民工的人权、跨国企业对落后国家的剥削、生态环境的破坏、全球气候变暖等等问题却有意忽略，不关心全球化中的弱者，不引导大众去为弱者说话，给他们帮助，不去检验全球化的竞争规则是否合理，不批判全球化的负面发展，而是引导大众去追求弱肉强食的野蛮成功。其实这样的成功是不择一切手段的、非人性的成功，从长远和本质上来看，其实是一种价值观误导。

全球化的意义，难道只在经济竞争一方面吗？看过电影《泰坦尼克号》的人会发现，在一条逐渐下沉的船上，去抢电影院里最好的位子没有意义。如今的地球，就像那逐渐在下沉的泰坦尼克号，全球气候变暖、海平面上升频频造成海啸、生态大面积被破坏、珍惜物种不断在灭绝、森林不断在减少、河流在日渐干涸、地震频发、传染病流行、雾霾肆虐、土地食品水都在大规模污染……。在这样危机重重的地球村里，缺乏宏观深沉长远思维的竞争又有什么意义？全球化不是只有跨国企业增进经济利润和个人发财这一件事，它更包含了种种文化价值观的冲突、公正公平、贫富不均、环境污染、文化遗产的保护、人的身心健康、生活的幸福、社会的和谐等等多方面的内容。全球化真正迫切的焦点是人类社会如何通过合作来保障地球环境，通过协商来解决超越国界的贫富不均、医疗、战争、人权、教育、社会保障等等多方面的问题，绝不仅仅是权、钱、名的狭窄竞争，更不是GDP（国内生产总值）和个人财富的无节制增长。

在这个全球化的时代，社会对大学生的期望，显然要求他们不能仅仅局限于"国家"，而必须以"地球村"为单位来做宏观长远深沉的思考，因为今天的问题不再是单一国家的问题，今天问题的解决也不能在单一国家内解决。以单一国家为范围的民族和公民意识必须尽快转变成"全球公民意识"，作为知识精英的大学生，首先要具备这种意识。

　　培养"全球公民意识"是一门新兴的学问，很多先进国家已经认识到全球公民教育的重要，在中国这个公民意识极其薄弱的国家，更要急起直追，大学生要担任先锋。价值观的落后才是中国根本性的落后。

　　自觉培育自己的"全球公民意识"，以宏观、长远、深沉的批判性思维为基础，努力做一个世界公民，应当是大学生思想上最基础的配备。我国上上下下现在都在讲科学发展观，作为个人，科学发展观首先要建立的就是在批判性思维基础上的"全球公民意识"。

　　在2004年举行的中外大学校长论坛上，美国哥伦比亚大学校长柏林格认为，全球化向高等教育提出了挑战，但中国大学大多"眼光向内"，对激烈变动的外部世界关注不够。加拿大开瑞博大学国际部主任辛迪·麦克里德认为，全球化对学生的语言能力、文化适应能力、对事物的洞察力、国际交流能力以及创新取向都提出了新的要求。新加坡国立大学校长提出，大学教育要服务于全球化，要做两件事，第一是要培养学生有全球的理念，第二是让学生有批判创造的思维激情和终身学习的激情。

　　这说明全球化时代对大学生有了更高的要求，有了知识不见得就具备了正确的价值观和全球公民意识。

　　那么，当今世界发生了哪些根本性的变化？当今和未来最需要哪些本领？你深入思考过吗？

知识巨变与系统智慧

当前变革之巨大犹如10次工业革命和宗教改革加在一起发生在一代人之内。

——约翰·普拉特（美国人类学家）

看不见的大陆

如今人们越来越习惯在网上搜索信息、网上购物、网上经商、网上理财、网上阅读、网上写作、网上学习、网上研究、网上看电影、网上听音乐、网上玩儿游戏、网上交友……，网上虚拟世界对人生活的影响越来越大。由于网络上软硬件变化极快，人们的虚拟生活方式也在快速变化。

不仅仅是虚拟世界，如今谁都能感到，社会各个领域都在急剧变化，而且变化速度越来越快，那么这些变化的本质和趋势是怎样的呢？

这些巨变最明显的特征是新经济的诞生。当今世界上许多有识之士都认为，再用过去的经济学原理和原则来应对这种新经济是完全不灵了，经济学面临全面彻底的革新。

这种新经济就像一块看不见的大陆，存在于网络上和各种软件中。这块看不见的大陆对于经济、政治、社会、企业、家庭、文化、教育、艺术的影响却是极为重大的。在新经济的冲击下，旧有的全部价值观迅速被淘汰，似乎一切都在重新来过。

日本战略家大前研一指出，这块看不见的新经济大陆，包括了三个空间：

1. 现金流、信息流可以穿越各国国境迅速自由流通的"无国界经济"空间。

2. 基于互联网的各种通讯技术所产生的"数字经济"空间。

3. 以自有资金的百倍、千倍的倍数资金流动的"倍数经济"空间。

这三个无处不在的空间，对旧有的实体经济产生着决定性的影响，如今世界上发生的所有快速变化，几乎都是在这四个空间相互作用和相互影响下产生的。在这个变化迅速的全新世界里，旧有的全部经济原则都完全不适用了，过去的企业经营方法、管理方法、市场开拓方法、收入分配方法等等也都越来越不管用了。

新经济也被称为知识经济，新经济实质上是由知识推动的，但深入考察一下，就会发现：知识本身也在发生快速变化。

要把知识变为本领，首先就要弄清楚：知识本身发生了哪些变化？变化的趋势是怎样的？

网上维基百科

最明显的是知识数量的迅猛增长。人类近30年的科技成果超过了过去几千年的科技成果的总和。我国前科技部部长徐冠华曾在一次讲座中谈到：到2020年，全世界知识总量翻一番只需要75天。有未来学家预言：人类现有知识到本世纪中期只占当时知识总量的5%，其余95%现在还没有创造出来。也就是说，更大的新知识海啸还在后面，现在我们遇到的还只是小波浪。

更深刻的变化是知识组织形式的变化。过去知识的组织形式的典范是百科全书。欧洲启蒙运动期间，以法国哲学家狄德罗为首的"百科全书派"曾经影响巨大，他们编辑各学科的百科全书，极大地推动了知识的发展和普及，引发了后来的工业革命。

百科全书是由各个专业的条目积聚而成。在主编的组织下，各个专业的权威专家把人类庞大的知识分类集合为简练的条目，并存放到一摞书中或光盘里，这种方法把知识以一种严谨而有序的方式整合在一起。

如今，出现了一种新的知识组织体系——网上维基百科。维基百科没有撰写条目的权威专家，而是完全采用民间的自发来建立知识体系。任何一个人都可以撰写和加入条目，并将此条目与其他条目链接起来。如果添加的条目内容是错的，那么某个知识更渊博的人就会加以改正。维基百科有一些基本原则，但整个系统是对普通人完全开放的，那些对条目的增添做出贡献的人，一直保持匿名状态，创造并与他人共享知识。随着时间的推移，全世界人民一起编纂的这部百科全书的内容越来越丰富，越来越全面，水平越来越高。

维基百科采用的是最为灵活的、适应变化的、开放的知识生产和组织方法，能够迅速反映各式各样的新观点，并随时纠错和升级，人类由此建立了一个全球化的、更广阔、更丰富、更开放、更平等、升级更迅速、人人都可随时免费使用的庞大网上百科全书，也更易于进行定向快速搜索、下载。当年法国百科全书派的学者们历尽艰辛编写《百科全书》，他们可能做梦都想不到，创造并不断更新知识，撰写权威专业的百科全书，如今已经不是少数知识精英的特权，而成了每个人都可以参与的事情，知识体系也变平了，因而推动了世界的变平。

与此同时，各种搜索引擎已经从依靠电脑在网络中寻找信息，转变到通过人类专家组了解各领域的知识，再到依靠志愿者跟踪特定领域的知识。网上有个"开放目录计划"，依靠全球的志愿者建立网络知识目录，这些志愿者只对某个特别的领域感兴趣，比如对治疗癌症的关注。这个计划有效利用了大众的智慧，提供了一个方法让网络进行自我组织。知识领域也出现了"看不见的手"和"知识义工"来自动跟踪和升级知识。

我们看到，电脑和互联网使知识的组织和进化形式发生了巨变，这样平等开放动态的知识组织体系必将深刻影响到人们对知识的学习和掌握方式。

无形之物：系统智慧

知识的"质"也在发生深刻的变化。

从前人们一提到"知识"，似乎就是书本上的、文字性的、符号化的、静止的、经验性的、可以由老师传授的、多年不变的东西。而当今知识已经不单单表现为符号和书本，知识的构成已经极大地丰富了。

如今许多高科技公司，比如微软这样的软件巨头，其公司最重要的价值已经不是厂房、资金、设备、流水线等有形资产，而是其研发人员头脑里和数据库里的创意、见解和信息，以及拥有的专利，因此，资本本身现在正不断地以无形之物为基础。知识从广义的方面来说应包括数据、信息、意象、符号、文化、意识形态以及价值观。当今的知识工作者正把大量的信息组合成越来越大的模型和知识构架，比如各种数据库和专家系统。在越来越多的创意公司里，员工的感情、激情，甚至想象和直觉都日益重要了。

也就是说，大量难以量化无法明示的内容进入知识领域，并成为"知识"中越来越重要的成分。

如今书店里充斥着企业管理类的书，人们越来越重视新的企业经营方法，以及怎样思考的知识，努力将旧的思维模式切换到新的思维模式。思考方法日益成为未来企业竞争的关键。

我们可以发现，社会上拥有许多信息、懂得许多事情的人很多，但真正有智慧有思想的人很少，可能连1%都不到，能提出系统理论的人更少。而智慧、思想、系统理论对社会发展的影响越来越大，它们也都是难以量化的无形之物。

美国学者雷斯特提出了编码知识和非编码知识的概念。编码知识是指能够用语言、文字和符号完整表达的知识，也称为显性知识。这类知识可以通过物理手段加以存贮和传播。所谓非编码知识是指难以用语言、文字或者符号准确表达的知识，又称为隐含知识。这类知识很难用简单的物理手段进行传播和复制，要掌握这类知识必须投身于相关的实践活动中，在实践过程中体会和积累。不一定能用文字或符号来表达，如工作的经验、工匠的技能、生活的智慧、禅宗的顿悟、佛教的佛性、艺术创作的灵感等等。

雷斯特将知识分为四类：未传播的编码知识、未传播的非编码知识、已传播的编码知识、已传播的非编码知识。这些不同类型的知识必须采用不同的管理方式。适应于管理未传播的编码知识的传统官僚机构，已经不能胜任后面三种类型知识的管理了，对应后三类知识的有效的管理体制分别为个性领导、市场调节和团体共识。

雷斯特认为团体共识将是未来知识管理的方向。

如今我国在大力倡导科学发展观，但科学并不仅仅是传统意义上的知识（概念和原理），更重要的是科学方法和科学思维方式。方法和思维方式也属于难以量化的无形知识。

当今我国许多有识之士发现中国的教育体系出现了大问题，著名科学家钱学森生前五次向温家宝总理发问："为什么中国的大学总是培养不出杰出人才？"仔细观察和思考一下，就不难发现，中国的家长和教育体系不断在传递一种强大的信息：只要读好书就能有出息，只要读好书就能当官，只要考上大学就是有本领，只要能出国就是最大的成功。至于说学生的信仰、道德、懂不懂事、会不会做人都无所谓，只要孩子们听话，好好读书，每门课都考高分就行，最后孩子读书读得越来越傻，越来越没有灵性，眼神越来越失去光亮，越来越不懂得感恩，越来越不会做人。孩子们在这种教育体系下，一方面没有学会懂事和做事，另一方面又被各种严酷的考试制度所挤压，最后即使有了高学历，也变成了没用的考才或畸形的人，更不可能成为杰出人才，甚至连基本的生活情趣都没有，生活不可能幸福。

如今高学历的犯罪分子利用高科技犯罪的案例越来越多，金融系统的高学历犯罪分子涉及的金额动辄上亿元，对社会造成巨大的危害。教育界许多人已经认识到，教育的目的之一在于教会一个人深刻的思考，并且善于思辨。但如果教育停止在这里，那么教出来的很可能是一个危害社会的人。对社会危害最大的人，通常就是最善思辨但是毫无品格的那个人。这应当让家长和学校警觉：学生头脑聪明是远远不够的，头脑聪明加上品格优良，才是教育的真正目的。

信仰、品格、是非观念、道德、懂不懂事也属于难以量化和编码的无形之物，它们却从根本上决定了一流人才是否能产生。

我国许多中小学的"基础"观也是相当简单化的。首先是认为知识都是有用的，不需要让学生自主选择，只要尽可能多地吸收知识，把知识的量和难度积累到足够多，再让学生发挥想象力、开展发散性思维训练，就能突生灵感并形成创造性成果。

其实，培育创造性思维没这么简单。首先，知识并不都是有用的，在杂乱的知识和爆炸的信息面前，选择真正有用的知识和信息是开展创造性活动的基本前提，知识过多有时反而阻碍创新能力。培养学生独立思考、独立判断、自主选择能力尤为重要。其次，即使是选择了有用的知识，也还需要进行包括组合、转换等程序在内的知识的再加工，使书本知识能够转变成可为实用目标或创新目标服务的知识。知识的拥有只意味着拥有了一种可被利用的资源，而知识是否能得到有效的利用，则取决于个体在具体的实践中将书本知识转化为实用知识的效率。组合与转换知识的过程，包括了判断、分类、整理、排序、调用、比较、推理、想象、综合等思考活动，更需要跨学科的综合联想能力以及灵活的链接能力，而不是在狭窄的学科领域内学习大量艰深的知识。所谓灵感与创新突破，其实就是新异联想、新异组合的产物。我国大量的学生无法把知识变成本领，重要原因之一，就是缺乏这种对有用知识的新异联想、新异组合能力。

在当今信息爆炸的时代，人的大脑应当能够分辨什么应当存入大脑，还是外挂在数据库中，并能随时取用。大脑应当是CPU，即信息处理器，主要是用来处理信息和思考的，而不是用来记忆的，硬盘和外挂记忆载体才是记忆数据库，二者配合好，才能功能强大。

传统学校教育把学生大脑中最珍贵的CPU当硬盘来使用了，这样外挂的载体越多，制造的混乱也越多。

可见，对知识的选择、组合、转换、再加工、实践、综合联想、灵活链接等能力比知识本身更重要。

今日学堂的校长张健柏曾在一篇文章中指出："最高的思维方式是多元思维模式，世界上只有极少数的人能够学会多元思维方式，因此也只有极少数的文科教育才提供多元维思维模式的训练。这种多元模式已经脱离书本和语言，也脱离学科分野。一方面必须要有好老师，同时学生必须具有悟性才能学会。因为大多数的文科教育，到二元思维模式阶段就已经止步了，目前我知道的具有多元思维模式的学科，而且能够有效地实施多元思维教育的，只有道家和佛学（不是佛教）。另外还有艺术类也是多元思维模式，那更是考验悟性的教育了，只有亲近真正的大师才有机会（还不能肯定）学会，跟庸师学习有百害而无一利，只会破坏思维，所以艺术要培养一个人出来，比考上哈佛大学还要难得多。

有一个例子可以说明这几种思维模式的区别：如对美丑的看法。

一元思维模式：美就是美，丑就是丑，这两者具有原则性的区别，就好像判断好人和坏人一样，一定是有标准的。具有一元思维模式的人喜欢制定各种客观标准，也相信有一个最好的解决问题的方式，如果自己不知道，就在别人那里。而且，这种思维模式的人喜欢追求至高至美至大的'境界'，会在一个方向上不断追求，直到无法继续为止。

二元思维模式：美和丑是相对立而存在的，互相可以转化。就如同好人和坏人一样，相对立而存在，并在一定条件下相互转化。这种人生活和性格都将变得比较和谐，容易理解别人一些。这种人更容易成为管理者。

多元思维模式：世间本无美丑善恶，一切取决于人的思维和判断角度。这种思维模式出神入化，具有极高的灵活性。这就是在老子的《道德经》第二三章中看到的思维模式。不过相信大多数人很难真正理解多元思维模式，更谈不上应用了。能够应用自如的人，就是范蠡一级的高人了。"

张健柏先生特别强调培养多元思维模式的重要性，多元思维模式更是难以量化和编码的无形之物。

综合上述，我们看到，当今的知识体系已经变成了一个人人可以参与创造和升级、越来越庞大、系统、开放、结构复杂、表现形式多样、升级更新越来越快的全球化的动态体系，而且各领域知识之间的联系也日益紧密，传播的方式也越来越多样，传播的范围也越来越广，传播的速度也越来越快。信仰、品格、价值观、道德和做人、实践和体验、思维方式、直觉和想象、感情和激情、选择、组合、转换、再加工、综合联想、灵活链接、多元思维模式等等难以编码和量化的无形之物越来越重要。这一系列动态的无形之物，可统称为"系统智慧"。

深入思考一下便会发现，近代中西冲突本质上其实是动态知识结构击垮静态知识结构的过程。日本在遭遇西方文化的冲击时，迅速淘汰来自中国的静态知识结构，彻底接受西方动态的知识结构，开始明治维新，全面脱亚入欧，虚心学习和掌握西方动态科学的思维模式，很快成为世界强国。中国却因静态知识结构过于根深蒂固，始终难以彻底转换成动态知识结构，因此长期落后于世界。

"知识经济"的提法容易让人把知识理解成传统的可编码和量化的静态知识，没有突出最关键的、动态的、无形的"系统智慧"的内容，所以应当把"知识经济"改为"智慧经济"才更恰当。

可量化和编码的静态知识还不是力量，它们在动态的系统智慧的作用下变成实际的本领才是力量。

这种系统智慧，就是当今和未来最需要的本领。

在知识浪潮排山倒海般涌来时，我们每一个人都应当思考：怎样才能拥有系统智慧呢？

信仰与本领

> 凡是以为他自己的生命和人类的生命是无意义的人，他不仅
> 不幸得很，而且也难以适应生活。
>
> ——爱因斯坦

美国：信仰的国度

2006年，我去美国旅游，印象最深的并不是美国的物质繁荣，而是美国人普遍的宗教信仰。

在纽约最繁华、名牌商品最多的第五大道上，有好几座宏伟又精美的大教堂。我走进其中一座，看到里面正在做礼拜。那么多美国人都非常虔诚地在听牧师布道。高大宽敞的教堂里肃穆庄严，鸦雀无声，秩序井然，充满了神圣气氛，与外面喧嚣的街道形成了鲜明对比……

后来我又参观了美国著名的水晶大教堂。这座教堂采用了最现代的建筑材料和设计风格，用现代高科技手段做了耶稣的透明水晶雕像，教堂内有世界上最大的管风琴，设置了如同音乐厅一般的座椅，美国人对教堂的投资真是不惜血本，竟花那么多钱、划出那么大一块地，建了如此雄伟壮观又现代化的大教堂。

后来我发现，不论走到美国任何地方，随处可见教堂，据说美国的各

种宗教已经有几百种了。许多人没有注意到，美国经济的高度发达，宗教信仰所起的作用其实是巨大的。据一位美国学者的统计，美国经常去教堂的人占总人口的91%。这位学者认为，美国人的宗教信仰对经济的促进作用是非常大的，甚至比教育还要大。教育只能提高某个人的生产技能和他的文化素质，但就提高人之间的通力协作、起到粘和剂、润滑剂作用的，还是宗教。宗教信仰可以提高人力资本的整体效益，可以使人力资本树立积极的价值观。美国有些经济学家专门研究宗教信仰对经济的推动作用，得出的结论是：基督教，尤其是新教相对于天主教来说对经济的推动作用更大。

也许高度的物质繁荣需要高度的精神生活来平衡吧？我国经济学家赵晓曾提出了"有教堂的市场经济"概念，他认为市场经济必须要有宗教信仰来平衡，否则将是病态的、坏的市场经济，是人欲横流、道德沦丧的市场经济。我们不难看到，当今中国确实普遍出现了这种现象。

最有本领的民族——犹太人

当今这个竞争空前激烈的时代，人人都希望具有竞争的本领，人人都希望找到拥有大本领的人作为榜样。那么，当今世界上哪个民族有本领的人最多呢？这个民族有些什么特别的地方呢？

我的一位学者朋友应邀到美国访问，发现了一个奇特的现象：华人家庭的孩子一般能保持三代优秀，而犹太家庭的孩子却能保持代代优秀。朋友为此感到惊叹，觉得应当探讨一下其中的深层原因。

众所公认，犹太人是世界上最聪明、最富有、影响最大、最有本领的民族。英国网民曾经评选1000年来人类十大最伟大的思想家，马克思名列第一，爱因斯坦名列第二，两位都是犹太人。据统计，全世界诺贝尔奖获得者中18%是犹太人，他们的获奖机会是其他民族的70倍。犹太人占世界人口总数不到0.3%，全球犹太人只有1500万，只占全人类的四百分之一，而且散居世界各地，但获得诺贝尔奖的人数竟然这么多！美国百万富翁里有20%是犹太人，犹太人平均收入是其他族裔的两倍以上。犹太人既有智慧又有财富，鱼与熊掌居然能兼得，这真是一个惊人的奇迹！

犹太人在各个领域中更是伟人大师辈出，对推动人类文明的发展起到了巨大的推动作用。犹太人中的思想大师有：耶稣、摩西、马克思、弗洛伊德、斯宾诺莎、胡塞尔、马克斯·韦伯、维特根斯坦、波普尔、丹尼尔·贝尔、马斯洛、德里达、柏林等；伟大的数学家有：冯·诺依曼、柯郎特；著名科学家有：爱因斯坦、玻尔、波恩、维纳、奥本海默、费曼、弗来明、布郎等；革命家有：卢森堡、托洛斯基、布哈林、斯维尔德洛夫等；大政治家有：梅厄夫人、拉宾、基辛格、沙龙、奥尔布赖特等；著名文学家有：海涅、里尔克、帕斯捷尔纳克、塞林格、普鲁斯特、卡夫卡、茨威格等；艺术大师有：拉斐尔、毕加索、卡拉扬、伯恩斯坦、列维坦、门德尔松、马勒、勋伯格、鲁宾斯坦、梅纽因、海菲兹、斯皮尔伯格等；新闻家有：路透、普利策等；大企业家金融家有：洛克菲勒、哈默、哈同、华纳兄弟、格林斯潘、索罗斯等；著名经济学家有：大卫·李嘉图、萨缪尔森、弗里德曼等……

以上列举的伟人大师还只是犹太杰出人物中的很小一部分，如果把各领域里所有有世界影响的犹太人全部列举出来，那将是一个很长的名单。对人类文明做出如此众多和伟大贡献的民族是绝无仅有的。以色列与新中国几乎同时诞生，但如今已跃入20个世界最发达国家之列。以色列人在沙漠上种棉花，每亩产量居然达到200公斤，是中国平均水平的四倍。

犹太人为什么这么杰出？犹太人为什么这么有本领？犹太人为什么代代优秀？难道不值得我们每一个人深入研究一番吗？

犹太人与犹太教

犹太人的杰出代表爱因斯坦说过："人类生命的意义是什么？或者联系到这个问题来说，任何生物的生命的意义是什么？要知道这个问题的答案，就意味着要有宗教信仰。……凡是以为他自己的生命和人类的生命是无意义的人，他不仅不幸得很，而且也难以适应生活。"

爱因斯坦为什么如此强调宗教信仰的重要性？考察一下犹太人的历史，

你会发现：正是独特而坚定的宗教信仰，成为犹太人优秀的最根本原因。

犹太人是历史上经受磨难最多的民族。他们早在2000多年前就失去了祖国，在长期颠沛流离的苦难生活中，犹太人几度成为奴隶和囚犯，被迫流浪到世界各地，近代更受到希特勒的残酷杀戮。犹太人在寄居地不断遭受掠夺、焚毁、驱逐、杀戮，从而逼迫他们以内心的信仰、知识、智慧的追求来作为精神防卫。这种内心的强大力量，使犹太人没有被各种灾难击垮，反而越来越团结、强大、优秀。而做到这一点的根本原因就是：信仰战胜了苦难。

犹太教诞生在公元前12世纪的摩西时代，当时摩西向犹太人颁布了著名的"十诫"，强调上帝的唯一性。这种一神论宗教摒弃偶像崇拜，发展出一套完整的道德体系，要求在人类关系中以奉行公义和怜悯为基础，其基本内容是：正直地说话，正直地行事，不撒谎，拒收贿赂。犹太教要求人过一种神圣的生活，但并不统一所有人的信念。犹太教特别重视个人的内省、自新和精神上的自我净化。犹太教赋予犹太人一种强烈的热情和使命感，尤其是内在的伦理气质，确立了犹太人绝对的道德信仰。犹太教要求所有犹太人直接对上帝负责，既要努力尊奉诫命以提高现世生活的道德水准，又要尽其所能按照宗教理想去改善人类社会。正因为如此，犹太人认为自己是"上帝的选民"。从犹太人在历史上的杰出表现来看，他们真是无愧于"上帝的选民"的称号。

犹太人在严酷的生存环境下，对现实生活彻底绝望，他们在长期的死亡恐惧里，形成了坚定的精神信仰，把永生的希望寄托在宗教的彼岸世界，因此形成了超越现实、精神至上的品格。这与中国人功利实用、世俗享乐、随遇而安的精神品格形成了鲜明对照。

伦理道德与本领

犹太人的另一杰出代表、著名的社会学家马克斯·韦伯在他的名著《新教伦理与资本主义精神》中，强调了基督教新教伦理对资本主义快速发展的重大作用。

韦伯认为在一定的历史时期，宗教信仰对经济结构、经济基础起着决定性的作用，他认为资本主义的产生就与新教伦理有着极大的关系。基督教新教具有新的职业观和财富观，对美国当年的经济发展有很大的推动作用。新教职业伦理中最根本的一点就是认为职业是上帝的召唤。新教徒认为职业是上帝安排的任务，这样职业就具有了神圣性，工作成为一种有使命感的宗教行为。干工作，追求更多财富是为了荣耀上帝，不是为了金钱的贪欲，这是最根本的一个出发点。将俗世当中的职业当作一种信仰来对待，这就是敬业精神的本源。犹太人以赚钱等外在的成功方式来验证自己是上帝的选民，以获得内心苦难的解脱，他们是在世俗利益中寻找精神的解放，而中国人即便敬神，也是为了谋求俗世的利益和享乐，这和犹太人的心理动机完全相反。

过去，我们受到的马克思主义教育从来是说生产力决定生产关系，经济基础决定上层建筑，好像社会发展与信仰和道德没多大关系。现在爱因斯坦和马克斯·韦伯都一致强调宗教伦理的重要作用，犹太人的杰出表现也证明了宗教伦理的巨大作用，这对我们中国人是否有重大的启示呢？

世界著名数学大师、菲尔兹奖获得者、美国哈佛大学教授丘成桐指出："中国目前是非观念和道德操守遭到扭曲，以致现在的学生和学校变得唯利是图，这种文化气候，是中国难以孕育一流学问的最主要原因。"

中国人不是不聪明，而是太多急功近利的小聪明，在信仰和伦理道德这种最大、最高、影响最深的智慧方面极为欠缺，实用理性的功利化倾向渗入骨髓。许多中国人都很短视、势利、小气、功利化，不去自觉追求精神世界的超越和高贵，特别缺乏一以贯之的信仰或信念，所以难以有非功利的超越性精神追求，做出来的成果也大多是小打小闹，很难达到犹太人的境界和影响力。

一个人能否获得本领，特别是大本领，竟然与信仰和伦理道德密切相关，甚至起决定作用，恐怕是许多中国人意想不到的。信仰和伦理道德表面上离人的实用本领很远，但形远而实近，最远的路，可能正是最近的路。从这个意义上说，人生根本没有什么捷径。

犹太人的杰出表现让我们明白了：获得大本领的精神根基正是信仰，这是一切智慧的最根本基础。

那么，我们每个人是否该思考一下，怎样具有自己的信仰呢？又该具有什么样的信仰呢？

蔡元培：以美育代宗教

许多学者认为当今中国人道德沦丧是因为缺乏信仰，其实这在上世纪20年代中国学术界就深入讨论过，对这个问题见解最深刻的就是蔡元培。

蔡元培的中西文化修养都非常深厚，对中国传统文化认识尤其深刻。他是清朝的翰林，学界泰斗，长期浸润在中国传统文化中。他在40多岁的时候数度赴德国和法国留学、考察，研究哲学、文学、美学、心理学和文化史，因此他对西方文化精华也有深入的了解。蔡元培经过长期的思考，发现汉民族骨子里就是一个缺乏信仰的民族，似乎先天缺乏信仰基因。虽然中国很多人信基督教、信佛教，但大多很形式化、表面化和功利化，并没有进入到内心深处。

汉民族的传统是重眼前、重实用、重功利、重现世、重直观、重经验，就是李泽厚先生指出的实用理性，汉民族极为缺乏超越的非功利的精神境界。蔡元培思考了很多年，提出一个主张：以美育代宗教。他认为汉民族骨子里其实是一个偏感性的审美民族，书法、做诗、填词、画山水画都非常好，中国传统文化审美水平极高，西方的所谓印象派、抽象派、现代派中国历史上早就有了。因此蔡元培提出以美育代宗教，因为美善合一、以美启善是中国的文化传统。这个主张是很高明的，很符合汉民族的民族特性。蔡元培20年代就提出来了，如果长期认真地去落实，我国人民的整体道德水平就会好多了。

中央音乐学院副院长周海宏教授曾来深圳开古典音乐欣赏讲座，他认为幼儿园和小学最重要的是引导孩子感受大自然和万物之美，给孩子种下美的基因，而不是学知识。美的基因不能靠知识的灌输形成，一定要让孩子沉浸在大自然和美的事物里去感受，这个过程是让他体验，不是硬教给他，是体验式熏陶。

美国人从幼儿园就让孩子们研究蚂蚁，研究蜜蜂，研究花花草草，从这个过程里感受大自然的神奇和生命的美妙，学会基本的研究程序和方法，从小学会探索和思考，其实这也是高明的审美熏陶。我国却用大量的知识往幼儿大脑里灌，连奥数训练都蔓延到了幼儿园。现在在电脑上一搜，什么知识没有？关键要培养学生的好奇心和想象力，熏陶出学生的审美感受力，形成美的基因，奠定信仰的基础。

我国高中的学生现在大多已经被知识灌呆了，眼光都没神了，灵性没有了，在中小学就把它掐灭了，而且是以教育的方式掐灭的。现在许多学奥数的学生体育课不上、美术课不上、音乐课不上，把学生活活训练成没有审美能力没有信仰的畸形人。学生严重缺乏接触大自然和美的事物，对美的东西不敏感，四季分明都感受不到了，人已经没有美的灵性了，怎么会有信仰？这是很可怕的，学一大堆知识除了考试还有什么用？

今日学堂的校长张健柏曾在一篇文章中指出："我们国家没有真正的艺术教育，我们的家长热衷于考级，以为级别高就是有素质，把本来是思维和灵感教育的艺术各科，也当作知识来学习和考试，这也是我国教育体制闹的一个国际笑话。是把一元思维模式用在多元思维的艺术教育中的典型笑话，只能证明这些艺术教育专家除了拥有一点可怜的艺术知识之外，其他啥都不懂！我特别反对中国的孩子们学习艺术，学音乐，学画等，就因为这样不仅学不会真正的艺术，反而彻底破坏思维能力。很多学艺术专业的学生脑子很乱，思维被破坏得特别严重。"

张健柏先生指出了我国艺术教育的根本弊端，这启发我们：要提高审美能力，必须长期亲近大自然和第一流艺术大师的作品，获得高水平的思维和灵感的熏陶，最终才能获得美的信仰。

科学家与小提琴

精神的浩瀚，想象的活跃，心灵的勤奋。

——狄德罗（哲学家、法国"百科全书派"领袖）

李四光与小提琴独奏曲

我国第一首小提琴独奏曲是谁创作的？说来让人不敢相信，是著名地质学家李四光创作的！

李四光早年留学法国时，于1920年在巴黎创作了我国第一首小提琴独奏曲《行路难》，1990年被发现，令音乐界赞叹不已。李四光在上世纪二三十年代曾经以写作出名，鲁迅还和他论战过。他创立地质力学时，应该有小提琴曲和文学激发出来的灵感吧？

音乐、文学、地质学是这样神奇地凝聚在同一位科学家身上！

我们不难发现，凡杰出人才，都是修养很全面的通才，比如著名科学家钱学森，不但是导弹专家，对文学、音乐、绘画、摄影都很精通，他在上海交通大学学习时，是学校乐团的圆号手。

如今我国许多大学生将大量精力放在电脑、外语、财经等实用的专业知识上，对一些关系到精神世界的基础性课程，特别是人文艺术课程很不重视，只愿学马上就能用上的"技能"，不愿全面地提高自己的文化艺术修养，特别不重视培育深厚的精神底蕴，不那么向往浩瀚的精神世界。我国中小学更是一心只为高考，早早在高中阶段就开始分文理科了，在极狭窄的学科里拼命做题训练，使学生的精神世界日益窄化，被著名哲学家、宗教学家任继愈先生称为"竹竿型"人才。其实这样做极其短视，和信息社会的发展趋势及教育的根本理念背道而驰，学生中很难涌现出有持续创新能力的杰出人才。

钱学森曾经向温家宝总理五次发问：为什么我们的学校总是培养不出杰出人才？我们每一个人也应当思考一下：自己以及孩子怎样才能成为杰出人才？

做有思辨能力的通才

美国耶鲁大学终身教授陈志武在《中国经济转型需要教育改革》一文中写道："这些年看到这么多从国内培养出来的杰出高材生，他们在专业上这么突出，但思维方式那么僵化、偏执，社会交往能力又那么差，除了自己狭窄的专业就不知道怎么跟人打交道、怎么表达自己，让我非常痛心。由于国内教育体系以及教育理念的僵化，绝大多数中国人再好也只能做些技术活，难以在美国社会或其他非华人社会出人头地，这些都很悲哀。原来没有全球化时不知道这些，但现在中国人也走出去了，跟其他文化、教育背景的人在一起，就知道彼此的竞争优势与劣势了。这些问题的根子都出在教育上，包括正式的学校教育、家教和社会文化教育。

"现在提得比较多的是要把中国建设成为创新型国家，这一点大家都讲。但想想中国为什么建设不了创新型国家？为什么这么艰难？光靠政治学习，在街上挂很多横幅、标语，在核心报纸上发表一些社论，就能把这个国家建设成创新型国家？"

"为什么难以建立品牌、难以实现产业结构转型？原因当然包括法治制度、产权保护以及国有制的问题，但也与中国教育体系的教学方式和教学内容关系非常紧密。"

我们的家庭教育、学校教育、社会文化教育为什么培养不出思维方式灵活、社会交往能力突出、表达能力强、有创新精神和能力的学生来呢？陈志武教授认为根子在我国的教育方式和教学内容太落后。

那么关键落后在什么地方呢？

陈志武教授写道："中国经济今天以制造业为主体，这当然就需要有很多的工程院士，大学要培养很多的工程师。相比之下，美国的服务业占GDP的85%以上，所以美国的教育体系侧重点就不同，是侧重通识教育，培养通才。在中国和日本变为世界工厂之前，几乎所有的美国州立大学和一些工程学院都非常侧重技能型的工程系科，像中国的大学一样侧重理工训练。但是，我发现过去的四五十年，特别是近三四十年，随着制造业向日本、韩国和中国转移，美国大学的教育内容经历了一个全面的转型，转向通识教育。所以，在耶鲁大学，我们对本科生的培养理念是：任何一个在耶鲁读完四年大学的毕业生，如果他从耶鲁毕业时，变成物理、电脑、化学或者是任何领域的专家，我们会觉得那是一种失败，因为我们不希望四年大学教育是培养专家，让他们在某一领域里面投入那么深，而忽视掉在其他更广泛的做人、做公民、做有思辨能力的人的机会。我们不主张他们在某个工程领域、科学领域、社会科学领域在大学时期就成为专家。如果有学生在大学四年时真的成了专家，我们不以为那是一种成功，反而会是一种失败。"

原来，建设创新型国家，关键在于"通识教育"，也就是要培养有思辨能力、公民意识、懂得做人的通才。

陈志武教授指出："中国的教育侧重硬技术，由此产生的人才结构使中国即使想要从制造业往服务业转移，也难。产业结构也受到教育内容约束。在中国，从幼儿园到小学、大学、再到研究生，一直都强调死记硬背为考试，强调看得见摸得着的硬技能，特别是科学和工程几乎为我们每个中国家长、每个老师认同，这些教育手段、教育内容使中国差不多也只能从事制造业。为了向创新、向品牌经济转型，就必须侧重思辨能力的培养，而不是只为考试；就必须也重视综合人文社会科学的训练，而不是只看重硬技术、只偏重工程思维。离开市场营销、离开人性的研究，就难以建立品牌价值。"

教育要侧重思辨能力的培养、重视综合人文社会科学的训练、要研究人性，可这些方面恰恰是中国教育最不重视的。据北京一家教育研究机构的调查，中国大学生普遍不重视训练独立思考能力的阅读，极少读经典名著，极少读专业性和学术性的书，因无聊打发时间而阅读的现象比其他阶层更多，这对他们今后的人生发展极为不利。

以色列人每年平均读65本书，为世界之最。但他们并不读死书，蔑视死的知识，而把提出问题和解决问题的思辨能力看得格外重要。以色列科研人员的比例、投入研究与开发的经费占国民生产总值的比例都是全世界最高的。而投入相等的研发资金，以色列大学获得的专利是美国大学的两倍以上。犹太人认为学者比国王更伟大，犹太人的拉比（学者），地位相当于祭司，是犹太人心目中最受尊重的老师，甚至高于父亲。犹太银行家的女儿一定要嫁给学者，以便学者无经济上的后顾之忧，安心做学问。犹太民族为什么那么优秀？这种高度尊重学者的风俗是重要原因之一。

爱因斯坦之谜

100多年前的1905年，年仅26岁的爱因斯坦在德国《物理学年鉴》上连续发表了五篇论文，其中最重要的是提出了狭义相对论、光量子假说、光电效应的三篇论文。爱因斯坦同时在这三个领域做出了开创性的贡献，彻底改变了人类的时空观，使人类改变了对运动、能量、光和力这些基本概念的理解，引发了物理学的革命，震动了全世界。相对论和量子力学是20世纪最重要的科学发现，它们不仅为人类提供了从微观夸克到宏观宇宙的物质和运动的图像和规律，丰富了人类的物质观和宇宙观，而且为20世纪技术的发展奠定了科学基础。

爱因斯坦为什么这么智慧？为什么这么有本领？世界上许多人都对爱因斯坦有浓厚兴趣，都喜欢研究为什么爱因斯坦能在物理学的几个领域同时取得如此巨大的革命性成就，而且他还多才多艺、学识渊博，会拉小提琴，文笔优美，哲学素养也很深厚，对教育的见解超过许多教育家，讲起话来也幽默风趣，是一位惊人的全才，爱因斯坦的大脑曾经成为医学研究之迷。

在世界上众多的物理学家中，为什么只有爱因斯坦取得了革命性的突破？除了环境和时代条件外，确实与爱因斯坦本人的素质有密切关系。

深入了解一下，就会发现，爱因斯坦最突出的素质是具备法国启蒙思想家狄德罗所说的"精神的浩瀚，想象的活跃，心灵的勤奋"。而其中"精神的浩瀚"起到了根本性的决定作用。只有精神的浩瀚，才可能有想象的活跃，心灵的勤奋才有了依据和来源。

爱因斯坦从小就有强烈的好奇心，并喜欢深入思考一些别人不注意的问题。他4岁时就对指南针为什么总是指向南方感到惊奇，很想弄清背后有一股什么力量在起作用。他在12—16岁时，就已经熟悉了基础数学和自学了微积分，特别对欧几里德几何学严密的演绎推理体系感到惊奇，他还以浓厚的兴趣阅读了科学家伯恩斯坦写的六卷本《自然科学通俗读本》，使他了解到整个自然科学的主要成果和方法。

爱因斯坦17岁上大学后，大部分时间都是在物理实验室里做实验，迷恋于同经验直接接触。其余时间，则主要用于自学理论物理学大师的著作。他酷爱思考，特别善于"识别出那种能导致深邃知识的东西，而把其他许多东西撇开不管"，"就是抛掉使头脑负担过重和会把自己诱离要点的一切"，把时间主要用在最重要的事情上。

爱因斯坦对哲学始终有浓厚的兴趣，年轻时，他和几位朋友经常讨论马赫、休谟、斯宾诺莎、罗素等人的哲学著作。这些广泛的哲学阅读和讨论，使他善于抓住事物的本质和总体，从而具有总体观，这是高级智慧的标志。

爱因斯坦还特别有想象力，早在中学时代，他就设想了人按光速运动会看到什么现象？他对音乐、文学艺术都非常热爱，曾经说过"如果没有早期的音乐教育，我将一事无成"。正是爱因斯坦广泛的兴趣和好奇心，形成了他浩瀚的精神世界，再加上时代和环境的影响，促使爱因斯坦最终创立了自己的相对论思想体系，引发了物理学的革命。

独立思考，和谐发展

在当今社会，各种专业多到了吓人的程度，光一个电脑行业，软硬件就不知能分出多少专业来。过去是三百六十行，现在三十六万行都不止，那么在学校该学哪些知识呢？如果学习的内容跟着社会实用知识跑，那么每个人都将难以选择，也将永远滞后。

爱因斯坦说过："我想反对另一观念，即学校应该教那些今后生活中直接用到的特定知识和技能。生活所要求的东西太多样化了，不大可能允许学校采取这样的专门训练。除开这一点，我还认为应当反对把个人当作死的工具来对待。学校的目标始终应当是：青年人在离开学校时，是作为一个和谐的人，而不是作为一个专家。我认为在某种意义上，这对于那些培养将来从事较确定的职业的技术学校也适用。被放在首要位置的永远应该是独立思考和判断的总体能力的培养，而不是获取特定的知识。如果一个人掌握了学科的基本原理，并学会了如何独立地思考和工作，他将肯定会找到属于他的道路。除此之外，与那些接受的训练主要只包括获取细节知识的人相比，他更加能够使自己适应社会的进步和变化。"

爱因斯坦强调学校要把独立思考和判断的总体能力的培养放在第一位，这是培育人的独立人格的核心内容。而要培养这种能力，精神的浩瀚就是前提和基础，否则独立思考和独立判断就是无源之水和无本之木了

爱因斯坦在《培养独立思考的教育》一文中指出："用专业知识教育人是不够的。通过专业教育，他可以成为一种有用的机器，但是不能成为一个和谐发展的人。要使学生对价值有所理解并且产生热烈的感情，……他必须获得对美和道德上的善有鲜明的辨别力。否则，他——连同他的专业知识——就更像一只受过很好训练的狗。"他还指出："过分强调竞争制度，以及依据直接用途而过早专门化，这就会扼杀包括专业知识在内的一切文化生活所依存的那种精神"；与此同时，"太多和太杂的学科，造成的青年人的过重负担，将会大大伤害他们独立思考的能力"。

爱因斯坦特别强调人要培育"一切文化生活所依存的那种精神"，这种"精神"其实就是追求真善美的人文精神。

我国著名哲学家冯友兰指出："所谓'人'，就是对于世界社会有他自

己的认识、看法，对已往及现在的所有有价值的东西——文学、美术、音乐等都能欣赏，具备这些条件者就是一个'人'。"在此基础上他又进一步指出，大学教育除了给人专业知识以外，还应该让学生养成一个清楚的头脑，一颗热烈的心。只有这样，他才可以对社会有所了解，对是非有所判断，对有价值的东西有所欣赏，他才不至于接受现成的结论，不至于人云亦云。"

钱学森的母校、诺贝尔奖获得者最多的美国加州理工学院的教授们认为，自然科学最终只能提供知识，而不能提供智慧。智慧是知识与判断的综合，为了取得智慧，理工科学生必须学习人文科学。我国许多专家学者认为，只学理工科的人只能当师，不能当大师，要当大师，必须借助人文科学。

我国建筑大师梁思成先生提出，建筑师应有哲学家的头脑，社会学家的眼光，工程师的精确，心理学家的敏感，文学家的洞察力，但最重要的是，他应是一个有文化修养的综合艺术家。

意大利文艺复兴三杰之一的达.芬奇除了是一位画家、雕塑家、建筑师、工程师与科学家外，还是一位音乐家。据统计，世界历史上各个领域的1000多位有杰出贡献的人物中，百分之七八十都受过良好的艺术教育。这说明艺术对一个人的思维能力、想象力和创造性的开发以至精神境界的升华有着不可估量的作用。

德国诗人、作家歌德除了创作出《浮士德》等大量文学名作外，还毕生孜孜不倦地钻研各种自然科学，他的研究涉及生物学、物理学、地质学、天文学、气象学等多个领域，兴趣范围之广，令人惊叹。在达尔文之前，歌德根据动物头盖骨空隙的研究，第一个提出了生物由低级演变到高级的进化论。他反对当时流行的以牛顿为代表的"分析法"，即把整体看成是由其中各部分因素拼凑成的机械观，而提出"综合法"来代替。综合法就是根据"有机观"，不去孤立地分析个别因素，而要考察全体中的各个因素相互依存的关系，他的思维深度也达到了惊人的程度。

我们看到：中外几乎所有大家，都把追求精神的浩瀚看得非常重要，也正是精神的浩瀚，使他们成了大家，拥有了大本领。所以我们每个人都应当努力使自己成为一个精神浩瀚、具备独立思考和独立判断能力的和谐发展的人，这在当今信息爆炸的社会尤为迫切。

做人要做和谐的人

学校的目标始终应当是：青年人在离开学校时，是作为一个和谐的人，而不是作为一个专家。

——爱因斯坦

黛玉变妙玉之后

2007年，我国媒体曾爆出一个新闻：当年在电视剧《红楼梦》中扮演林黛玉的陈晓旭剃度出家了！各种媒体和网络上出现了大量评论，许多人惊呼：黛玉变妙玉了！

媒体和大众有许多猜测，有说她身染重病的，有说她是故意炒作的。而她自己这样表白："我曾经很专注于财富的积累，但之后发现物欲的增长并没有给自己和家人带来真正的快乐"，"直到有一天，我突然发现，父亲母亲不知何时开始衰老、虚弱了。我给了他们什么呢？这一切他们又能带走什么呢？这种心痛使我从喧闹中安静下来。"后来，真相大白，陈晓旭果真身患癌症，出家后不久便去世了。

曹雪芹不愧是伟大的作家，他在《红楼梦》中不但塑造了一个林黛玉，还塑造了一个妙玉。妙玉其实就是黛玉的影子，她们都出身官宦世家，都长得很美，都很有才华，都有些小性敏感，都有洁癖，她们都喜欢宝玉。如果黛玉不早死，那么她注定会像妙玉那样出家。在那"只有门口的石头狮子是干净"的荣国府里，充满着勾心斗角、骄奢淫逸，敏感的黛玉怎能不感到"一年三百六十日，风霜刀剑严相逼"？如果她全面融入荣国府的庸俗生活，模仿王熙凤那样如鱼得水的人物，她会更痛苦更孤独，她也不是林黛玉了，她不出家还能有什么更好的去处？曹雪芹深刻的地方在于：妙玉即使出家了，还是"欲洁何曾洁"，最后还是被强盗劫了去。原本希望出污泥而不染，最终连出的地方都没有了！难道清纯脱俗的人，只有向世俗投降一条路？否则只有死路一条？

当今多少中国人不是同样感到"一年三百六十日，风霜刀剑严相逼"？物质生活虽然越来越好，但心理压力却越来越大，焦虑越来越多，心理问题也越来越多，社会风气更是越来越坏。多少人疯狂地想发财，疯狂地想出名，疯狂地想有权，随波逐流地跟着社会大潮翻滚，忙得焦头烂额、疲于奔命，最后往往发现：忙来忙去只不过是在往自己的心灵上不断增加负担，快乐不是越来越多，反而越来越少。我们心理上哪个不像黛玉呢？

陈晓旭曾经专注于财富的积累，她并不缺钱，但她却忽视了自己的健康和对父母的亲情回报。直到临终前，她才发现：物欲的增长并没有给自己和家人带来真正的快乐，她的人生并不圆满，也并不幸福。

可见获得人生幸福的本领是比挣钱更重要的本领，或者说，人的任何本领，最终都是为了获得人生幸福，那么人生怎样才能获得幸福呢？

怎样获得幸福？

美国哈佛大学有一门最受欢迎的选修课——"幸福课"，听课人数超过了王牌课《经济学导论》。教这门课的是一位名不见经传的年轻讲师，名叫沙哈尔。

沙哈尔在以色列曾经经历五年艰苦的壁球训练，以为胜利可以带来充实感并获得幸福，但他16岁夺得以色列壁球比赛冠军获得瞬间快乐后，反而更加空虚、沮丧。

　　"我曾不快乐了30年"，沙哈尔这样说自己。他是哈佛的毕业生，从本科读到博士。在哈佛，作为三名优秀生之一，他曾被派往剑桥进行交换学习。他还是个一流的运动员，在社团活动方面也很活跃。但这些并没有让他感到持久的幸福。他坦言，自己的内心并不快乐。"我开始意识到，内在的东西比外在的东西，对幸福感更重要。通过研究这门积极心理学，我受益匪浅。我想把我所学的东西和别人一起分享，于是，我决定做一名教师。"

　　可见，怎样获得人生的幸福，已成了全球性的困惑。

　　其实，中外思想家们早就对幸福问题做过深入的思考。

　　古希腊哲学家伊壁鸠鲁早在两千多年前就指出过：人们的财富满足基本的生活需求后，再增加财富并不能带来更多的快乐，更多的快乐要靠物质之外的心灵生活来获得。我国哲学家冯友兰认为人生有四重境界：自然境界，功利境界，道德境界，天地境界，最高的是天地境界，即追求人生终极意义。看来陈晓旭在生命临终前进入了天地境界，开始思考人生的终极意义了。

　　人活着的目的究竟是为了什么？一生应当追求什么？自己今生到底想成为什么样的人？这是每一个人都回避不了的、也不应当回避的重大问题。苏格拉底说过：未经审视的生活是不值得过的。要把知识变为本领，首先就要思考"哪些本领能增进一生的幸福感？"、"我要成为什么样的人？"这些最重大最根本的问题，因为我们发现：古今中外凡是有大本领的人，都深入思考过这个问题，或者说，正是对这个问题的深入思考，使他们获得了大本领。

　　现在越来越多的人认识到人活着应当追求幸福。但什么东西能带来幸福？

　　富足的生活不一定能带来幸福。据世界权威研究机构的调查，世界上幸福指数最高的是索马里和西藏这样最穷的地方，那里的人们的幸福感普遍高于西方发达国家。最令人惊奇的是，人民生活很富裕、自然环境最好、社会福利最高、社会保障制度最健全、犯罪率最低、社会最公平、政府最民主、人民最自由的北欧国家自杀率却最高。可见富足、安逸、平等、公平、自由的生活也并不一定能带来幸福。

知识和思想也不一定能带来幸福。有知识有思想的人往往更痛苦，罗丹的雕塑"思想者"一副痛苦状。北大清华的学生常有自杀的，每年全国大学生自杀人数是个不小的数字，而且有不断上升的趋势。

权力也不一定能带来幸福。公务员普遍焦虑、不愉快、压力大。日本过劳早死的大多是四五十岁的公务员。

那么到底什么是幸福？什么东西才能带来幸福？

宗教把幸福归结为一种安静、平静、平衡的精神状态。

哲学家斯宾诺莎认为所有感官享受都有暂时性，容易引起空虚和别人的嫉妒，只有研究学问，探索大自然和人类社会的规律，才能带来长久的愉悦，还不会空虚和引人嫉妒，研究成果还能共享，是利己又利人的行为。所以他认为人生的目的是研究学问，发现万物背后的规律，这些规律使万物有了神性，掌握了规律可以造福人类。这个观点获得爱因斯坦的高度认同，他认为自己从事科学研究是为了躲避日常生活的空虚、平庸、无聊，科学研究是更高级的精神享受。

我国著名学者胡适曾经给刚毕业的大学生提供了信心丹、问题丸、爱好散三味人生大补药。

胡适认为虽然人类文明的发展跌宕起伏，甚至有时倒退，但必须坚信世界的大趋势是朝着更文明更进步的方向前进，这个信念不可动摇，每个人都要时时吃这种"信心丹"，坚定自己的信念，保持乐观向上的精神。

每个人一生还应当有几个自己感兴趣的问题缠绕着自己，促使自己时时研究思考，生活才会充实并有建设性和创造性。

每个人业余还应当有一个或几个正当的爱好，这样生活才会丰富和有情趣。

胡适认为有了信心、问题、爱好，人生才可能幸福。爱因斯坦、普朗克、歌德、杨振宁、李正道、李四光、钱学森等大科学家、大艺术家都是这种观念的信奉者，他们都生性乐观，善于研究问题，还有许多高雅的业余爱好。

美国一个幸福研究小组认为：幸福是可以创造出来的，只要你做出了意图、有责任、识别、中心、重铸、选择、赞赏、给予、诚实等九项选择，并使它们协同和谐地起作用，你就能创造出幸福。

德国时间管理专家赛韦特则认为幸福是四个生活领域的动态平衡：

家庭与社会交际——家庭、夫妻关系、朋友、爱、外界关注、社会认同；

事业与成就——事业成功、升职、赚到钱、稳定的生活；

健康——饮食营养均衡、拥有充沛的体力、善于放松解压、有良好的精神状态；

人生的意义与价值——有自我实现的激情、获得了心理满足、有信仰、经常进行哲学思考、对未来的设想很明确。

赛韦特认为思考人生的意义与价值是最根本、最重要、贯穿并左右其他三个方面的主线。

从上述一些大家的思考中可以发现，幸福生活的内容越来越走向全面、综合、平衡、精神化。现代人的生活越来越复杂，人的幸福感当然也会越来越复杂，内容越来越丰富。

陈晓旭正是在思考人生的价值和意义方面出现了偏差，过于专注财富的积累，而对健康、亲情、人生意义等方面有所忽略，造成了生活的不平衡不和谐，因此缺乏幸福感。

努力成为和谐的人

幸福感的复杂性越来越接近人的复杂性，所以，做一个和谐的人，就能获得幸福。"和谐的人"是比"幸福感"更高、更复杂、内涵更丰富的要求。"取法乎上，得乎中"，以做一个和谐的人为人生目标，就更可能获得幸福。

当今中国人普遍注重成功，把成功看成是第一位的，各种成功学的书很畅销，多少人恨不得一夜成功。其实成功只应当是"和谐的人"的副产品，只要努力成为一个和谐的人，思维始终是活跃的，情感生活始终是丰富的，只要有一个合适的环境，这样的人迟早会成功的。如果不追求做一个和谐的人，只追求权、名、利的狭窄片面的成功，那么这样的成功是非常畸形和平庸的，这对人生也没有什么价值。人即使在世俗社会中不成功，但如果你是一个和谐的人，那么你的人生仍然是丰富的、充满意义的，这本身就是成功了。

我们可以看到，当今许多大学生只愿意学电脑、外语、财经等比较实用和好就业的专业，中学生也一心只为高考或竞赛，奋斗范围越来越狭窄，成为所谓"竹竿"型的人，这是极为短视的行为。

美国哲学家、教育家杜威虽然一生倡导实用主义哲学，但他对教育却有这样的主张：

"若预先决定未来的职业，再把受教育完全当作就业准备，这会妨碍现在的智能发展。

生活的意义是要使自觉的生活更趋宽广深化。

他愈是只有单一面向的生活，就愈像一个怪物。

凡有特色的职业都容易变得唯我独尊，太排他，占用太多时间精力，因为重视技能与专门方法而忽略了意义，教育应防止这个倾向。

知道自己适合做什么，并且会争取得到伸展志趣的机会，是获得幸福的关键。"

可见杜威反对过于专业化、职业化、技能化、单一化、不关注意义的教育，而倡导教育要培养全面和谐发展的人。

那么，我们是不是应当深入思考：什么样的人才是"和谐"的呢？

美丽的心灵

一个民族文明的标志是，精英人物有创造性，而大众愿意跟随。

——汤因比（英国历史学家）

人生最根本最重要的东西

2008年，中国大地被三聚氰胺毒奶粉事件罩上一层浓重的阴影，不法分子竟然向儿童喝的奶粉下手，让人感到人心竟然歹毒到了兽性的程度，拯救人心已经到了刻不容缓的时候。

中国人的物质生活已经有了极大的改善，但我们的心灵是否变得更和谐更美丽了呢？如果物质极大丰富了，但人的心灵普遍冷酷贫乏恶毒，那种物质丰富又有多大意义呢？如果一个人有一身的本领，但心灵堕落，那只会给社会造成更大的危害。

我们不难发现，中外许多杰出人物都对人类苦难充满悲悯情怀，心灵格外美丽。当年日军侵华时，爱因斯坦与哲学家罗素等人于1938年1月5日在英国发表联合声明，呼吁世界援助中国，抗议日本的侵略。当上海抗日运动的领袖"七君子"被捕时，爱因斯坦与美国15名知名人士于1937年3月发出声援电。

爱因斯坦这样的杰出人物的精神世界普遍有三个突出的特征，一是价值体系健全，二是思维方式先进，三是知识丰富。

　　有健全良好价值体系的人，就是有做人的底线，做事有原则，行为模式非常理性，活得很充实，有社会责任感，对人类有强烈的终极关怀。中国传统成功观强调"立德、立功、立言"，把立德放在第一位。德即由价值体系支配的行为准则，这是人生最重要的根本。

　　爱因斯坦还拥有先进的科学思维方式，他创立的相对论思想体系，引发了物理学的革命。思维方式就是理解和处理事情的方法和程序。思维方式没有对错，可以服务于任何价值体系的人。先进的思维方式相当于思维的先进工具，掌握了它就可以高效率地解决各方面的难题。有良好思维方式的人显得很有灵气，头脑不僵化，不钻牛角尖，极为聪明，学什么都轻松愉快。缺乏良好思维方式的人，显得很愚蠢和僵化，连干坏事都干不好，如马家爵这样的人，干的事害人害己。

　　爱因斯坦还兴趣广泛，知识渊博。知识是价值体系、思维方式、知识三者中唯一能看得见的东西，但也是三者中相对最不重要的。如果有良好的思维方式，学习知识是很容易的，而且吸收的效率也最高。有良好健全的价值体系，学来的知识才能真正造福社会，才能拥有真正有益的本领。如果没有良好的价值体系和思维方式，学来的知识反而是人生的障碍，如很多缺乏本领只会考试不会思考的书呆子型大学生。

　　如果用一把设计精美的椅子（比如明式圈椅）来比喻的话，价值体系就是椅子的设计理念，明式圈椅的设计就简洁优雅，特别耐看，有极高的审美价值。思维方式就是椅子的做工，明式圈椅结构简洁，做工精细，经久耐用。知识就是木料，明式圈椅可以用红木做，也可以用樱桃木、胡桃木做，用什么木料来做并不是太重要，因为不同的木料可以互相替换。这说明知识不是关键，知识也是可以替换更新的。在知识经济时代，知识更新的速度越来越快了。

　　人生最根本最重要的就是要形成健全良好的价值体系，它从根本上决定了人的一生是否活得有价值。而价值体系又集中体现在心灵的美丽，学者周国平认为，美丽的心灵集中表现在善良、丰富、高贵这三个方面。

善 良

善良应是心灵的底色。我们发现，从一个人喜不喜欢孩子，就能判断出他是否善良。如果一个人看见孩子是喜欢的，但别的方面有毛病，那么这个人还是有希望的。那些在孩子喝的奶粉里掺三聚氰胺的人就是丧失了基本人性的禽兽。一个和谐美丽的心灵，最基本的品质就是善良，他对所有生命充满感动和同情。

当今中国人善良的缺失和对于生命感觉的迟钝十分普遍，社会普遍有一种对他人和生命的冷漠，甚至达到了冷酷程度。我国不断发生虐猫、大学生用硫酸泼熊、毒奶粉、收容所打死人、不顾人命野蛮拆迁、矿难瞒报、黑砖窑、城管野蛮执法等事件，人性的冷酷堕落已经令人震惊，中华民族真是到了最危险的时候。

如今的中国社会，一些人邪恶、不善良、糟蹋生命、欺行霸市、贪污腐败却又难以受到制裁，甚至得到贪官的保护，已经是很普遍的现象。在这样的环境中，善良的人、敢于和贪官、邪恶势力斗争的人反而遭到打击报复，没多少人同情他们，社会也形不成正当的舆论压力。于是许多人不敢善良，明哲保身，甚至主动融入，同流合污，社会风气越来越坏，这样的社会就不是人待的地方。一个好社会和一个坏社会最基本的分别就是能不能给人一种安全感，能不能增进人的善良和同情心。让善良的人得到保护，不善良的人得到惩罚，要做到这一点，只有一条路，就是建立真正的法治社会和实现真正的舆论监督。

丰 富

如今，我国最受欢迎、影响最大的就是赵本山、小沈阳、潘长江之类的娱乐明星了，娱乐至死成为社会的主导潮流。很多人只追求身体、物质、感官这样低层次的娱乐，许多青少年玩的电脑游戏极其弱智，不需要任何思想文化基础，也不需要多动脑筋。许多文化产业公司，为了赚钱也想尽办法满足大众的低俗需求，似乎世界上没有其他更快乐的事了，没心没肺没灵魂地单纯疯狂地娱乐，似乎成了人生最重要的事情。

我的一位朋友是当年的下乡知青，他在农村插队劳动时，尽管物质生活极其贫困，有时连饭都吃不饱，可他还是千方百计到处找书来读。一到农闲时，他会翻山越岭去到很远的知青点去找书，并和有相同兴趣的知青聊天。他说那时读到一本好书，简直快乐极了，比吃一顿丰盛的大餐还快乐。他发现许多知青都有这个爱好，各知青点之间偷偷传阅着一些世界名著和禁书，读书成为知青们莫大的精神享受。知青中诞生了白洋淀诗群，并涌现了许多作家，这些地下读书活动，是重要的推动力量。

爱因斯坦在瑞士伯尔尼专利局当小职员时，业余经常和几位朋友在一起阅读讨论聊天，并把他们的小团体命名为"奥林匹亚科学院"。虽然当时他们都很穷，但精神世界格外丰富充实。爱因斯坦认为这种"欢乐的贫困"是一生中最美好的事情，他直到晚年都难以忘怀。

人和动物的根本区别之一，就是人对丰富的精神世界有本能的渴求，正因为有了这个精神世界才使人生充满了魅力和无限可能性。只要同时享受过物质和精神两种快乐的人，都会得出精神快乐是更高层次快乐的结论，那是物质满足远远比不了的。英国哲学家约翰·穆勒说过："不满足的人比满足的猪快乐，不满足的苏格拉底比满足的傻瓜快乐。"其实每个人的天性里都有一个"不满足的苏格拉底"，天生就渴求精神世界的丰富。但很多人的这个"苏格拉底"是沉睡的，我国的应试教育也在对孩子天性里的苏格拉底不断催眠，甚至让苏格拉底再也醒不过来了，这几乎意味着孩子们在精神上已经"死"了。这是对孩子最大的犯罪，是一种精神虐杀！

古希腊哲学家柏拉图把人的精神能力分为三种：智、情、意。"智"是指智力活动，主要是思考能力。"情"就是情感，人需要有情感生活，有对爱的体验，有对美的体验。"意"是指意志，就是能管理好自己的情绪，能够控制自己的行为，按照自己认可的道德准则与人交往和做事，也就是对"善"的追求。

智力生活与"真"相对应，情感生活对应的是"美"，信仰生活对应

"善"。从人类精神领域来说，"智"与科学相对应，"情"对应于艺术、文学，"意"对应哲学、宗教。所以，"智"、"情"、"意"就是人的智力生活、情感生活和信仰生活。蔡元培鉴于中国人缺乏宗教信仰，提出了"以美育代宗教"的主张，因此，对中国人来说，"智"、"情"、"意"的满足也就是追求"真"、"善"、"美"的过程，这三种生活组成了人的精神生活。所谓"精神丰富"就是指人应该过这三种生活，缺一不可。如果缺了某一项，人的精神世界就不平衡。

大脑是人的一个最为神奇的器官，人脑的功能大大超过电脑。如今电脑已经能模拟人的部分智力功能，但人的感情和意志是电脑无法模拟的，因此最普通人的大脑都比世界上运算速度最快的电脑功能强大。所以，人应当把主要精力用在培育电脑做不到的感情和意志方面。正因为人有大脑，所以对世界充满好奇心、充满兴趣、充满感情，能够进行独立思考独立判断，并能产生创意和爱意，这是人脑最可贵的功能，是其他动物永远做不到的。在运用大脑思考、想象、创新的时候，本身就是一种极大的快乐和享受，爱因斯坦就认为思考物理和人生的根本问题是最高级的快乐。许多人误认为，人有头脑、会思考只是为了解决自己的衣食等生活问题和满足物质的欲望，似乎人类头脑的价值仅仅在这里，其实这是本末倒置的错误观念。

人的精神生活的满足本身就有很高的价值，不能用衡量物质的标准来衡量精神生活的价值。世界科技越来越发达，人类的生活越来越富裕和方便，但人们的幸福感却在普遍下降，这说明外在的物质条件并不能增进幸福感，这证明了物质并不那么重要。真正幸福的生活是人的精神上非常自由、非常丰富、非常充实、时时提升，积淀了大量的精神财富。

爱因斯坦认为，好奇心是神圣的，因为有好奇心，人和神就很接近了。爱因斯坦又说，教育没有把我们的好奇心完全扼杀掉，这简直是一个奇迹。智育最重要的应当是保护和鼓励好奇心，培养人们自主探究的能力，但我们中国的应试教育彻底功利化，只为考试学一点儿极为狭窄的考试知识，大量时间用在反复训练考试技能，几乎把好奇心完全扼杀掉了，这是最令人痛心的，这是教育的最大失败，是对人的探索天性的根本性摧残。许多人在研究为什么中国本土至今没有产生获得诺贝尔奖的科学家，原因之一就是应试教育在大规模扼杀学生的好奇心，其实只要我们保护好孩子的好奇心，他自然会去主动探索的，这样反而更容易出大师。

信仰生活也是一种极重要的精神生活。信仰即对生命意义的追寻，一些学者把追求信仰称作"灵商"，并认为灵商是比智商、情商更高级的东西，犹太人就是因为信奉犹太教的关系，灵商普遍很高，所以成为了最有智慧的民族。

把全部的幸福寄托在外在物质上，是很不可靠的，一旦财产、地位没有了，人就垮了。因此，精神上要有自己的家园，即使外在环境再变化，都有自己坚定的精神信念，什么风浪都击不垮。

我们发现，许多名师，有着神奇的魔力，似乎不费什么力气，就能教出优秀的学生。比如魏书生，他当班主任就指导学生自学，自己跑到全国各地到处做报告，有时甚至半年都不在学校。但是他所带班上的学生，语文成绩却一直非常好。全国各地的老师都来学习，但一个也学不会。用这些老师的话来说：你魏老师可以这样教语文，我们不行。如果我们也不上课，学生就闹翻天了。面对着知识水平相近的学生，使用着同样的统编教材，魏书生教出来的学生效果却大不相同，而且他似乎没费什么力气，甚至连课都不用上，学生似乎被他点化了，自己会主动学习，而且学得非常好。

根本原因就在于魏书生的精神境界不同。他特别热爱教育，曾经几次要求辞去官职，去当教师。他还酷爱读书，哲学、心理学、历史等都读。他兴趣极为广泛，视野极其开阔，精神境界大大超越在一般教师之上。他还坚持练武，既文明自己的精神，也野蛮自己的体魄，充满了人格和智慧的魅力，身上似乎有一种让学生折服的神性，因此他教学得心应手，举重若轻，略加点化，学生便豁然开窍，自觉学习。而其他老师没有这个精神境界，也没有花大量的时间提升自己的境界，只围着教材和教学方法打转，当然吃力又效果不好。其实只要抓住了提升精神境界这个根本，每个老师都可以创造出有自己特色的教育方式，也能达到不教而教的化境。

精神丰富的途径

那么怎样才能提升自己的精神境界呢？古今中外许多学者都研究过这个问题，并形成了如下几方面的共识：

第一，善于寻找精神导师。榜样的力量是无穷的。著名国画大师齐白石曾在一幅画上题了一段话："青藤（即徐渭）、雪个（即朱耷）、大涤子（即原济）之画，能横涂纵抹，余心极服之。恨不生前三百年，或为诸君磨墨理纸，诸君不纳，余于门之外饿而不去，亦快事也。"

早在齐白石之前，郑板桥也刻过一个自用印章，其文为：青藤门下走狗。

齐白石、郑板桥这样杰出的人都对前辈大师敬佩到如此地步，真令人惊叹，他们的画受到这些大家的影响之大，就可想而知了。

毛泽东青年时代经常主动求师，凡到长沙来的学者名流，他都跑去拜访。

英国历史学家汤因比说过："一个民族文明的标志是，精英人物有创造性，而大众愿意跟随。"我国著名作家郁达夫也说过："一个民族没有杰出人物固然不幸，但有了杰出人物而不知爱戴更为不幸。"善于找到自己的精神导师，并且深深爱戴他们，跟随他们，浸润在他们营造的氛围里，是自己精神成长的好方法。

第二，通过阅读经典名著来提升自我。美国前总统林肯自己是白人，却一生致力于解放黑奴，百折不挠，精神境界大大超越在一般人之上。他曾说自己的精神世界主要靠三本经典支撑：《圣经》、《几何原本》、《莎士比亚戏剧集》。这三本经典塑造了他善良、理性、博爱的精神境界。

经典名著可以回答多方面的问题，内涵比一般书籍丰富得多。读经典名著的过程就是接受大师熏陶的过程，自己的灵魂也会越来越充实。虽然经典名著大部分是不畅销的，但有永恒的价值，读了受益无穷。经常和大师们交流，慢慢地，你和大师的境界就接近了，能从大师的角度去看世界了，这本身就是高级的精神享受。

日本思想家福泽谕吉认为，学习一种新文明要先难后易，先学习该种文明最经典、最深刻、影响最长远的文化经典，才能学到该种文明的精髓，思想观念上通了，才能一通百通，这是非常有见地的。我们每个人也应当有几本自己钟爱的经典，并时时浸润其中，林语堂先生称之为找到"精神上的情人"，这种阅读才能提升精神格调。特别在青少年时代，多读古今中外的经典名著，打下一个精神的底子，对一生都有长远的影响。如今让人忧虑的是，我国许多青少年把大量时间花在上网聊天、游戏、娱乐上了，很少阅读经典名著，这对提升精神境界极为不利。

第四，养成慎独的习惯。如今中国人普遍的毛病是浮躁，不习惯独处，害怕孤独和寂寞，一旦独处就很惶恐，不知道该干什么好。李白说过：古来圣贤皆寂寞。正是耐得寂寞，在独处中自觉修养，使普通人成为了圣贤。诸葛亮为什么那么有智慧？原因之一是他隐居南阳，采取"淡泊以明志，宁静以致远"的生活态度，避开乱世，博览群书，只和几位学问高超的朋友来往，谈笑有鸿儒，往来无白丁，静静地培育自己的大智慧，因此他未出山便预测到了三分天下的大势。

著名学者王国维认为做学问的第一个境界是："昨夜西风凋碧树，独上高楼，望尽天涯路"，这就是一种独处的境界。许多杰出人物都认为独处是一种特别的快乐，此时能够和自己的灵魂进行对话，在独处中好好回顾一下自己走过的路，立足于人生的全局来规划自己未来的人生，此即"望尽天涯路"。周国平指出，哲学是一种分身术，可以把一个人变成两个人。肉身的自我可以在世俗中奋斗，但每个人还有一个心灵上更高的自我，这要靠独处来体验。有了哲学思考才能"独上高楼"，超脱在世俗之上俯瞰人生，胸襟因此变得远大开阔，境界便非同一般。尼采说过，有的人不喜欢自己，甚至讨厌自己，所以总是要逃到别人那里去。那么，这样的人对别人有价值吗？一个连自己都讨厌的人，到别人那里无非是对他人的干扰。一个人必须丰富自己，这样才能使自己有价值，有了独处获得的丰富内涵，才能有高质量的交往。如果大家都有内在的丰富，交往才是相互促进的，否则只是利益的交换。

第五，努力把职业变成事业。"职业"不等于"事业"，"职业"仅仅是谋生的手段。"事业"有两条标准，其一，对事情本身有强烈的兴趣，没有利益也喜欢做，就因为喜欢。另一个标准是，由于从事了这份事业，能让自己感到其中的意义所在。犹太人就把职业当作上帝的召唤，所以他们的职业行为充满了使命感，把职业当作崇高事业来对待，充满了敬业精神，因此犹太人普遍优秀。

杜威说过，兴趣是才能可靠的征兆。胡适也说过，人生目标就是"跟着兴趣走"。如果是因为利益而产生"兴趣"，那其实不算真兴趣。兴趣是事情本身的强烈吸引，任何其他诱惑都改变不了。最幸运的就是职业与事业合一。幸福包含两个基本要素，一是做自己喜欢的事，并且能够靠这个养活自己；二是遇到了自己喜欢的人，并且能让他们感到快乐。做到这两条，人生就是很幸福的了。

第六，善于结交能提升自己的朋友。古今中外的杰出人物都不是自己独立成才的，周围都有一个朋友圈子时相来往，朋友圈的熏陶，往往大过学校和家庭的影响。

苏东坡一生被贬到过许多偏远的地方，不管到了哪里，他都能很快结交到当地一批朋友。而且他三教九流无所不交，与和尚道士、野老樵夫都能成为很好的朋友，时相往来，向他们学习。孔子说过：三人行，必有我师焉。苏东坡这种转益多师的交往态度，正是他成为文化巨人的重要原因。

如今网络如此发达，你可以方便地交到全世界的朋友，就看你是否善于交到有益的朋友了。

高　贵

中国人常说：腹有诗书气自华，就是说常读诗书的人有一种特别的气质，其实精神丰富的人都会形成一种高贵的格调。

周国平先生对高贵有深入的思考，他曾在一次讲座中谈了自己对高贵的理解。

尼采说过，古希腊的哲学家是具有帝王气派的精神隐士。古希腊哲人的这种高贵有两个最著名的故事。

犬儒派哲学家第欧根尼提倡过简朴的生活，他认为奢侈的生活会影响精神的丰富。因此他没有自己的房子，就住在一个大木桶里，吃的食物也是非常简单。一天，亚历山大大帝去拜访第欧根尼，对他说："先生，我能帮你什么忙吗？"第欧根尼说："你能帮我做一件事，就是请你走开，不要挡住我的阳光。"亚历山大就乖乖地走了，他边走边对侍从说："如果我不是亚历山大，那我愿意做第欧根尼。"第欧根尼在物质上过着很简陋的生活，但是在灵魂上却是很骄傲的。

还有一个例子是关于阿基米德的。当时他所在的城市被罗马军队攻下来了，但他还在街头思考问题，在地上画着几何图形。罗马的士兵看到了他，就要抓阿基米德，他不肯走，还在看着他的图形说："你们不要破坏我的图形。"就在这个时候，罗马士兵一剑把他刺死了。阿基米德把思考问题看得比生命还重要，这就体现着高贵。

德国哲学家康德认为，人是由两个部分构成的，一个是肉体的存在，是属于自然界的，要服从自然规律，是不自由的，由自然规律支配。另一方面，人还是精神的存在，有灵魂，有头脑，从精神的存在来说，人是自由的，并不服从自然规律，而受道德规范约束。道德不是自然界的法则，是人的行为准则，而自然界的其他生物是没有道德准则的。所以，康德说，人是自己行为的立法者，自己给自己定行为的规矩，这就是人区别于动物的高贵之处。自然法则是趋利避害的、利己的，但道德法则要考虑到别人的利益，要替人着想，"己所不欲，勿施于人"，这是人区别于动物的伟大之处，是人的自由所在。所以康德认为"头上的星空，心中的道德率"是最神圣的。但当今许多人却把自由理解为不顾别人的任意妄为，许多人自私自恋，这是对自由的极大误解。

康德说，人是目的，在任何情况下都不能把人作为手段。所谓"人是目的"是指人之所以为人，就是他有道德、有精神层面上的高贵，人生就是不断完善和提升这种精神上的高贵，这就是人生的最终目的。当人为了满足自己的欲望，而做不道德的事情，那么这个时候，人就变成"手段"了，而没有把自己作为"目的"。

对待他人也必须这样，不能把他人作为满足自己欲望的手段，要尊重每一个人，把每个人都要看成是有尊严的人、高贵的人、有灵魂的人，让灵魂与灵魂平等对待，互相尊重。现代教育的精髓就是以学生为本，尊重每一个学生，教师要平等地启发学生做高贵的人，做有自尊并值得别人尊重的人，而不是把学生作为提升升学率的手段。有尊严的人之间的相互关系必然是和谐的。所以，人与人之间应该普及自尊基础上的相互尊重，这样的社会才会是和谐的。

如果在精神上不断向善良、丰富、高贵的方向努力，成为一个心灵美丽的精神贵族，那么幸福就会随之而来。

真话的魅力

千教万教，教人求真；千学万学，学做真人。

——陶行知（教育家）

才　女

我平时很少看电视，但对凤凰卫视的《世纪大讲堂》却情有独钟，基本上期期都看，自然常见到主持人之一曾子墨。

曾子墨不算漂亮，但让人感觉很舒服和有内涵。女性有两种，一种是猛一看很漂亮，走在街上回头率很高，但接触多了，便会发现她越来越不漂亮，很不耐看。原因是她缺乏文化内涵和修养，举手投足和待人接物少了许多韵味儿，徒有一张漂亮脸蛋儿而已。另一种是初看长相没什么吸引人之处，但接触越久越感到她的魅力，觉得她内涵丰富，善解人意，越来越美，非常耐看，而且总有新的你意想不到的吸引人之处。

曾子墨就属于后者。她穿衣打扮没有任何时尚之处，举手投足像个刚毕业的大学生，还透着几分清纯。但不知为什么，虽然我对她的背景毫不了解，但我总觉得她不是一个俗人，感到她在精神境界上要超过一般人。某天我在报纸上读到曾子墨出版了自传《墨迹——曾子墨从华尔街到凤凰》的消息，我才知道，曾子墨果真不是一个俗人，而是一个能力超群又境界高超的才女！

曾子墨在美国大学毕业后，进入华尔街投资银行工作并取得了巨大成功，后来又进入全球顶级企业工作并备受肯定。她参与了历史上最大规模的并购交易，操盘新浪上市，可以说是国际金融界很成功的弄潮儿。就在金融事业达到巅峰之际，她却毅然放弃令无数人羡慕的高薪工作，加入了自己一无所知的电视媒体行业，几年后，她已成为凤凰卫视很有品位广受欢迎的主持人。

一个真正优秀的人，是不以收入和外界的评价为意，只根据自己的兴趣和特长来选择人生道路的人。这样的人敢于放弃世俗看重的所谓"成功"，勇于尝试自己虽然陌生但最感兴趣的行业，并迟早会脱颖而出，因为她本身足够优秀，自然有这种自信和能力。

那么决定一个人优秀与否的最重要原因是什么呢？

真　话

曾子墨自传的某一章标题是：真话的魅力。其中谈到：她当年申请美国大学时，必须回答一个问题——你是否从事过社区服务？也就是当没当过义工？

原来，美国社会强调社区自治，形成了独特的义工文化。无论孩子还是成年人，都认为做义工天经地义。在美国，从孤儿院到医院，从流浪者救助中心到社区图书馆等公共场所，义工的身影无处不在。做义工可以培养高尚的品德，增进爱心，培养为他人服务的精神，还可使学生了解社会，提高综合实践能力。而在中国的学校，大多实行封闭式管理，学生都被圈在校园里与世隔绝，两耳不闻窗外事，一心只读考试书，所以普遍社会经验和实践能力都比较缺乏。曾子墨当年申请美国大学时，中国还根本没有义工。

曾子墨在回答"当没当过义工"的问题时，颇费思量，是该迎合美国人的传统，胡编乱造，写得天花乱坠？还是干脆说中国没有义工文化，因而自己没有做过义工？犹豫再三，她最终选择了说真话。她这样回答："我曾经去幼儿园教英语，还曾经在荒山上植树，但在我看来，这远远达不到义工的标准。我不知道为什么中国学校没有鼓励学生做义工，为什么中国社会缺乏义工文化，但我相信，中国人是最有爱心的，也是最愿意帮助他人的，总有一天，义工会遍布中国。"

她没有想到，正是这真实的寥寥数语，对她走进美国大学起到了决定性的作用。一年后，在美国大学的迎新会上，美国负责录取的老师在嘈杂的人群里找到了她，老师笑容可掬地高声说："欢迎！欢迎你来达特茅斯！我在录取办公室工作，读过你的申请。虽然你没有真正做过义工，但我们都欣赏你的诚实，也喜欢你的思考。在达特茅斯，你会有许多做义工的机会。"老师的话，对曾子墨是一份意外的惊喜。作为负责录取的老师，每年要审阅上万份申请材料。曾子墨没想到，她的坦诚居然会给老师留下如此深刻的印象。可见说真话，自有说真话的魅力，而且给她带来了意想不到的机遇。

成功的秘诀

这件事看起来不起眼，但其中蕴涵了既普通又深刻的道理。我们看到：给曾子墨带来机遇并最终使她优秀的最重要原因就是说真话！

多少人苦苦寻找成功的秘诀，可曾子墨的秘诀竟如此简单！

如果深入思考一下，难道还有比这更复杂的秘诀吗？

真理向来是朴素的。我曾经写到过，犹太人之所以普遍优秀，根本原因是他们信仰犹太教，而犹太教的基本教义是：正直地说话，正直地行事，不撒谎，拒收贿赂。被排在第一位的，是"正直地说话"，正直地说话，当然是说真话了。正是格外地看重说真话，使犹太民族成为了世界上最有智慧和本领的民族。

著名教育家陶行知说过："千教万教，教人求真；千学万学，学做真人。"这是古今中外不变的真理。当今世界，瞬息万变，但这一条，永远不会变。

中国目前什么方面都在与国际接轨，其实最根本的接轨是说真话。中国各种媒体、各个领域最大的弊端就是充斥着假话。更可怕的是，我们的教育系统从小就在培养不说真话的假人，学校里弄虚作假已经是普遍现象，学生作文经常假话连篇，居然还能得高分，这简直是在鼓励说假话。目前中国社会风气对人性的最大戕害，就是逼迫和诱导人不说真话，而且大众似乎已经见怪不怪了，谁要老说真话，大家都会认为他是傻帽。中国经济在高速发展，人性却在倒退，连说真话都需要巨大的勇气并可能承担意料不到的后果，如果再不尽快扭转这种根本性的颓势，总有一天，人性的堕落会把经济的奇迹抵消干净。物质生活再好，如果人们之间都是尔虞我诈、不讲诚信、相互欺骗，还谈得上什么幸福？

曾子墨把"真话的魅力"放在自传醒目的位置，实在是触到了当今中国人的要害。

要把知识变成本领，首先那知识就必须是真知识，求知本质上就是求真，如果连求真的品格都不具备，怎么可能得到真知识？怎么可能获得真本领？

我到日本去旅游时，了解到日本人做生意从不收定金，他们相信对方是诚信的。这样做生意将是多么轻松和高效率，成本也会很低，可见诚信可以直接推动经济的发展。日本酒店房间的冰箱里放着许多收费的酒水，但客人拿走时，酒店方面也不会追究，他们相信客人是诚信的。西方发达国家已经建立起系统配套的诚信监督体系，如果你有了不诚信的记录，将难以从银行贷到款，许多行业都不许你进入，你将在社会上处处受制，失去许多机遇和成功的机会。一个国家真正的"发达"，正是这种诚信观念和监督体系的发达，而不仅仅是经济繁荣。

俗话说：成功偏爱有准备的头脑。其实，这句话也可改成：成功偏爱诚信的人。爱说假话的小聪明，最终一定比不过讲诚信的大智慧。

讲诚信，本身就是一种大本领。

未来世界最需要什么样的人才？

方向永远比速度重要。

——曾仕强（台湾师范大学教授）

好学不可盲目

我的朋友岳君虽然30多岁了，但酷爱学习，他工作之余报名参加了高等教育自学考试，而且学了最热门的计算机专业，想毕业后找一份与计算机相关的工作。他非常勤奋刻苦，业余时间和周末都用来学习，从来不参加任何娱乐活动。经过三年艰苦努力，十多门课程，一门门考试过关，最后他终于拿到了大专文凭。

但毕业后岳君发现，学到的计算机知识已经过时，而且社会上到处都是计算机专业人才，比他年轻的硕士博士简直满坑满谷，他根本找不到与计算机相关的工作。他非常后悔，觉得浪费了三年大好时光，当年没有选对专业，奋斗方向选错了。

我们可以看到，如今像岳君这样的好学青年很多，但他们往往盲目跟着当时的社会潮流跑，最后花了很多精力和时间，结果却仍然缺乏竞争力。原因就在于他们缺乏未来眼光，不会把握社会发展的大趋势，难以确定最合适的奋斗方向。

学了知识是要在当下和未来应用的，要把知识变为本领，首先就要弄清未来世界最需要什么样的本领。前面我们已经谈到过，未来最需要系统智慧，那么这些系统智慧应当主要应用在哪些方面呢？未来世界最需要什么样的人才呢？

四种思维、七类人才、六大感知能力

美国前副总统戈尔的撰稿人丹尼尔·平克曾经写了一本轰动北美地区的畅销书《全新思维》，其中对世界发展趋势提出了这样的预测：

在信息社会，需要有特定思维的一类人——电脑程序员、起草协议的律师、分析数据的MBA（工商管理硕士）、专业知识丰富的医生。他们具有偏重逻辑分析的左脑型思维。

随着社会的信息化水平不断提高，许多逻辑分析的工作正被电脑迅速取代，世界正由信息时代进入概念时代。未来的人才需要拥有全然不同的思维——创造型思维、设身处地（共情）型思维、模式识别思维、追寻意义型思维。其中共情型思维就是所谓"情商"，即善于管理自己的情绪和善于人际交往。模式识别思维即善于从纷繁复杂的现象背后发现隐蔽的模式和各种变化的共同趋势，这样就不会被万花筒一般的社会表面现象所迷惑，善于透过现象看到本质，善于把握社会发展的大趋势，并根据这个大趋势来确定自己的人生发展方向。追寻意义型思维就是经常思考人生的意义、人生的价值等比较形而上的抽象内容，因为这些思考往往深刻地影响到人的观念和行为模式，人其实是受思想和观念指引着行动的。

具有上述这四种思维的人包括艺术家、发明家、设计师、善讲故事的人、看护人员、各种咨询师、考虑全局的人，这七类人将在未来社会享受到最大的工作乐趣并获得最高的社会回报。

才能与众不同、感情丰富并富创造力的人将成为概念时代的骄子，明智的人应当朝适应概念时代的方向努力，战略方向一错，越勤奋越错得离谱，越努力越失败。正像台湾师范大学教授曾仕强指出的：方向永远比速度重要。

概念时代需要六种基本能力——即六大感知：设计感、故事感、交响能力、共情能力、娱乐感、探询意义。其中交响能力是指能把表面上互不相关的因素结合起来创造出和谐的新事物，共情能力是能设身处地地换位思考，善于理解别人的思想和感情。这六大感知能力是每个人都能掌握的简单技能，关键是要尽早尽快地自觉开始努力。

虽然美国等发达国家与中国在发展阶段上有明显区别，但发展方向是大致相同的。美国今天走过的道路，我国很快就会重走一遍。近代以来，我国不断在追赶工业文明的步伐，但更智慧的是站在人类未来发展趋势的前面，超前预测到世界潮流的变化，早做准备，以免新潮流涌来时措手不及处处被动。

右脑为主的时代

当今世界正在发生快速的巨变，物质的充裕使人们的精神需求日益增长，全球化使白领的工作全球流动，电脑网络和高新科技使越来越多的工作外包，许多工种正在迅速消失，时代发展需要一种全然不同的思维方式和生活方式——高概念和高感性。

高概念能力包括：具有美感、富有创造力和丰富的情感、能写出优美的文章、能将表面上毫无关系的事物结合起来创造出新的东西。

高感性能力包括：理解别人、懂得人与人相互交往的细微之处、善于找到各种乐趣并感染别人、超越平凡，寻求生活的真谛和意义。

上述两种能力属于右脑的能力。左脑擅长表达顺序、逻辑和分析，右脑则是非线性的、直觉的、综合的、整体的。完成任何任务都需要左右脑的协同配合，但世界越来越向需要右脑的方向发展，前面我们谈到的系统智慧，其中大部分都属于右脑思维。右脑思维——创造性、执著、快乐感和探寻意义，将越来越决定未来世界谁主沉浮。

未来个人理想的实现要求人们有一种偏重右脑的思维，每个人和教育界应当立即行动起来，在实践和学习中逐渐培育这种思维。

中国的教育太偏重左脑思维，学校普遍不重视音乐、美术等副课，而这些课程正是在培养右脑思维。像爱因斯坦、李四光、钱学森等杰出科学家，都有很全面的文学、音乐、美术等方面的艺术修养，左右脑思维相当均衡。中国教育为什么培养不出杰出人才，重要原因之一，就是太不重视右脑思维的培育。所以当今教育界和每个人应当努力纠偏，注重向右脑型思维方向发展。

21世纪的人才

前微软亚洲研究院院长、著名的电脑软件专家李开复曾在一篇文章中谈到21世纪最需要什么样的人才。

李开复指出：21世纪更多的工作是靠人的脑力的创造，要靠平等的竞争。如今世界已经没有国界的差别，世界已被铲为平地，任何一个国家的人都可以和另外一个国家的人合作或者竞争，任何人都可以接触到、使用到、共享到同样多的信息。21世纪需要的不再是19、20世纪那种听话的、没有自己的主见、努力且有毅力的蓝领或者白领，更需要的是这7种人：创新实践者、跨领域合成者、高情商合作者、高效能沟通者、热爱工作者、积极主动者、乐观向上者。

我们不难看到，如今各行各业都特别需要创新能力，处于知识经济前沿的高新科技企业更是几乎天天在创新。任何东西都可以很容易被模仿，但人的创新能力无法被模仿，并且创新出来的东西一旦被模仿，你最好的办法就是继续创新。所以能持续创新的员工是能够带给企业持续竞争力的最重要的财富。创新并不是特殊领域内特殊人物才能做的事，创新是人的天性，只不过被应试教育毁掉了，经过适当的创新思维培训，每一个普通人都可以恢复创新能力。创新必须和实践密切结合，为了创新而创新是没有意义的，要做实践中有用的、市场需要的创新才是有价值的，否则会造成智慧和资源的浪费。一个真正的创新实践者在每一次创新的时候都忘不了实践，在实践的时候也忘不了创新，二者高度交融。教育家陶行知极力主张"做中学"、"行中知"，当今更需要"做中研"、"行中创"。

当今世界更需要的人才不再是那些能把一个学科学得非常非常深的人，而是那些把自己的专业学好，同时能够与其他领域做跨领域结合的人才，也就是通常所说的通才。如今知识门类越来越多，光一个电脑软硬件就可能分出几百个专业。某个专业你可以学得很深，但是两个人的知识通过交叉碰撞又可以产生新的知识，三个人的碰撞就能产生极多的新知识组合。如果把一门学科学得太深了，可能会钻牛角尖，思维僵化，视野狭窄，反而会失去创新实践的机会。真正重要的并不是要分析得很深，而是怎么有机合成。这其实就是前面谈到的交响能力。学好自己的专业是必要的，但是同时要考虑一下是否还有别的什么专业是你感兴趣的，这两个专业最新的思想能不能结合起来，做一些既有创意又可以实践的东西，这可能是最有成长空间的一些机会。我国特别缺乏高层次的帅才，这种帅才其实就是那种具备交响能力，能把不同学科的知识有机合成，即是通才又懂管理，能率领一批有创造性的人才去解决实践中出现的问题的人。可我国的应试教育却逼着学生在极狭窄的领域内拼命训练，做大量的难题，奥数是个典型，这样对学生将来的发展极其不利。如今我国有这么多大学生找不到工作，而高新科技企业又奇缺人才，正是应试教育埋下了祸根。

情商包括了对自己的管理和与别人合作的能力。在全球化的时代，跨领域的合作，跨国度的合作，跨语言的合作，都越来越多。过去你作为一个孤僻的天才可以得到很大的重视，比如数学家陈景润，但这种情况现在已经大大地改变了。当今社会最好的一个人才，比如一个程序员、一个研发人员、一个企业家，可能比普通人的生产力超出3倍、5倍、10倍、20倍甚至更多，但如果他是一个孤僻自傲、不能合作，甚至引起团队无法工作的人，那么他对这个团队，反而是一个干扰因素。

我们不难发现，中国人普遍表达能力不好，在大庭广众之下，往往局促不安，说不清话。原因是中国的教育大多是教师满堂灌，学生从小在课堂上很少有提问、讨论、辩论、演说的机会，极为缺乏表达的煅炼。一个人如果有思想但不能表达出来，他其实就是一个没有思想的人。在21世纪信息爆炸的情况下，再好的信息传播渠道最终还是要经过人、影响人。人传播信息靠沟通。一个人的沟通能力如果很好，便可以把很难懂的东西简洁清楚地传播给别人。一个人沟通能力很差，别人就可能看不起他，认为他没有思想。所以沟通能力是非常需要学习的。你沟通的时候一定要理解你的听众，你要知道你的听众在想什么，听众从你的讲话中能得到什么好处。还要注意说话的方式，避免说教，而应该采取平等的引导启发的方式，这对教师尤为重要。在当今竞争激烈的时代，每个人都需要适当地推销自己，让别人知道你的想法和成果。当今每个人都有想法，那些最有思想并最会表达沟通的人会得到更多的机会。

　　这里所说的高情商合作者、善于表达沟通的人，就是具备了前面谈到的高感性能力。

　　如果你做的工作是你非常热爱和感兴趣的，那么你可能在睡觉、洗澡、吃饭时都在想你的工作，你就会充满激情地去做你的工作，你会认为工作是一种享受。孔子说过"知之者不如好之者，好之者不如乐之者"，如果你能找到你最爱的职业，你的一生都会过得比较快乐和高效。如果你处在人生的重大选择关头，比如说考大学、考研、工作、出国等等，这时你要慎重地去选一个你真正喜欢的专业，不要去赶时髦随大流，而且要有跨领域合作的思想。并不是说我过去学的是一个不喜欢的专业，就要立刻换专业。如果你不喜欢你的专业，你也可以在这个专业里面尽量找一个大专业里面的小专业，也许是你比较喜欢的。你也可以在一个你认为你比较喜欢的专业和你现在不喜欢的专业之间的交叉学科找一些机会。

　　当今社会，选择的机会越来越多，人一生只在一个单位只做一样工作的情况已经很少了。有了选择机会，就要积极主动，这时最需要管理好自己。一个积极主动者一定对自己很负责，因为如果你自己不在乎自己，没有别人会比你更在乎你自己，没有人会比你更知道你想做什么。积极主动者，并不只是消极地等待机会，而是积极地把握机会，为自己创造机会。中国的学校很少给学生选择机会，而发达国家的学校开设了大量的选修课，供学生自由选择，这培养了学生主动选择的习惯，对他们今后的发展极为有利。

台湾有位企业家叫做张忠谋，他是一个大企业的董事长。他有个朋友请他提几个字挂在墙上。张忠谋说：我的字写得不好，但是我随便帮你写几个字。然后他就写了"常想一二"这四个字。他朋友说什么叫"常想一二"呢？张忠谋就告诉他：你没有听过吗？我们都说人生不如意之事常八九，我要告诉你常想那剩下的一二比较如意的事情。张忠谋从小看了很多大人物的传记，他发现了一个规律，凡是成功者早期都是受苦受难的，他们的生命几乎就是人生不如意事常八九的真实写照。但是他发现这些人之所以能够成功，就是因为他们保持了正面的思考，通过"常想一二"，他们能够超越苦难。苦难对他们来说反而成了生命中最好的养料，为他们未来的成功做了良好的铺垫。人生的如意或不如意，更重要的不是取决于人生的际遇而是思想的观念。所以，人生的关键取决于你有没有"常想一二"这种乐观的思维方式，观念反而比事实更重要。

我们看到，李开复谈到的七种人才和平克谈到的四种思维六大感知其实是异曲同工的，基本内涵相当一致。只有明白了未来社会最需要什么样的人才，需要什么样的思维方式，你才能根据自己的兴趣主动选择自己的人生发展方向，并在这种方向的引导下，获得符合社会需要的本领。

第二辑 <<<

学习方法的哥白尼革命：

把学习变成研究

信息污染综合症

人要有知情的权利，也要有不知情的权利。

——索尔仁尼琴（俄罗斯作家）

垃圾信息的骚扰

身处当今的信息时代，每个人都会感到越来越多的信息正向你呼啸涌来……

我的朋友李教授刚从外地讲学回来，我问他此行感受，他说印象最深的不是讲学过程，而是回来后受到的信息骚扰。

原来他在讲学期间认识了几个听讲的年轻人。回家后，手机上就陆续收到他们发来的短信：

其一："昨晚我托一只蚊子去找你，让它告诉你我很想你，并请它替我亲亲你，因为现在我无法接近你。希望你不要烧蚊香把它吓跑了！它会告诉你我有多么想念你！"

其二："收到这只被天使祝福的猪，你的财运就会暴涨，你这个月一定会有好运的。"

其三："寂寞的时候想想我，想我的时候来看看我。看我的时候拎水果：桔子、香蕉和苹果。桔子代表你疼我，香蕉代表你想我，苹果代表你爱我。"

李教授说，他现在每天要花不少时间来清除这种"信息"，不胜其烦。

显然，这种调侃的短信，除了年轻人互相逗乐或相恋示情之外，基本上没有多少价值。然而，这类信息在短信中所占比重越来越大。许多短信传递黄段子、政治笑话、赌博信息、诈骗信息。也有些生意人，不管你是谁，就往你的手机上发送商品广告信息。许多人就收到过推销马桶、发电机之类的信息。最恐怖的是，有人还收到过推销炸弹、介绍自杀方法的信息。有些交友网站还用短信推荐美女和帅哥。福建某县农民组织起来进行短信诈骗，而且相互合作形成了"产业链"。许多农民竟靠这样的诈骗发了财盖起了楼房，政府可能没想到，如今一些"新农村"竟是靠这样的"短信诈骗合作化"建起来的！

垃圾信息清洁工

几乎每个人都能体会到，所谓"信息爆炸"，并不是有用的好的信息多了而爆炸，而主要是垃圾信息的爆炸。如果每个人统计一下自己一天当中处理信息的时间，可能有很多时间是在清除垃圾信息，而且这个比例还不断在加大。我们每天扮演着信息垃圾清洁工的角色，多少年轻人每天大部分时间沉浸在垃圾信息中，宝贵的青春时光就这样轻易被信息垃圾夺走了。

其实，在一些信息技术高度发达的国家早已面临这类问题。据统计，包括电子邮件、语音邮件、传真以及传统的通信信件在内，如今美国职员平均每人每天要处理的信息数量已超过190条，英国人超过169条。

以英国员工为例，无论是发送还是接收的信息，平均每人每天要处理48个电话、23封电子邮件、11封语音邮件、20封普通信件、15则备忘录、11个传真、13条短信及8个移动电话。

这些数字还在加速上升。

如今，全世界每年出版新书60多万种，新增期刊近万种，发表科技文献500多万篇。现代知识信息传递之快，升级之勤，令人目不暇接，眼花缭乱。美国加州大学伯克利分校的一项研究发现：世界正以每年一千兆兆至二千兆兆（一千兆兆就是100万亿字节）的速度制造信息。换句话说，整个地球上每个男人、女人和儿童每年的人均信息负担大约为2.5亿字节，或说1亿多个汉字，超过二十四史加上大英百科全书的所有字数。即平均每个人阅读的信息量相当于每年要读完二十四史加上大英百科全书，这是多么恐怖！

电子邮件正以每年610亿封的速度在人们之间传送。更多的人每天都在写博客，可与数百万人共享，但谁有时间把它们全部读完呢？美国加州大学伯克利分校的研究者们估算：仅2002年一年，全世界由印刷、胶片、磁盘或光学形式所储存的信息、数据和知识量相当于50万个国会图书馆的馆藏，这相当于记录了人类有史以来所有人说过的每一句话。

全世界每个人都在飞速增加信息重负！

对每个人来讲，过量的信息真那么有用吗？我们追踪、搜索、接收、阅读信息，却发现难以找到真正需要的、经过科学归纳的、具有针对性的有效信息。值得注意的是，曾被推崇的电子邮件现在也面临着信誉危机。越来越多的人发现，每次当他们满怀希望地打开信箱时，看到的绝大部分却都是商业性的垃圾邮件，要花大量的时间清除，如此下去，势必让人感到厌倦乃至愤怒。

信息越多，世界越难理解

最让人不可思义的是，在浩如烟海的信息包围中，人们的信息吸收利用率反而在不断下降。

据2002年美国一家研究机构的调查，美国、日本近年来的信息吸收率仅为10%左右。我们发现，就理解和领会能力而言，头脑中塞满东西和头脑中空空如也同样糟糕。信息过量太坏事了，它挤占了空闲时间，阻塞了必需的思考。我们的谈话、写作，甚至娱乐都被它糟蹋了。它杜绝任何怀疑，把我们变成天真的消费者和小市民，它把我们压榨干了！

更奇怪的是，信息过量并没有让世界变得越来越容易理解，而是变得越来越难以理解。

过去，信息的作用是帮助人们减少不确定性。而现在，人们拥有的信息越多，理解得却越少。信息来自不同的渠道，具有不同的特点，甚至相互矛盾，人们要花更多的时间确定这些信息的可靠性。信息本身的飞速变化，也使得人们对未来的预测变得更加困难。大学教授普遍抱怨无法跟上本学科领域的研究步伐，哪怕是很窄的专业领域。在学术会议上，已经获得博士学位的人听不懂同事的讲座。专业知识步入极端，已经没有共同的知识主体，没有通用的知识语言。

美国国会图书馆馆长詹姆斯·比林顿说过："因特网会缩短人们注意力耐久集中的时间。它用胡乱创造词汇的聊天室破坏了英语语言的基础。因特网严重倾向于最近的信息和最新的资料，比较老的资料很少。一个人可能在互联网上冲浪好几个小时而碰不到任何1995年前写的东西。它对记忆具有破坏性，你觉得自己正得到更多的信息，直到发现自己与魔鬼做了交易。你渐渐发生了变化，成为机器的延伸。"

不光英语如此，汉语被互联网破坏得更加面目全非。许多汉语研究专家和作家读不懂网上聊天的词语，网上正在形成一种网络简化汉语，它非中非西，非驴非马，最适合娱乐和搞笑，简洁优美和意蕴深刻是根本谈不上了。

筑波病

一旦单位时间内信息大量涌入，而且所传递内容是完全陌生的，甚至是垃圾信息，你就有可能陷入信息超载状态。

中国人民大学书报资料中心的一位工作人员谈道："我经常有信息超载的感觉。现在我对网络的依赖越来越厉害，上网时间越来越长。网上的新闻要吸引眼球，标题都做得很唬人，让你忍不住看完一条再看相关的，不知不觉时间就过去了。其实很多东西对我来说没什么用处，知道不知道并不影响你的生活和事业。"

信息超载已成为当今最严峻的一个问题，越来越多的人都患上了一种新疾病——信息污染综合症。

一位叫余湘晚的23岁大学生在自己的博客中这样写道："我为了写文章搜索'张爱玲'，为了买东西搜索'化妆品'，总是眼花缭乱看不完。虽然发现不少重复，还是担心会遗漏了重要信息，每个链接都不敢放过，最后头晕目眩地倒伏在键盘上。"

一位叫戴荣的25岁网站客服助理在博客中写道："对于我来说，最新消息永远都在下一秒诞生，获取新鲜资讯的方法永远只有'刷新！刷新！再刷新！'仅仅是在网上登一条广告这么简单的事情，早中晚很可能得到的就是三种迥然不同的价格。因此，在接待每一个客户时，我们原先已掌握的信息也许都是无效的，对于同一信息的重复搜索是我们每天工作的必经步骤。记得，在我最忙的那天光是对网络广告的报价就刷新了几百遍，单单不同位置和时间广告的不同报价就记了足足三张纸，更别提根据报价而改变的公司的网页制作费以及相关的网络服务。也许是白天被迫浏览、记忆了过多的资讯，结果那几天晚上我回到家总感觉头昏脑涨、恶心，连做梦都在不停刷新网页。有两天实在撑不住了，冲到卫生间狂吐一通才缓过劲儿来。"

据媒体报道，北京和南京几家医院曾经发现多例患者，主诉失眠，莫名其妙地头昏脑涨、胸闷压抑、烦躁不安、性情孤僻、精神萎靡、喜怒无常，甚至紧张性休克。患者多为知识阶层，网络和媒体从业者多发。

据报载，在日本闻名世界的科学城筑波工作的科技工作者，常出现寂寞、心情压抑、沮丧、疲倦、紧张、性情孤僻等症状，医学家称之为"筑波病"。此病的发生就是由于一些人对超负荷的信息缺乏适应和承受能力，导致大脑皮质信息输入与输出平衡失调，是典型的"信息污染综合症"。

国外一位现代病研究专家曾做过一个有趣的试验，他让一组愿意接受试验的人每天看几万张不同的照片，没过几天，这些受试者都患上了偏头痛。而科学研究表明，人的大脑接受信息的能力是异常惊人的，在十分之一秒的时间里，大脑可接受1000个信息单元。由于有些人不善于分析处理信息，以致在短时间内接受大量的信息后，大脑受繁杂的信息干扰产生生理病理改变，出现头昏脑涨，心悸恍惚，胸闷气短，精神抑郁或烦躁不安等临床表现，严重的可导致紧张性休克。这些由信息污染引起的症候，便是"信息污染综合症"。

病　因

为什么全世界会有越来越多的人得"信息污染综合症"呢？

北京大学心理系教授沈德灿指出："那是因为你还是觉得要看，要了解，担心自己因信息缺乏而落伍，跟不上时代。也就是说，压力还是自己造成的，而这直接与你自己的承受能力有关。如此复杂多变的信息洪流很快就会冲垮我们感知世界的能力极限。"

一位叫"轶人"的网友在博客中写道："进公司后，我被同事们封为'百晓通'。我每天要在各大网络媒体、BBS聊天室、电视访谈、报纸专栏、甚至上班途中的广播中接受各种消息的轮番轰炸。尽管如此还是担心自己漏掉了什么信息，忐忑不安地在第二天重新开始收集信息。上周参加了一个家在郊区的同学的婚礼。两天后，回到办公室发觉同事们谈论的最新话题竟然是我不知道的。总以为走在信息最前端的我，忽然感到内心迷茫、烦躁不安。看来变成百晓通，也不是什么好事，是时候给自己的大脑放个大假了。"

看来，每个人都必须学会给自己的大脑放大假，否则，信息污染综合症可能成为新的精神癌症。

更为重要的是，如何应对呼啸而来的信息海啸，在海啸中学到真正的弄潮本领，而不是"出师未捷身先死"，被信息海啸吞没……

你有救生圈吗?

我们置身人类有史以来,前所未有的知识丰饶时代,却可能因为不会选择和利用知识,逐渐饥饿而死。

——郝明义(台湾商务印书馆前总编辑)

智慧的两极分化

台湾文化狂人李敖来大陆做"神州文化之旅"时,北大一位大学生问他:对互联网怎么看。李敖回答说:"互联网上的信息良莠不齐,我担心你们的小脑瓜能否有足够的判断力来分辨这些信息的价值。"李敖说出了许多人的困惑:面对互联网中海啸一般涌来的信息,自己该怎样判断其中哪些是有价值的?该怎样取舍?又该怎样整理分析整合?怎样综合运用?

我们发现,世界在互联网的作用下,变得越来越平,但在知识领域里,世界不是平的,智慧的两极分化变得越来越严重。会判断和利用信息的人如鱼得水,本领越来越大。但许多人却被知识海啸冲得晕头转向,垃圾信息充斥头脑,真正有益的知识反而越来越少,甚至会产生知识饥饿症。

电脑网络的始作俑者美国人率先提出了"信息素养"的概念。他们认为,每个人要想在信息的大海上潇洒地冲浪,就必须拥有良好的信息素养。信息素养相当于冲浪的能力,如果缺乏这种能力,你迟早会被信息海啸吞没，即使不被吞没，也会染上"信息污染综合症"。

那么，什么叫"信息素养"？

信息素养

"信息素养"的概念是从图书馆的图书检索技能逐渐演变而来的。由于图书检索技能包含了许多实用的文献资料查找方法，而计算机则是高效、快速的现代化信息处理工具，所以美国人将图书检索技能和计算机应用技能结合起来形成一种综合性的信息处理能力，称之为信息素养。

信息素养含义的发展经历了如下三个阶段：

初期：1989年，美国图书馆协会下属的"信息素养总统委员会"在其年终报告中正式提出了信息素养的概念："要成为一个有信息素养的人，他必须能够确定何时需要信息，并且他具有检索、评价和有效使用所需信息的能力。"

当时电脑刚开始在美国家庭普及，网络还处在萌芽状态，所以对信息素养内涵的认识还比较简单，主要强调检索、评价、使用信息的能力。

1992年，美国一位学者在"信息素养全美论坛终结报告"中提出了信息素养更丰富的涵义：

一个具有信息素养的人，他能够：

- 认识到精确和完整的信息是做出合理决定的基础
- 确认一个对信息的需求
- 形成基于信息需求的问题
- 确认潜在的信息源
- 制订成功的检索方案
- 从包括基于计算机的和其他的信息源中获取信息
- 评价信息
- 组织信息用于实际应用

- 将新信息与原有的知识体系进行融合

- 在批判性思考和问题解决的过程中使用信息

这个表述就要比前一个丰富多了。因为这时美国电脑的应用已经很普及，网络已开始在军事和科研范围内使用，所以信息素养的内涵就比较丰富了，突出了对信息重要性的认识、问题导向式的信息查询、将新获得的信息与原有知识体系融合、在批判性思考和问题解决过程中使用信息等内容。人驾御和使用信息的主动性、创造性、批判性得到重视，核心是强调人要做驾驭信息的主人，而不能被浩如烟海的信息淹没，失去人的主体性，被信息异化。这时信息素养强调的是人驾御信息的思维能力和应用信息解决问题的综合能力。

1998年，全美图书馆协会和美国教育传播与技术协会在其出版物《信息能力：创建学习的伙伴》中，制定了学生学习的九大信息素养标准，这一标准分成信息能力、独立学习和社会责任三个方面，更进一步丰富了信息素养的内涵。

这九大信息素养的标准是：

- **A. 信息能力**

标准一：能够有效地和高效地获取信息。

标准二：能够熟练地、批判性地评价信息。

标准三：能够精确地、创造性地使用信息。

- **B. 独立学习**

标准四：能探求与个人兴趣有关的信息。

标准五：能欣赏作品和其他对信息进行创造性表达的内容。

标准六：能力争在信息查询和知识创新中做得最好。

- **C. 社会责任**

标准七：能认识信息对民主化社会的重要性。

标准八：能施行与信息和信息技术相关的符合伦理道德的行为。

标准九：能积极参与小组的活动来探求和创建信息。

当时电脑网络在美国已经非常普及，社会各行各业广泛使用了电脑网络，信息文明的雏形已经出现。所以信息素养的涵义中又增加了围绕个人兴趣探求信息、欣赏信息作品、独立学习、社会责任、认识信息对民主化社会的重要性、小组合作探求和创新信息、信息社会的道德伦理等内容，信息素养内容越来越广，几乎成为信息社会公民的基本行为规范了。

信息素养的意义

从信息素养内涵的不断深化中，可以看出：信息素养的内涵越来越丰富，它包括信息能力、独立学习和社会责任三个层次的内容。可以这么说，在信息社会，个人发展的重点就是不断增强自己的信息素养，或说在增强信息素养的过程中学习相关知识和技能。信息素养是一条红线，将其他知识和技能贯穿起来了。

信息素养的三个层面相互关联，密不可分，单独谈任何一个层面都毫无意义。独立学习必然牵扯信息能力，信息能力也影响到独立学习，社会责任更以独立学习和信息能力为基础。所以，信息社会最需要的本领之一，就是要培养人的这三方面的能力，而且这三种能力不能分开单独地培养，必须综合性地进行。

前面我们谈到过，当今人们最需要的本领是系统智慧。在信息社会，系统智慧的基础就是信息素养。在信息海啸呼啸而来、信息污染综合症越来越流行的今天，信息素养已经是每个人迫切急需的救生本领。

所以，对每一个人来说，最为关键的是：怎样尽快地增强信息素养？人们越来越感到，传统学习方式显然已经不适应飞速发展的信息社会了，学习方式面临着重大的战略转变。

那么新的学习方式又该是怎样的呢？学习方式又该怎样实现战略转变呢？

学习方法的哥白尼革命

数千年未有之大变局：把学习变为研究。

——刘　伟

打破对学习的迷信

学者姚国华曾在北大的一次讲座中谈道："一位思想非常激进的学者说，中国的教育部，干脆应该取消。因为教育这个词语，本身就是一个陷阱。教育意味着，某个主体高高在上站在那里，把所谓的真理、思想和知识灌输给大家。这种教育是害人的。真正的教育，应该尊重受教育者，受教育者也是主体，他们自我成长。而我们的教育呢，似乎是把所谓光明的、先进的、正确的东西，灌输到空白的、愚昧的、无知的、麻木的头脑中，这就是普遍中国人概念中的教育。这种教育无疑是糟糕的。

"上面那位激进的学者说，教育部应该改成学习部。活到老，学到老嘛。但是呢，后来发现，中国就没有几个干净的词语，学习这个词语，更加糟糕，比教育还糟糕。为什么呢？学，本来就是效仿的意思，即有一种现成的结论、模式、榜样摆在面前，我去照搬它、模仿它、运用它，这就是学习。习，只不过是练习，让你照搬和运用的时候，更为娴熟。中国两千多年来的传统文化，就是在这种学习的观念和行动中延续的。这种学习，造成了中国文明的稳定，也造成了中国文明的停滞不前，丧失了自身的活力和创造力。

"中国人几乎只知道学习，从幼儿园就开始学习，一直学到中学、大学，学到博士，取得博士后学位，还要学到老。我们却没有想到，这种学习，是有问题的，它的后面蕴藏着巨大的陷阱，我们完全成了所谓真理、结论、模式、教科书的奴隶，我们成为被动的客体。一百多年来，这种模式没有根本性的改变，只不过，我们由学习老祖宗转向学习西方人，我们以跟国际接轨为目标，说到底，别人怎么做，我们就怎么做。这种思维模式，把我们与生俱来的创造力、生命冲动、自主性、想象力都抹煞了。这种状态，造成了今天我们中国所有的死板和平庸。

"西方人就不学习了吗？他们也学习。但是，他们既在learn，又在study。Study不等于我们概念中的学习，它指的是，在没有现成的结论、原理和答案的前提下，去寻找规则、公式、规律等，它更多的是一种探索、研究和发现。

"而我们中国人缺少的就是这根弦。如果这种状态不改变，中国谈什么建设世界一流大学，实在太过荒诞。

"爱因斯坦曾经说过：我们都以为知识是最重要的，其实还有比知识和结论更重要的东西，那就是人的想象。推而广之，这种想象，包含着人的想象力、创造力、激情、生命冲动、革命精神、主观能动性和永无止境的好奇心，这些恰恰是人之为人最重要的东西。而今天大部分的中国人，忘记了的正是这些，我们的教育，停留在学习知识的阶段上，把人与生俱来的可贵东西给断送了，而被动接受别人既定下来的文明。

"西方人把中国的四大发明拿过去，运用自己的理论科学，做了一番彻底的改造，使得它们不再是原来的模样。对于这一点，鲁迅说得更明白：蔡伦发明了造纸术，中国人用它来做冥币，西方人却用来搞宗教改革。如此的事例，太多太多。中国的东西，一到西方，就被西方人用创造力变成了另有意义的东西。日本人也把中国做豆腐的方法学去进行了改造，创造出了日本豆腐，胜过中国的。"

姚国华生动地说明了，学习西方的关键在于学习西方人的研究、探索、发现的精神和方法，保持人的永无止境的好奇心、想象力、创造力。中国传统的学习方式是大有问题的，必须打破对学习的迷信，来个学习战略上的思想大解放。

哥白尼革命

1543年在世界科学史上是意义非凡的一年，波兰天文学家哥白尼的《天体运行论》在这一年出版，近代科学的诞生，就是以这件事为标志。

在哥白尼描绘的宇宙图景中，地球不再是宇宙静止不动的中心，而太阳才是宇宙的中心，地球围绕着太阳旋转，地球不再是宇宙的主宰。当时这一惊世骇俗的观点使《圣经》赋予地球的特殊身份完全丧失了——宇宙独立于地球而存在，地球也不是宇宙的中心，也就不再有什么天堂与地狱之分。基督教神学宣扬的传统观念从此破产，人的精神从基督教神学中获得大解放。这一重大的宇宙观的变革，被科学史专家称为"哥白尼革命"。

哥白尼革命标志着自然科学开始从基督教神学中解放出来，宣告了自然科学的独立，这一革命对人类思想观念的冲击是极其强烈的。

著名科学史专家托马斯·库恩指出，作为一场思想革命、一场人类宇宙观及人类自身与宇宙关系的观念转变，哥白尼革命并不是一个单一的事件，而是西方思想发展史上划时代的转折点。这是因为，首先，它是一次天文学基本概念的革新；其次，它是人类对大自然理解的一次根本性的转变；再次，它是西方人价值观转变的核心部分。所以，哥白尼革命并非仅仅是科学史上的一场革命，它更是人类思想发展和价值体系的一场革命，也就是说，是一次思想观念的大革命。

德国诗人、文学家歌德曾经这样评价哥白尼革命："哥白尼学说撼动人类意识之深，自古以来无一种创见、无一种发明可与伦比。当大地是球形被哥伦布证实以后不久，地球为宇宙主宰的尊号也被剥夺了。自古以来没有这样天翻地覆的把人类意识倒转过来的。如果地球不是宇宙的中心，无数古人相信的事物将成为一场空了。谁还相信伊甸的乐园、赞美诗的歌颂、宗教的故事呢？"

原中国科普研究所所长袁正光教授指出：哥白尼颠覆"地心说"，建立了"日心说"，其中最重大的意义是：他把人类的目光从"神本位"，引向了"人本位"。而英国思想家约翰·洛克把这种新的科学世界观用来研究人类社会，提出了颠覆"君本位"，建立"人本位"的新观念。欧洲后来的宗教改革、科学进步、启蒙运动、工业革命都受到这种观念的影响，可以说，欧洲文明的飞速进步，正是哥白尼奠定了根本性的思想基础。

毫不夸张地说，哥白尼革命对人类思想的震撼是意义极为深远、怎样估计都不过分的。这次思想观念的革命，超过了过去一切科技发明。

学习方法的哥白尼革命

与哥白尼革命类似，1989年，是人类学习方法史上意义非凡的一年，学习方法的哥白尼革命，在这一年发生。

1985年，享有盛名的美国民间科学团体——美国促进科学协会，在全国科学技术委员会等机构的资助下，聘请了400多位国内外著名的科学家、教授、教师以及科学、教育机构的负责人，用了近四年的时间精心研究和探讨，于1989年完成并公布了一份文件，题为《2061计划：为了全体美国人的科学》（2061年是哈雷彗星离地球最近的年份）。这份长达200页的总体报告和其他5份专题报告，详细地论述了全面改革美国基础教育体系的设想、步骤、目标和科学依据。

《2061计划》将每个学生从幼儿园到高中毕业的13年教育中应该获得的基本科学知识浓缩为12大类课题：科学、数学、技术的本质、自然界的构成、生态环境、人体机能、人类社会、技术世界、数学世界、科学史观、共同主题、思维习惯。计划中提出的教学方法一改传统的按照不同科目分科教学的做法，而是要求师生围绕不同的课题展开广泛而深入的研究，也就是说，把学习变成了研究。

这个计划要求：改革的重点不是放在天才学生或哪门特定的科目上，而是为使所有青少年儿童都得到基本的科学（包括自然科学和社会科学）、数学和技术教育，使他们生活得多姿多彩并富有成果，这种教育应该适应科学知识和技术力量的急剧增长。

这是人类历史上第一次制度化地、系统而理性地提出把学习变为研究，而且从幼儿园就开始研究，古老的学习观念从此发生根本性的巨变。

《2061计划》堪称学习领域的《天体运行论》。这个计划提出用围绕课题师生共同研究的方式代替传统的分科教学，这是对以工业文明为基础的教育模式的根本性变革，顺应了信息文明的要求。从此开始，传统的老师主导的"教"，让位于师生共同探讨的"研究性地学"；学校不再像工厂那样批量式地生产相同模式的学生，教育内容不再以"教科书"为中心，而是以各种各样的"课题"为中心；分科的学习，变为师生围绕课题的综合性研究。老师上课也无法满堂灌了，因为"课"已经没法"讲"了，教室变成了师生围绕课题讨论的研究室。相应地，评价体系也必须发生根本性的变化，你对"研究"的过程怎样进行考试？又怎样打分？可以说，这从根本上推动了评价方法的改革。

这个根本性的变革，也是意义极为重大、怎么估计都不过分的，它超越了历史上所有的教育改革。

以研究为中心

就像地球不再是宇宙的中心，而是太阳变成了宇宙中心一样，学习不再是中心，研究变成了中心。

就像太阳不再围绕地球旋转，而是地球围绕太阳旋转一样，从此研究不再围绕学习旋转，而是学习围绕研究旋转，按研究的程序和方法来学习，以研究课题来引导和带动学习。

就像"君本位"变成了"人本位"一样，从此"学习本位"变成了"研究本位"。

从前的人们总是要分科学习了许多年之后，直到研究生阶段才开始研究，而《2061计划》的制订者要求人们从幼儿园就开始研究，并且要终生研究。

从前人们总是分科学习一本一本的教科书，而现在是研究一个一个综合性的课题，课题是主角，教科书成为参考材料之一，成为配角。

从前是老师教，学生被动地学，现在是学生主动地提出问题进行研究和探索，老师给予指导和协助，学生真正成了研究的主体，老师成了组织者和协助者。

从前的学习学生接受多于思考、继承多于创新，学习过程缺少乐趣，非常容易厌学。现在学生越研究越能感受到研究和思考的乐趣，并实际地受到科学精神的熏陶和科学方法的启迪，更容易激发潜能和创新精神，不容易厌学。

从前的学习主要是个体行为，现在是分成小组集体研究，学生在这个过程中学会了合作和交往，增强了情商。

从前的学习，容易被各种信息淹没，而课题引导下的研究性学习，使人获取信息有明确的目的，使人主动自觉地驾驭信息，分类整理信息、分析比较信息、综合应用信息、组合创新信息、发布研究成果，而不是被信息海啸所吞噬，能使研究者的信息素养不断提高。

从前的学习，主要靠书面考试来检验学习效果，而现在要靠研究过程和解决问题的成果来证明实际能力。

从前的学习，只需要能理解课堂上老师的讲授，多做练习，考个好成绩就算"好学生"。这种学习方式，在人的八种智能中，只有语言文字和逻辑推理两种智能得到充分发展，而其他六种智能很少得到运用和开发。而研究性学习，必须具备强烈的好奇心和想象力，在研究过程中还要充分调动学生的八种智能，问题意识、怀疑精神、批判精神、思维能力、创造能力、表达能力、写作能力、动手能力、合作能力、社交能力、实践能力都能得到全面综合的锻炼，更有利于成为和谐发展的人。

从前的学习，主要是在教室里上课，学生可以两耳不闻窗外事，一心只读考试书。而研究性学习经常要走出教室、走出学校，到大自然和社会中去实践、调查、体验、思考、应用，使知识和体验、学习与实践不再脱节，知识也得到了实际应用，人的能力得到全面提升，也更加了解社会，将来更适应瞬息万变的信息社会。

从前的学习是分科的，各门知识彼此隔绝，无法综合起来灵活地运用。而研究性学习必须把各门知识综合起来运用到解决问题中去，学生运用各门知识来解决问题的实际本领会不断提高。

总之，研究性学习是一种能获得实际本领的综合性学习，而不是面向考试的畸形学习，研究过程本身，就是本领形成的过程。

……

学习一变成研究，有关学习的一切方面都变了！

从此，学校、教师、教材、教室、管理方法、评价方法、上课方法、自学方法、培训方法都会发生根本性的变化。由于学习方式直接影响到本领的获得，所以，学习战略的哥白尼革命必将从根本上影响到知识经济社会的一切方面……

研究：现代工作方式

被誉为"日本战略之父"的大前研一原本是工程师，他曾经进入世界著名的管理咨询公司麦肯锡工作，在他写的《思考的技术》一书中他有这样的感受："虽然我是以新手和外行的身份进入麦肯锡，做起事来却充满了自信，因为我发现做经营分析其实和进行科学研究没什么两样。"他发现在麦肯锡工作的程序是："先分析客户提供的数据、业界的数据，再做成图表，提出假设，然后再搜集并分析可以让自己的假设成立的证据等等。"

当时大前研一年纪不到30，却要去给60多岁的企业领导人提建议，但他却充满了自信，因为"我所提的建议，都是经过无数的假设、验证、实验，才得到'绝对不会错'的结论，所以即使面对年龄如父辈的经营者，我也毫不畏惧。尤其是通过实地访谈所积累的事实，更是具有举足轻重的分量。以大量的资料及积累的事实为根基，导出敏锐的结论之后，我才会向客户提出建议。因为不管怎么样，我都比企业的经营领导层更了解最近的现场实际情况，所以我根据足以印证事实的资料所做的提案，绝对让客户信服。"

大前研一写道："在麦肯锡的两年中，我不知不觉就分析了将近两千件案子。刚开始的时候都是我自己进行分析，后来发现凭我一人之力实在不堪重负时，才开始请客户从自己公司里调派约30名人员，和我共同组成一个团队，进行相关的业务。首先由我提出假设，再请这些人员搜集可以印证假设的资料，然后再按我的指示进行分析。也就是说，我以团队总指挥的身份，为他们安排求证的程序。例如：'这个做完之后，再做那个。''如果分析的结果是这样，就进入A阶段，如果不是这样，就进入B阶段。'我就像一台空白图表的制造机，提出假设之后，就开始印制空白图表，然后指示团队中的其他人把图表上所有空白处填满。从'纵轴是这样，横轴是那样'到'请这样导出结论'的过程中，所有数据的选取、图表的做法、分析法等等，我都一一下达指示。"

大前研一生动地说明了管理信息咨询公司的工作过程实际上就是一个研究过程，并且向团队集体研究的方向发展。在当今的信息时代，越来越多的工作是在处理信息，研究已经不是学院或研究所里的专门工作，日益成为一种现代工作方式。

现在许多高新科技企业都采取项目小组的方法来工作，大致工作过程是这样的：在市场中遇到待解决的问题，围绕这个问题，企业会组成项目小组，小组成员可能来自各个部门，有不同的专业背景，他们针对问题搜集事实和相关资料，提出假设，围绕假设搜集数据，借助电脑进行分析，根据分析结果验证假设，如果无法验证便修改假设再重复前面过程，直到问题得到解决。这个过程是典型的研究过程。如今研究的工作方式已经迅速扩展到各个行业，所以，尽快把学习变为研究，也是当今和未来社会的迫切需要。为什么我国目前有那么多大学生找不到工作，不具备研究这种现代本领是重要原因之一。

人格再造

学习变为研究，更重大的意义在于中国人国民性的根本改造和中国文化传统的创造性更新。

许多学者都认为中国人普遍存在奴性人格，并认为这种奴性人格是长期的封建专制造成的。其实，奴性人格还有更深层的原因，即中国人的学习方式首先造成了知识上的奴性，继而形成了精神上的奴性。

把学习变为研究是改造中国人奴性人格和文化更新的关键。

中国人传统的主流学习方式是继承性的，强调家学渊源，述而不作，代圣人立言，很少有自己独立的创新主张，更缺少主动的探索精神，不敢为天下先，不敢越雷池一步。再加上封建统治者发明的高超精神统治术——科举制度，把天下读书人的思想统一到科举框定的范围内，再用高官厚禄把学习引向功利方向，使读书人首先成了知识、精神的奴隶，最后再成为权力的奴仆。鲁迅先生曾经深刻地指出：中国只有两种人，一种是做稳了奴隶的人，另一种是想做奴隶而不可得的人。总之，精神上都想做奴隶，中国传统文化也因此成了继承性的缺乏创新精神的僵化文化。

研究性学习本质上是要把"考"的文化，变成"研究"的文化。中国有一千多年"考"的历史，封建科举制度，使"考"的文化深入中国人的骨髓，形成许多人为"考"而学的考试人格，考试人格成为中国人奴性人格的深层原因之一。

考试是检验已有知识掌握情况的手段，中国的考试凡考几乎都有标准答案，都有现成的套子让你钻，使人的思维入套、僵化，不需要面向未知的发散性的探索精神和能力。而研究是在没有答案的前提下探索，促使人的思维发散、创新、活化。标准化的考试不需要追问知识的来源和知识形成的过程，更不许怀疑知识的准确性。这种考试严重束缚人的想象力、好奇心、创造性，这与科学精神必须的好奇、想象、批判、质疑、问题意识、宽容、思维发散、创新等要求完全背道而驰。

中国人因奴性学习和科举化的考试制度而形成的奴性人格，正是中国人自主创新能力不强、缺乏现代社会需要的实际本领的根本性原因。这种奴性人格，也是中国人缺乏民主精神的原因之一。民主首先要求人民有现代公民意识，现代公民的性格特征，正是自主创新精神。

哲学家黎鸣曾经指出：中国传统文人有两大毛病，一是思维与实践完全断裂，脑和手完全分离，不重视实践和动手能力；二是只有记问之学，而没有逻辑推理的理论之学。只有粗浅的"术"，而没有逻辑体系严密的"学"，即学与术之间完全分离。

学习变为研究，将从根本上把考的文化转变为研究的文化，把中国传统文人的两大毛病改掉，奠定人格独立和文化创新的基础，使人成为有自主创新精神的现代公民。这是一场人格再造、文化创新的庞大系统工程，而把学习变为研究，是这个系统工程的第一项基础工程。

梁启超曾经呼吁"新民"，鲁迅曾经倡导"改造国民性"，可是都没有找准切入点和下手处。当年鲁迅企图用文学改变中国人的精神面貌和奴性人格，并毅然弃医学文，投身文学创作，但近百年下来，并不那么成功。而学习变为研究，可以改变学习方式上的奴性，让我们看到了培育人的自主创新能力进而改变奴性人格的曙光。这是中国数千年未有之大变局，虽然可能在实际操作中会遇到传统学习观念和考试制度的重重阻碍，但这个大趋势是无法抗拒的，因为这是信息文明的迫切要求。谁最早最快地实现了学习向研究的转变，就将在信息社会中处于主动和优势的地位，并成为信息社会的"新民"。

智慧超人：托夫勒

怎样学习比学习什么更重要。

——刘　伟

未来学大师

托夫勒是谁？

你可能不知道托夫勒是谁，但你一定知道"知识经济"、"信息社会"、"第三次浪潮"、"信息战"等等说法，这些说法就是托夫勒首先提出来的。

托夫勒是美国著名的未来学家，他对全世界的影响是极其巨大的，美国总统定期要邀请他到白宫征询意见，以确定美国未来的发展战略。最著名的例子是：托夫勒在上世纪80年代初就向美国政府提出了未来战争是信息战的观点，促使美国军方制定了信息战的一整套战略。在十年后的海湾战争中，美国就是用了信息战把伊拉克打得一败涂地。

在上世纪80年代，托夫勒写的《第三次浪潮》在全世界成为超级畅销书，在几十个国家发行了两千多万册。书中指出世界发展的大趋势是从工业文明快速进入信息文明。他在书中预测了社会各方面未来发展的趋势，促成了世界各国许多新产品、新公司、新行业、新交响乐，甚至新雕塑的诞生。

知识经济也是托夫勒最早在他上世纪90年代写的著作《力量转移》中提出来的。1970年他在《未来的冲击》一书中曾经预测：夫妻二人为核心的家庭很快就会破碎；遗传学方面将发生一场革命，克隆人将成为可能，并会引发道德争论；用了就扔的一次性消费社会将来临；教育方面将发生一场革命等等。1980年他在《第三次浪潮》中预测：将会出现一些新的行业——建立在计算机、电子学、信息、生物技术等基础上的新行业。他还预言会有许多新事物出现，诸如灵活的制造业、利基市场（几乎什么活都会干的劳动力市场）、兼职工作的扩展、传播媒介的非群体化、医疗和教育等要重新移回家庭等等，几十年后的今天，托夫勒的预测几乎全都得到了证实。

预测如此之多之广，又如此之准确，在人类历史上是罕见的。一个人的著作能影响一个国家就很不容易了，而托夫勒的每一本著作都对世界各国产生了巨大的影响，而且几乎影响到了每个国家的所有行业所有阶层甚至所有人，极大地推动了信息文明的发展，这堪称一个惊人的奇迹！托夫勒可以说是当代一位信息素养极好的人，是一位未来学大师。

托夫勒为什么这么有先见之明？为什么有这么渊博的知识？为什么有这么高的信息素养？为什么能产生这么大的影响力？

著名作家林语堂先生曾经说过：每当我读到一位伟人的事迹，我就喜欢思考：他（她）是怎样成为伟人的？

那么，我们是否也应当思考一下，托夫勒是怎样成为未来学大师的？

如果仔细考察一下，就会发现托夫勒之所以成为影响全世界的未来学大师，关键在于两点：一是托夫勒极为强烈的未来意识；二是他独特的学习方法。这二者互相促进、互相影响，形成了托夫勒惊人的影响力。

站在未来反观现在

托夫勒被称为"未来学家"，未来学是一个研究人类社会未来的发展趋势、可能图景、面临的挑战、应当采取的对策、怎样科学地预测未来等等内容的综合性学科。未来学在西方发达国家已经成为最受重视的一门显学，直接影响到政府、各行各业和个人的重大决策。

托夫勒具有极为强烈的未来意识。他极力倡导"站在未来反观现在"的前馈思维模式。他的整个思维倾向是向前看的，总从未来、趋势、运动、发展、变化、速度、可能、联系、系统的角度来观察各行各业出现的新现象。比如看到计算机的发明，他就会思考：计算机将来会变成什么样子？它的发展趋势是怎样的？它的发展速度如何？它对各行各业有什么影响？它对人类的生活方式会带来什么影响？今天我们该做些什么，来应对它的影响？

这种强烈的未来意识，是我们中国人特别缺乏的。我国专家学者做学问，有强烈的历史崇拜，言必称历史，特别喜欢向后看，强调"温故而知新"。实际上他们绝大部分的时间都钻在故纸堆中"温故"，而绝少"知新"。历史学家们皓首穷经总结出的众多历史教训，历代当权者却从来没有真正接受过，每一个朝代都不断在重蹈前朝的覆辙，造成历史的周期性震荡循环。所以，德国哲学家黑格尔说过一句名言："我们从历史中得到的唯一教训就是：历史教训从来没有被接受过。"那种动不动就搬历史向后看的思维模式，已经根本不适应高速变化的当今世界了！

英国物理学家、小说家斯诺曾经担任过"二战"期间英国政府科学技术顾问，他曾经说过一句名言："教育要培养未来意识深入骨髓的人。"邓小平给北京景山学校的题词第一句就是：教育要面向未来。可以说，有无自觉和强烈的未来意识，是检验一个人是不是现代人的重要标准。

取法乎上：把学习变成研究

正是托夫勒极为强烈的未来意识，促使他采用了独特的学习方法。

如果读读托夫勒写的未来学著作，比如《未来的冲击》、《力量转移》《第三次浪潮》、《未来的战争》、《创造一个新的文明》、《财富的革命》等等，会发现他涉猎的领域多得惊人。经济、科技、教育、文化、艺术、军事、历史、社会、政治、哲学、国际关系等等，举凡人类活动的一切领域，他几乎都涉猎到了。而且在所有这些领域中，他都不是浅尝辄止，而是都有深入的研究，并且都有新的发现，都能概括出各种现象背后的共同发展趋势，预测出未来社会发展的总体图景，并提出应对的战略。从这么广阔的角度来观察和研究人类社会的发展趋势，以这么深刻的洞察力来分析概括各行各业的发展趋势，以这么大的影响来推动世界的文明转型，在人类历史上是极为罕见的。

托夫勒之所以有这么惊人的信息素养，关键就在于他采用了超越常人的学习方法。托夫勒的学习方法，一改继承性的、被动的、专业式的、书本式的学习，而是采用了创新的、主动的、综合性的、重视宏观趋势的、以调查和实践为基础的研究性学习，简言之：他把学习变成了面向未来的研究，以研究带动学习。

早在1965年，托夫勒就确定了自己的研究课题：研究从20世纪50年代中期到2025年期间，世界遇到的惊人变化和应对战略。研究的范围是全世界，研究的领域是社会所有领域，研究的对象不是静止事物，而是世界变化的趋势，研究的时间跨度是75年。

这个研究课题简直大得惊人！时间跨度也长得惊人！我们发现，杰出人物的研究课题都大得惊人。毛泽东早在青少年时代就确定了自己的研究课题：改造中国与世界，最后他领导共产党建立了新中国并给世界以重大影响。汉代司马迁的研究课题是：究天人之际，通古今之变，成一家之言。后来他忍辱负重写出了不朽的巨著《史记》。可能正是这种宽广深邃长远的视野，使他们的眼光超越在芸芸众生之上，比一般人看得远，看得宽，看得深，看得久，敢于选择影响全人类的重大课题来研究。诺贝尔奖获得者、著名物理学家杨振宁教授曾经告诫年轻人："应该经常思考最根本的问题，才有望在科学上有所建树。"取法乎上，得乎中，只有在"研究什么"方面超越在一般人之上，才可能取得影响重大的成果。被众多媒体称作"惊世才女"的王小平把这一点称作"研究什么"的最优化。

托夫勒确定了研究课题之后，采用了四种途径来实际开展研究工作。一是广泛地搜集和阅读世界各国和各个领域的信息资料；二是到世界各地旅行，实地调查研究，会见世界各国成百上千的人物；三是和兴趣相投的伙伴——自己的夫人共同研究；四是采用分析、比较、归纳、抽象、概括、系统、综合、推理等等思维方法来整理思考庞杂的信息，最后写出自己的研究著作。他的四本著作《未来的冲击》、《第三次浪潮》、《力量转移》、《财富的革命》都分别花了十年时间才写出来，这种十年磨一剑的功夫，是当今浮躁的人难以想象的。

读万卷书　行万里路　交万名友

托夫勒搜集和阅读的信息资料之多之广非常惊人，他引用的文献、研究成果和新闻资料都来自许多不同的领域和许多不同的国家。当今一个国家的各种信息资料就多得如汪洋大海一般，托夫勒竟然能涉猎许多国家的多个领域，而且还能洞察出各种信息背后的共同变化趋势，其信息素养之高堪称惊人！

托夫勒为了自己的研究课题，跑遍了全世界，访问了许多人。他曾经同前苏联总统戈尔巴乔夫、美国前总统里根、布什、好几位日本首相以及其他国家的领导人物进行了好几小时的晤谈。除了拜访这些世界上最有权势的人物之外，他和夫人还访问了南美一个"苦难之城"的棚户区，甚至与一个被判终身监禁的女犯人进行了深入交谈，了解这些世界上最没有权势的人的想法。他们夫妇还同银行家、工会工作者、商界领袖、计算机专家、将军、获得诺贝尔奖金的科学家、石油大王、新闻记者以及世界上许多最大的公司的高级经理人员讨论过力量变迁问题。他们还会见了在美国白宫、法国爱丽舍宫、东京首相办公室负责决策的工作人员，甚至还同莫斯科苏联共产党中央委员会各机构的工作人员进行了谈话。更令人吃惊的是，托夫勒还专门到美国加利福尼亚一座监狱里采访了一名女杀人犯，并在那次采访里知道了犯人是怎样巧妙地利用信息来争夺权力的。他和夫人还曾经两次举办讲习班，向主要由杀人犯组成的学员授课。从杀人犯那里，他们学到了许多知识。

托夫勒为了研究课题，真正做到了读万卷书、行万里路、交万名友。而且他不光结交名人和权威人物，而是社会各个阶层的人都广泛接触，深入交流。正是因为做到了这一点，才使他占有的第一手资料非常翔实全面，写出的著作既高瞻远瞩又客观实际、既思维严谨又深入浅出，文风活泼通俗，真正做到了雅俗共赏，因此其著作影响到了社会各个领域和各个阶层，成为全世界的超级畅销书，使人类充分领略了思想的力量和魅力。

托夫勒并不是自己单打独斗地做研究，而是有一位最好的朋友、伴侣和合伙人——他的夫人海迪·托夫勒。海迪也是一位著名的未来学家，同样具有非凡的才智和怀疑批判精神，她的远见卓识、敏锐的编辑意识、对各种见解和各类人物的良好判断力给了托夫勒巨大的帮助。为了课题研究，托夫勒需要到世界各地旅行，实地进行调查研究，会见各国形形色色的人物，仔细地组织材料和撰写草稿，海迪每一个阶段都参与了，最后她却不在著作上署名。可以说，如果没有海迪的协助和合作，托夫勒是难以完成如此艰巨的研究课题的。

托夫勒的智慧也是惊人的。在当今这个加速变化的时代，各种传播媒介向人们提供的是互不关联的零星信息。各个领域的专家们写出了如海洋一般的、极其专业化的专题著作，让人望洋兴叹，使人不知如何下手去了解这些艰深的知识。众多的民间预测家提出了五花八门的趋势预测，而且没有用任何模型向人们说明这些趋势相互之间有什么联系，也没有向人们说明有什么力量可以改变这些趋势。结果，人们都认为变化是无政府状态的、是盲目的、是没有规律可寻的、是疯狂的。但托夫勒却超越在一般人之上，他把各个国家和各个领域的知识、观念、信息融会贯通深入思考。他特别关注各个领域发展趋势之间的联系，把所有这些领域的变化综合起来分析和概括，找到所有变化趋势的共同方向，揭示出各个领域高速变化背后脉络清晰的模式，引导人们看出趋势背后起决定作用的力量。

托夫勒的启示

托夫勒经过长期研究，得出了这样一个结论：今天的高速变化并不是杂乱无章的，而是有脉络清晰的模式可寻，有一些可以查明的力量在决定这些模式，一旦人们弄清这些模式和力量，就可以从战略的高度采取对策，主动地驾驭变化，成为变化的主人，而不是被动地被变化推着走。

托夫勒用了40年时间，写出了一系列著作，其中《未来的冲击》、《力量转移》、《第三次浪潮》、《创造一个新的文明》、《财富的革命》，勾画了一幅正在全球飞速发展的信息文明的全景趋势图。他指导各国政府和各阶层人士从战略高度采取对策，而不是头疼医头、脚疼医脚，病急乱投医。

托夫勒的研究成果震撼了全世界，他的著作在全世界50多个国家产生了巨大影响。托夫勒因此被吸收为美国科学进步协会研究员，并被授予美国"麦金西基金会图书奖"、"管理学文献卓越贡献奖"、法国政府"最佳外国图书奖"、中国政府"金钥匙奖"等。此外，他还被授予"科学、文学、法学"等5项荣誉博士学位，成为全球公认的未来学大师。

托夫勒之所以成为了知识经济时代的超级知识英雄，根本原因就在于他采用了面向未来的、超越常人的研究性学习方法。也就是说，他把学习变成了面向未来的研究，以研究主导和带动学习。托夫勒最大的智慧，就是这种学习方式的非同一般。

把学习变成面向未来的研究，用研究引导学习，这就是托夫勒给我们的最大启示。

惊世才女是怎样炼成的？

> 使自己成为杰出科学人才的最好方法就是停止当学生，直接成为研究者。
>
> —— 一位诺贝尔奖获得者的忠告

一步迈过几十年

几年前，我国多家媒体纷纷报道：中国出了一位名叫王小平的"惊世才女"。

王小平是河北省石家庄人，她15岁时从中学主动退学回家自主研究，17岁时便登上全国教育学术研讨会讲坛，给众多教育专家们作"大成教育"的学术报告，引起轰动。18岁时在多所高校举办教育系列讲座，她精彩的演讲和机智的答问受到热烈欢迎。她同时还在报纸上开办"大成教育"专栏，引起许多读者的关注。

20岁时，她独自写出《本领恐慌》一书，引起极大反响，好评如潮，全国上百家媒体争相报道，同时她被多所大学聘为客座教授，被多家学术机构聘为特约研究员。

21岁时，她又写出了挑战美国未来学大师托夫勒的奇书《第二次宣言》，受到我国众多专家学者的高度评价。王小平的一系列著作在港澳台、北美等地都产生了很大反响。后来，她又出版了《出发——与智慧同行》、《奇迹》等著作，还被邀请担任浙江临海市的学习化城市建设顾问，全国各地争相邀请她去演讲……

王小平一步就迈过了别人十几年甚至几十年的学习历程，直接把众多研究成果呈现给了世人，而且都产生了巨大反响。她为什么有这么高的学习效率？她为什么能写出这么多轰动社会的著作？她为什么这样受读者欢迎？仔细考察一下，正是她的学习方法实现了根本性的战略转变，自觉地采用了最适合信息社会的研究性学习方法。

退学：直接成为研究者

王小平的学习方法与美国未来学大师托夫勒的学习方法惊人地一致，而且她敢于站在巨人肩上，明确提出要超越托夫勒，其志向之大，令人刮目相看。

1995年，15岁的王小平升入石家庄市第27中学读高一。她的学习成绩在班里总是第一名，平均成绩比第二名要高出70多分，还是三好学生，今后肯定能考上重点大学。在老师、父母、同学都认为她前途无量时，她却突然退学回家自学去了！

她并不是一时冲动和盲目退学，而是经过了深思熟虑才下了这个决心的。王小平从小就爱看课外书，她总感到课外的收获比在课内的收获大得多。学校一个学期才学十来本教材，她一个月至少能读几十本书。在学校学那么一点儿东西却要花费大量的时间和精力，她认为实在太不值得。

她在课外书中读到毛泽东的学习方法，受到极大启发。毛泽东早年多次主动退学到校外自学，并认为自己一生中收获最大的时期就是在湖南图书馆自学的半年。王小平不但想学毛泽东的主动退学精神，还想超越毛泽东的自学方法。

有一天，她偶然读到一位诺贝尔奖获得者说的话："使自己成为杰出科学人才的最好方法就是停止当学生，直接成为研究者。"这句话使王小平深受震撼，她立即决定彻底改变自己的学习战略——把学习变为研究，而且立即退学回家自主研究！

她退学的决定把她父母吓了一跳，她父亲听到这个决定时，眼里露出了大吃一惊的神色，好半天都不说一句话。她妈妈听到这个决定时，以为她在开玩笑，后来发现是真的，当时就发火了，坚决不同意。

幸运的是，王小平有一位开明又智慧的父亲。父亲跟她耐心地谈到："做事情不能光往好的方面想，也要往坏的方面考虑。你知道这样选择，会带来什么后果吗？如果你放弃了上大学，那就只能是个初中生的文凭。你的同学们都大学毕业了，那时你还没有研究成果，你会有什么感想？你那时怎么办？你一生怎么办？这些你想过吗？把这些想清楚了，再做决定。经过否定否定不了的肯定，才是可靠的肯定。你先自己去否定一番再说。"

经过一整天的思考，第二天，王小平郑重地跟她父亲说："爸爸，我经过否定了，但否定不了，我要按自己选择的路去走。"她父亲说："你真的考虑清楚了？搞研究可不是简单的事，你就相信你现在就有搞研究的能力？"她回答说："爸爸，你难道还不相信我吗？以前我们讨论问题，你不是也经常夸我思维敏锐，很多时候比你想得还多还好吗？我相信自己有这样的能力！"她父亲说："如果你真的选择好了，我不会拦你的。不过选择不是儿戏，你要学会对自己的选择负责。那把你现在的打算、决心录音，今后你的想法有了改变时，可以听听你当时是怎么想的，怎么下的决心。"王小平真的录了音，她父亲不再反对了。

她父亲同意她退学了，可她母亲、外婆、班主任、同学都不理解，都劝她回学校读书，劝她不要毁了一生。王小平听到这些议论反而产生了一股激情："别人这样看我，我一定要做出成绩来让别人看看！"她顶着巨大的压力，毅然退学了！

王小平退学后，选择了自己最感兴趣的"成功学"和"教育学"作为研究方向，在写作中进行创造性的研究性学习。

正是这种自主的研究性学习，使她在很短的时间内就获得了一系列惊人成果，使她成为了"惊世才女"。

自用之才

王小平与未来学大师托夫勒有一个共同特点，就是他们都有强烈的未来意识。她写的《第二次宣言》就是一本典型的未来学著作。她曾经说过："我在网上看到一个有趣的东东，说的是'你想生活在哪个朝代'，最后得出的结论是生活在唐代还是宋代，我记不清了。这是中国人典型的后馈思维。如果让我选择，肯定会选择生活在当代，生活在今天。仅仅因为有网络，就会使我对生活在今天而感恩。"

中国人最喜欢向后看，总认为今不如昔，什么都是过去的好，有极为浓重的历史情节。王小平长期进行自主研究性学习，这种学习是面向未知的探索性学习，必然形成面向未来的思维倾向。这种面向未来的思维方式，是现代社会最需要的。王小平说过："我走到今天，正是我策划未来的结果，也就是我遵循'未来决定现在'的结果。这种'未来决定现在'的前馈思维方式，是我们今天最需要的先进思维方式。……我从来不想当'被用之才'，而想当'自用之才'，自由自在地去工作。"自用之才只有靠自主性的研究性学习才能获得。

原来，"惊世才女"就是靠面向未来的自主研究性学习炼成的。

怪不得美国人制定了"2061"计划，规定美国孩子从幼儿园就必须开始研究，原来他们要培养下一代成为杰出的科学人才。我国只有一个王小平，而美国人却想把他们的孩子都培养成王小平式的杰出人才……

退学潮正在涌来

王小平退学回家自主研究，取得了巨大成就，无独有偶，日本青年女作家金原晴从小就没去学校上学，但她写出了小说《蛇信与舌环》，并获得了日本第130届介川奖。

我们发现，如今不上学或退学的人越来越多了。童话大王郑渊洁的儿子郑亚旗、新锐作家韩寒、美国微软总裁比尔.盖茨等都是退学后成就了一番事业，美国已经有三百多万中小学生选择在家学习。2009年，重庆有一万名高三毕业生放弃参加高考。2009年全国有一半省的高考人数下降。其中，高考大省山东减少八万人，河南减少三万人，上海减少2万人，河北减少近2万人……。形成鲜明对比的是，山东2009年大学毕业生就业率只有8%。

为什么这么多人要退学？这么多高中生放弃高考？这么多大学生找不到工作？为什么有些人退学后反而取得了巨大成就？这是偶然的，还是背后有什么规律？

被誉为"日本战略之父"、"全球五位管理大师之一"的大前研一在他写的《思考的技术》一书中尖锐地指出："没有去上学的人反而在社会上成功了，因为学校教育完全跟不上现实价值观的改变。学校就用这套落后的价值观，为国家教育一批批对21世纪最不适用的学生。""现在在学校越认真学习的孩子，越容易与时代脱节。进入一个没有答案的复杂时代，由于前提不同，就算学习凯恩斯的经济学也是没有用的。总之，现在的时代最需要的不是填鸭式教育，也不是在有答案的情况下受教育，而是让孩子学习去问'为什么？'""在这种情况下，学校的功能应该是培养孩子们养成动脑筋思考的习惯，让孩子对于无解的问题设法提出假设，并不厌其烦努力证明自己的假设是正确的。"

大前研一极力倡导的其实就是把学习变为自主研究。他的二儿子也是初中就退学去自学电脑编程，现在也取得了相当不错的成绩。大前研一指出："我的儿子从初中时代就自学计算机C语言，然后开始写程序，他的高等数学也是靠自修学习，包括建筑学在内的原理原则，也全都是他自己自修学来的。这和有没有上学，有没有参加考试完全无关，因为这些都是他自己想学的东西，所以他才能全数吸收。""与其让就读初中的孩子在学校被扼杀大脑的创造力，还不如让他尽情做自己想做的事情，其实这已经是时代的趋势了。"

未来学家托夫勒曾经预测，未来的学校将是"电子私塾"，即以互联网和电脑辅助研究的现代私塾。

我们的家长、教师认识到这个趋势了吗？不要迷信考试成绩，不要迷信高考，迅速进入自主研究，并从研究过程中获得爱思考的习惯和掌握研究的方法，这样才能成为最适应未来的人才。

爱因斯坦和"不朽的奥林匹亚科学院"

站到巨人肩上的方法是：借鉴他们的学习方法。

——刘　伟

在家里学习

爱因斯坦是世界公认的巨人，在科学史上，他不但是能与牛顿媲美的伟大物理学家，还被誉为近代三大思想家之一（另两位是马克思、弗洛伊德）。那么他是怎样成为巨人的呢？

爱因斯坦逝世前一个月，正值母校瑞士苏黎世工业大学成立一百周年，爱因斯坦应约为母校写纪念文章。在文章中，他没有为母校捧场，反而是以亲身经历批评了学校教育体制的不合理。

爱因斯坦在文章中回忆说，入学以后，他很快发现自己不具备做一个"好学生"所需要的一切特性。诸如专心于功课、遵守课堂纪律、认真记笔记和做作业等等。他非常讨厌考试，骂考试是"杀人的刀"，是"套在学生身上的绞索"。他平时经常逃课，躲在家里或宿舍里"走自己的路"。他始终满足于做一个有中等成绩的学生，而把主要精力放在自己真正感兴趣的东西上，"以极大的热忱在家里向理论物理学的大师们学习"。

爱因斯坦在班上结交了一位好友格罗斯曼，他们两人都有远大的抱负，都喜欢追求科学真理。爱因斯坦总喜欢把自己的一些胡思乱想讲给格罗斯曼听。他俩常去小咖啡馆聊天，一杯咖啡助兴，可以从天文到地理、从科学到哲学，彻夜畅谈，兴趣盎然。格罗斯曼也非常佩服爱因斯坦的创造性才智。

爱因斯坦刚入大学就开始了自学，并且起点很高，直接向理论物理学的大师们学习，而对在学校的考试成绩并不看重。其实爱因斯坦早在中学阶段就开始了对相对论的思考，可以说，他很早就自觉地把学习变成自主研究了，正是这种做法使他大大超越在一般人之上。

不朽的奥林匹亚科学院

爱因斯坦大学毕业后，没有找到工作，只好当家教。后来好不容易在瑞士伯尔尼专利局找到了一个职员的工作。一个小职员，当然没有机会与当时的著名科学家来往，也没有从事科学研究的条件。爱因斯坦在伯尔尼只有几个青年朋友，其中交往最密切的是哈比希特、索洛文，还有哈比希特的一个弟弟。这几位年轻人有的在上大学，有的有工作，但他们有共同的兴趣爱好，经常在工作之余和课后聚会，一起散步、聊天、游玩。更多的时间是在一起阅读、讨论，很像一个自发的研究性学习小组。

他们一起研读当时哲学和科学的名著。其中有：哲学家斯宾诺莎、休谟、马赫、阿芬那留斯、毕尔生的哲学著作；物理学家安培的著作《科学的哲学经验》、亥姆霍兹的物理学论文；数学家黎曼的著名演讲《论作为几何学基础的假设》；戴德金、克利福德的数学论文；彭加勒的《科学的假设》等等。特别难能可贵的是，他们虽然都是学理工科出身，但并不重理轻文，尤其喜欢文学艺术。他们一起读过古希腊悲剧作家索福克勒斯的《安提戈涅》、法国悲剧作家拉辛的作品、英国作家狄更斯的《圣诞节的故事》、西班牙作家塞万提斯的《唐·吉诃德》等，以及世界文学中其他的经典作品。他们常常因为某一个观点甚至一句话争论到深夜。他们常去爬山、郊游或去咖啡馆小坐。因为囊中羞涩，午餐通常是最简单的干酪和加蜂蜜的茶。他们的物质生活是贫困的，但精神世界却无比丰富。他们把自己的研究性学习小组命名为"不朽的奥林匹亚科学院"。当时他们虽然都是名不见经传的小人物，但在奥林匹亚科学院里探讨的都是人类社会、大自然、全世界的大问题。

他们认为一起阅读讨论的乐趣在于思想的交流。他们被这种乐趣迷住了，虽然清贫，但是他们充实而幸福。正是这些看似漫无边际的讨论聊天，启发了爱因斯坦的相对论思想，更使爱因斯坦深深体会到古希腊哲学家伊壁鸠鲁的著名观点——"欢乐的贫困是最美好的事"。

半个世纪后的1953年春天，哈比希特和索洛文在巴黎相聚，两人感慨万千，他们召开了最后一次"奥林匹亚科学院院士通讯会议"。远在美国74岁高龄的爱因斯坦在给他们的信中深情地写了一篇《奥林匹亚科学院颂辞》："在你（奥林匹亚科学院）生气勃勃的短暂生涯里，你曾以孩子般的喜悦，在一切明朗而有理性的东西中寻找乐趣……。我们三个成员至少都表现得坚忍不拔，你们思想的明亮耀眼的光辉依旧照耀着我孤寂的人生道路……。我永远忠诚于你，热爱你，直到学术生命的最后一刻。"

爱因斯坦认为："那是我一生最美好的时光。"

爱因斯坦奇迹

经过在"奥林匹亚科学院"中充满乐趣而又无忧无虑的阅读、思考、讨论、聊天、研究，终于在1905年发生了震动世界的奇迹：年仅26岁的爱因斯坦在《物理学年鉴》上连续发表了五篇论文，其中最重要的是提出了狭义相对论、光量子假说、光电效应的三篇论文。爱因斯坦同时在这三个领域做出了开创性的贡献，彻底改变了人类的时空观，改变了人类对运动、能量、光和力这些基本概念的理解，震动了物理学界。其伟大意义，在整个科学史上，只有牛顿发现的万有引力定律可以与之相比。1905年因此被世界科学界称为"爱因斯坦奇迹年"。

我们在看到爱因斯坦取得伟大成就的同时，更重要的是要思考爱因斯坦为什么能取得这些成就。人们可能会分析出许多原因，但其中最关键的是要研究爱因斯坦采用了什么样的学习方法。

生活在需要终身学习的知识经济时代，我们尤其要研究杰出人物的学习方法。牛顿曾说他取得巨大成就的原因，就在于他站到了巨人肩上。如果我们能借鉴杰出人物的学习方法，我们也能站到巨人肩上。

仔细分析一下，便会发现，爱因斯坦采用的学习方法，就是尽早把学习变为自主研究。

把学习变为自主研究

首先，爱因斯坦是按照自己的兴趣来进行研究性学习的。他自己选择研究课题，然后和兴趣相近的朋友组成研究小组，根据研究课题广泛阅读并和朋友进行充分的思想交流。他们既无追求金钱和权力的功利心，也无考试压迫，虽然生活清贫，但心态轻松悠闲愉快充实，真是最理想的自主研究性学习状态！

兴趣是最好的老师。孔子早就说过：知之者不如好之者，好之者不如乐之者。"乐之"就是兴趣强烈的非功利状态。有了强烈的兴趣，研究起来才能做到自动、自发、自律，不需要外加的考试检测和老师的督促，不计较功利得失，研究过程才能充满自由、自主、轻松、闲暇、平等、交流、友谊的气氛。他们是把兴趣、爱好、研究、阅读、学习、思考、讨论、生活、友谊融为了一体，学习是在自己感兴趣的、自己主动选择的研究课题引导下的学习，研究过程始终引导着学习过程。

正是这样自主又充满乐趣的研究生活才最有可能产生伟大的科学奇迹。他们几位朋友之间构成了一个互相促进、互相启发、互相补充、合作研究的"场"。而且阅读和研究的内容，都是当时第一流哲学家、科学家、文学家的经典著作和论文，思考的都是一些重大的、根本性的问题。长期浸润在这个"场"中，效果当然大大超过学校的学习。

量子化渗透式熏陶

诺贝尔奖获得者杨振宁教授曾说过，学习有两种模式，一种是分科的、按部就班地、按学科知识的内在逻辑循序渐进地学习，并用考试定时检测学习效果，学校的学习基本是这种模式。另一种是渗透式熏陶，即长期沉浸在某些知识和思想交流的"场"中，不知不觉就学到了许多东西，思维水平也大大提高了。杨振宁教授主张对不懂的东西，要经常去接触，比如听讲座、讨论、聊天、读书等等，经过一段时间看似杂乱无系统的熏陶，某一天你突然就懂了，就融会贯通了。这种润物细无声式的渗透式熏陶是效率和水平都更高的学习，学到的东西能渗入到人的潜意识里去，对人的一生影响更为深远。

世界上的一些音乐神童，如莫扎特、肖邦等，就是因为他们出身在音乐世家，长期受到音乐的熏陶，并没有经过音乐学院循序渐进的系统学习，就成为了超越在一般音乐家之上的大师。我国传统的书院教育，也特别重视环境对学生的熏陶作用，书院一般都建在远离尘世山清水秀的地方，内部挂满了楹联辞赋、名言警句，充满了文化学术气氛，山长讲学也采用讨论启发式，并常常请别的学派大师来辩论。

这种渗透式的熏陶，在当今信息社会中越来越重要，甚至有取得主导地位的趋势。有学者称这种学习是"量子化学习"，这是借用了物理学中量子理论的观点。量子理论认为：事物的变化很多时候不是连续的，而是跳跃的、发散的，比如信息就有这种特点。一个信息场中的信息就有跳跃、不连续的量子化特征，所以人们接收信息就要采用渗透式的量子化方法。爱因斯坦和朋友们组织的"奥林匹亚科学院"正是自觉地采用了这种量子化的渗透式学习法，最终形成了他们思维能力的卓越和精神世界的丰富，甚至造成了他们生活的幸福。

经常思考根本性的重大问题

爱因斯坦之所以能取得震动世界的科研奇迹，另一个重要原因，就在于他经常思考根本性的重大问题。

爱因斯坦四岁时第一次看到指南针，他对指南针能始终指向南方非常惊奇，他总想弄清，这背后是一股什么样的神秘力量在起作用？早在中学阶段，爱因斯坦就思考过：人如果以光速运动，会看到什么现象？这是相对论思想的最初萌芽。后来他长期思考和研究相对论问题。在"奥林匹亚科学院"期间，爱因斯坦和朋友们读了许多著名哲学家的著作，而哲学就是从整体和根本的角度来观察大自然和人类社会，主要探讨一些大的和根本性的问题，如宇宙本质、人生的意义、文化的发展、科学的基础和未来等等。

爱因斯坦经常沉浸在第一流大师的思想中，又像大师那样关注和思考根本性的问题，自然会有非同一般的眼界。

我们每个人也应当经常思考学习上的根本性的重大问题。传统的学习和研究是截然分开的，传统的学习观念认为人只有经过按部就班、循序渐进的分科学习到一定程度后（比如大学毕业后），才能进入研究状态。在这个传统观念支配下，学习和研究被人为截断了，前十多年单纯地分科学习，到研究生阶段才开始研究。而最新的学习观念认为：人天生就有研究能力，按研究的程序和方法来学习是最有效的学习。在当今信息社会，用自主研究的方法来驾驭信息显得更加迫切，否则很容易被信息大潮淹没。所以，应当把"终身学习"的提法，改为"兴趣引导下的终身自主研究"才更恰当。

可能我们不如爱因斯坦那样聪明，但我们完全可以借鉴他的学习战略，那就是：兴趣引导下的终身自主研究。谁尽早这样做了，谁就将最快地获得信息时代需要的所有本领。

你也可以成为诸葛亮

战略一错，一切皆错。

——刘　伟

独观其大略

诸葛亮是我国家喻户晓的智慧化身，他没有上过大学（三国时代也没有大学），没有任何文凭，既不是教授，也不是博导，更没留过学，那么他的智慧是怎么获得的呢？

原来，他的智慧全靠独特的学习方法得来。

在《三国志·诸葛亮传》中，有这样的记载："亮在荆州，以建安初与颖川石广元、徐元直、汝南孟公威等俱游学。三人务于精熟，而亮独观其大略"。诸葛亮与别人学习方法的根本不同之处，就在于"独观其大略"，即一般人喜欢从小的方面、枝节方面、战术方面读书或研究事物，虽刻苦努力，"务于精熟"，却容易深陷细节之中不能自拔，见树不见林，忽视独立思考和独立判断，缺乏把握大局和方向的能力。而诸葛亮却善于从大的方面、全局方面、战略方面读书和研究事物，能独立思考独立判断，不迷信书本和权威，不执著于细节，因此，他的眼光和智慧超越在一般人之上，看得大，看得远，还未出山，就超前为刘备定下了三分天下、鼎足而立的战略，后来的事实证明了他预见的惊人准确。

世界进入知识经济时代后，终身学习成为每个人的迫切需要。我们看到，许多人非常热爱学习，参加了许多业余培训班，考了许多文凭，但在耗费了大量精力和财力之后，文凭是有了，却发现自己的本领并没有增加多少，学的知识在工作中很少用得到并很快过时，自己的综合素质也没有明显提高，大量的时间和金钱似乎被浪费了。中小学生更是把最宝贵的童年和青少年时光耗费在大量做偏题和怪题上，以便在考试中取得高分。其实，工作之后，那些做题技巧并没什么用，甚至那些做题的套路有时反而束缚人的思维，使人缺乏知识经济时代最需要的系统智慧和自主创新能力。

当今中国大规模出现了这种令人震惊的奇观：大批的人以学习的名义在大量地浪费自己宝贵的生命时光！

还有什么浪费能比浪费生命更可惜呢？

是什么原因使人们学习效果普遍不佳呢？

根本原因就在于人们没有自觉实现学习方法上的战略转变，不善于像诸葛亮那样独观学习方法的大略。

站在巨人肩上

当今中国有多少人在苦苦寻找最佳的学习方法，梦想着能用最少的时间，获得最佳的学习效果，以便尽快获得在知识经济时代竞争的实际本领。

在这个学习成为第一需要、终身需要的知识经济时代，使自己成为最会学习的人的最好方法，就是要站在巨人肩上——善于模仿并超越杰出人物的学习战略。

前面曾经谈到过，王小平之所以成为当代"惊世才女"，关键就在于她模仿了伟人毛泽东主动退学回家自学的学习方法。但她不仅仅是模仿，还有重大的超越——自觉地采用了研究性学习的战略。她说过："如果我有什么成功之谜的话，那首推研究性学习。"也就是说，她不光是自学，而是研究性地自学，正是这种把学习自觉变为研究的重大战略转变，使她获得了惊人的研究成果。

美国哈佛大学有一条学习格言："最有价值的知识是关于学习方法的知识，它是学习力中最讲科学含量、最讲技术操作的品质，其优劣程度决定着一个人学习的成败。"

许多人也在模仿杰出人物的学习方法，但他们往往只重视学习方法的技巧和细节，只重视局部和战术方面，而对最关键的战略方面却极不重视，不管方向对不对，只埋头拼命拉车而很少抬头看路。其实，战略和方向如果错了，越努力越糟糕，越刻苦浪费的时间越多。

《素质教育在美国》一书的作者、留美博士黄全愈曾谈到，他在不少学校演讲时，有的老师对"思想"没有兴趣，却要求他多讲素质教育的"技法"。但是，素质教育有没有对任何学生都适用的"技法"呢？"没有！"黄全愈说："没有创造性教育的思想，就谈不上技法。反之，如果有了创造性的教育思想，则每个老师都可能有不同于其他老师、针对不同学生的技法。"也就是说，老师们在从事教育改革时，最容易产生的误区，就是本末倒置，重"技法"而不重"思想"，重战术而不重战略。其实，最重要的不是具体的技法，而是思想，有了思想观念的解放和更新，针对不同情况不同学生的素质教育技法自会如潮般地涌现。

关键是转变思想观念

在学习领域，许多人也是只重视学习方法中的"技法"，对最重要的"思想"却不重视，其实思想观念的转变才是最重大最关键的转变。

学习变成研究，就是学习方法上最重大的战略观念转变。至于具体的研究方法，每个人都要因人而异，根据自己的内外在条件，选择最适合自己的研究性学习方法，并不存在放之四海而皆准的、统一的"研究技法"。从根本上来说，战术层面的具体"研究技法"是不可全盘照搬的，也是不可通用的，但战略层面的思想观念却有普适性，这方面的转变必须尽快尽早开始。美国为什么要求从幼儿园就开始研究性学习，就是为了尽早实现学习观念的战略转变。

人最难的就是思想观念的转变，因为一种思想观念一旦形成，往往会影响人的一生，人很容易成为观念的囚徒。"惊世才女"王小平说过："观念一旦形成，便会顽固地控制着人们的头脑，支配着人们的观察视角、思维方式、价值取向和行为方式，从而支配一切。"但另一方面，思想观念一旦发生根本性的转变，那产生的能量也是极其惊人的。

王小平把学习变成了研究，便使自己成为了研究成果丰硕的"惊世才女"。哥白尼把地球中心说转变成了太阳中心说，便推动了整个欧洲的思想解放，现代科学因此萌芽，最终引发了工业革命，改变了世界。毛泽东反对红军去攻打中心城市，提出"农村包围城市"的战略，中国革命从此一步步走向胜利。

战略一错，一切皆错。战略转变是最根本、最重要的转变。

战略错了，再好的战术也只会使错误更严重。就像旅行的方向错了，再好的交通工具也只能离目的地更远。学习方法也一样，学习的战略比学习的战术重要得多，只有在学习战略正确的前提下，再去寻找最适合自己的学习战术才是智慧的。

人们越来越清楚：知识经济社会的竞争根本上是学习能力的竞争，其中最重要的是学习方法的竞争，而最根本的是学习方法战略层次的竞争。谁最先、最早实现了从学习向研究的战略转变，谁就将在知识经济时代最快地获得最大的竞争本领，托夫勒、王小平、毛泽东、爱因斯坦等人已经充分地证明了这一点。世界教育改革也在朝这个方向努力，目前美国人居于领先地位，中国人必须尽快迎头赶上。

诸葛亮能"独观其大略"，你也应当独观学习方法的"大略"，谁最先、最快这样做，谁就将成为知识经济时代的知识英雄，成为当今的诸葛亮。

第三辑 <<<

培养杰出人才：

从娃娃抓起

贫民窟的孩子

社会需要比十所大学更能推动科学的进步。

——马克思

社会需要比千所大学更能推动学习方式的进步。

——刘 伟

有趣的实验

印度新德里的物理学家苏加托·密特拉曾经做了这样一个实验：他将一台个人电脑和快速互联网线安装在一个贫民窟的石头墙上，没有指示说明，也没有人指导使用方法，然后他在对面的办公室里支起一架摄像机，这样就可以隐蔽地观察那里发生的事情。

不久，贫民窟的孩子们发现了它，这群6-12岁不等的孩子们不但没有把这台电脑抢走，反而开始玩起来。一两天之后，他们就自己学会了如何拖拉工具栏、创建文档、进行其他操作和浏览互联网。

他们不需要教室、不需要考试、不需要老师，完全靠动手操作和相互交流。三个月之后，他们创建了一千多个文档、访问了迪斯尼卡通节目、玩了网上游戏、画了数字图画，并且观看了板球比赛。最初他们是单个学习，后来共同分享他们所学到的东西，再后来他们还开办了"基础电脑扫盲班"，指导别的孩子甚至大人学习操作电脑，俨然成了电脑小专家。

从这个有趣的例子可以看出：孩子们的好奇心、天生的操作和交流能力可以轻松跨越数字鸿沟，迅速成为电脑小专家。

当今无数的电脑使用者、网页设计员、程序员、电脑游戏开发者都是首先自己掌握了这些技能然后将其运用到工作中的，他们掌握的这些技能都是处于新技术的前沿，而且赶在正式的有偿授课大规模铺开之前就掌握了。

世界最大规模的边干边自学浪潮

我的朋友何军被朋友们称为"电脑专家"，他特别喜欢钻研电脑，软硬件都很精通。谁的电脑出了问题，都喜欢找他给看看，他也不负众望，基本上都能很快解决问题。

何军只是高中毕业生，在某个住宅小区当管理员，平时工作只是偶尔用用电脑，他并没有专门去参加过电脑培训，丰富的电脑知识和维修技能都是自己业余摸索和自学的。

早期的个人电脑使用者如果等着学校去买电脑、开发课程、制订课程表、培训教师并为这一切筹措资金，那么，电脑应用到各个行业的速度就会大大地延缓，竞争激烈的世界不会这样等着每一个人掌握电脑技能。各行各业信息化的飞速发展已经逼着每一个人快速学会电脑应用技能。现在中国上网人数已经达两亿，再多的电脑培训机构也无法满足两亿人的培训需求，也找不到那么多老师来教。现在全世界使用电脑的人有十多亿，他们大多是自己边使用边自学，很少人经过正式的培训，特别是孩子们，似乎玩玩闹闹就轻易学会了电脑应用。

这是一个无人注意但却令人震惊的现象——如此大规模的边干边自学的浪潮，人类历史上从来没有发生过，而且自学的是复杂的电脑应用技能。

电脑专家是怎样炼成的？

这个大规模的边干边自学的浪潮给人许多启发。

当电脑快速在各行各业普及时，人们强烈感到需要掌握电脑应用技能，否则将面临被淘汰的危险。马克思说过："社会需要比十所大学更能推动科学的进步。"电脑应用技能这个社会需要，同样推动了学习方式的进步——边用边自学。培养学生的自学能力，曾经是各个学校最伤脑筋的事情，无数教学研究文章都探讨过这个问题，但电脑技能的学习却轻易地解决了这个问题，电脑应用的社会需要比一千所大学所起的作用还大。

我的朋友何军就是在这种普遍的边用边自学的热情影响下逐渐成为电脑专家的。

十多年前，当何军在工作中第一次需要使用电脑时，他也一头雾水，对电脑一窍不通，但他对电脑充满了好奇和兴趣。他经常到卖电脑元器件的商店转悠，店员告诉他怎样用软盘和硬盘分别启动电脑（当时电脑还是用DOS操作系统），他对照电脑说明书，边摸索边使用，但还是碰到了许多问题。他又去电脑商店，向店员请教，但有些问题店员也解决不了。何军发现，他需要一位电脑权威的帮助，但哪里去找这样的电脑权威呢？在无奈之下，他到处找人帮忙，先后找过邻居、同事、朋友、或者在踢球时认识的人，只要比他懂得多一点儿的人他都去请教。后来他发现，那些"电脑权威"其实就是比他早一个星期使用电脑的人，大家都半斤八两，对电脑知识和技能都只能算一知半解，只是比他稍稍提前使用了电脑而已。

后来经过一段时期的电脑信息交流活动，何军渐渐有了一个比较固定的圈子，圈中人都对电脑有浓厚的兴趣，而且地位平等，谁也不认为别人或自己是电脑权威，只不过有些人在这方面懂得多些，有些人在那方面懂得多些，有些人先使用了某种软件或硬件。今天你是老师，明天可能就成了学生。更有趣的是，越是年轻和后来加入的人懂得越多，原来的"专家"则成了学生，小的教老的，成了常态。

上网以后，何军认识了更多的电脑高手，他自己也渐渐成了"电脑专家"，能够解决许多电脑问题了，还经常在网上发布自己使用电脑的经验、介绍各种软硬件、讨论各种电脑热点问题。他还和朋友办起了网站，交流面不断扩大，甚至有外国网友参与交流。

何军参与的这个学习共同体和学习过程没有什么人来控制，没有人来领导，没有人来组织，也几乎没有人像教师一样得到报酬，完全是自发的民间"非政府组织"。而且这一学习组织和进程还在加速发展，不断被赶超，不断扩散到世界各地。

从上述过程中，我们发现，何军成为电脑专家，经过了这样一个学习过程：

电脑迅速普及到各行各业→社会产生了对电脑应用技能的大量需求→因为工作需要个人产生了浓厚的自学电脑技能的兴趣→在使用电脑时遇到自己解决不了的问题→自己看说明书和电脑书籍→求助于各种有技能优势的人，进行平等交流，互为师生→借助互联网扩大交流范围，共享知识和经验→在不断解决问题的过程中逐渐成为电脑专家。

这种大规模的、几乎影响到男女老幼每一个人的、遍布全世界的、渐进的、边干边自学的、不断交流的、充分利用网络的学习过程还没有受到教育家的注意，但这种学习共同体和新的学习方法，全面地反映了信息社会最需要的学习方法，应当引起教育家和每个人的高度重视。

这是一场学习方式的重大战略转变！

学习变成了研究

传统的学习方式，是人们先在学校里学习十多年各种分科的知识和技能，毕业后在工作岗位上遇到实际问题时，再设法应用这些过去学到的知识和技能来解决问题。这是学习在前，遇到实际问题在后，必须先去学校分级分科按不同学科上课，主要靠老师传授过去积淀下来的标准化的知识和技能，学习内容难以迅速更新，一般用书面考试来检验学习效果，毕业后许多知识和技能已经被淘汰。这是一种面向过去的、脱离实践的、没有实际问题导向的、分科的、被动的、缺乏同伴合作的学习，学生普遍缺乏兴趣和解决实际问题的综合能力，更缺乏自主创新能力。实际上培养的是工业社会需要的齿轮和螺丝钉，把人培养成工业社会需要的工具，容易产生马克思所说的

"人的异化"。

人们学习电脑应用技能的过程却和工业社会的学习方式完全不同，具有如下特征：

遇到实际问题和发生兴趣在前，学习在后，是问题和个人兴趣导向的综合性学习，是做中学、行中知。

不需专门去学校分级分科学习，没有统一的标准化教材，教材根据解决问题的需要自找、自选，甚至根本不需要教材。

没有专门的老师传授但有大量的同伴合作交流讨论，平等互助，互为师生，共同提高，并且充分利用网络来交流。

遇到问题主动自学，学了就用，用中再学，活学活用，急用先学，立竿见影，马上见效，容易产生进一步的兴趣和成就感。

不需要考试，而靠能否解决实际问题的来检验学习效果，能培养出综合运用知识的能力。

学到的知识和技能是崭新的，不断快速升级，能培养出终身学习的兴趣和能力。

总之，这样能学到终身受用的自学本领。

知识变不成实际本领，曾经是我国教育的重大弊端，而上述学习方式却能彻底解决这个老大难问题！

电脑是推动信息社会发展的核心工具，学习电脑的方式，正是信息社会最需要的学习方式，这种学习方式几乎适用于信息社会的一切领域和一切人。

这种新的学习方式概括起来就是：面向未来、实际问题和兴趣导向、不脱离实践的做中学；自己为了解决问题而主动自学并自发形成学习共同体；充分利用电脑网络和其他信息载体来交流、搜集、整理、分析、讨论相关资料；没有专门固定的老师，学习伙伴相互亦师亦友；学到的知识和技能立即用来解决实际问题；用解决实际问题的效果来检验学习效果；需要不断学习新东西，能形成终身自学的习惯和能力。

仔细分析一下，会发现这种学习过程正是科学家们做科学研究的过程，实际上是把学习变成了研究，或者说是按照研究的过程来学习。

原来，在信息社会，把学习变为研究，就能把知识变为本领！

这是人类历史上从未出现过的、最大规模的学习方式的战略转变，它将影响到信息社会中的男女老幼每一个人，并因此而改变人们的学习习惯和思维方式，从而彻底改变教育的所有方面，甚至推动人类文明的整体转型——从工业文明进入信息文明。尽快掌握这种新的学习方式，你就得到了进入信息社会的钥匙，你就具备了信息社会最需要的本领，你就会成为知识经济时代的弄潮儿。

我们已经看到：连贫民窟的孩子都能轻易学会电脑操作技能，你还能学不会研究的本领吗？

孩子们的研究

科学就是有秩序的常识。

——竺可桢（原中国科学院副院长）

我们已经谈到，在信息社会，急需把学习变为研究，可是许多人总觉得研究是很难的事，需要高深的知识、专门的实验设备、高明的导师。其实，研究并不像人们想象的那么难，每个人天生都有研究的兴趣和能力，只不过传统的学习方式压抑了研究能力的发展。

我们来看看美国的小学生是怎样研究的。

三棵树为什么不一样？

格雷姆女士在美国一所小学的五年级任教，秋天的一个上午，她班上的几个学生兴奋地将她拉到窗前，指着外面说："看啊，操场上那三棵树怎么啦？"格雷姆女士看到那三棵并排生长的树，第一棵的叶子掉光了。中间那棵的叶子颜色参差不齐，黄多绿少。第三棵却是绿叶茂密。学生们问道："这三棵树过去看上去是一样的，为什么现在变得这么不同呢？"格雷姆女士也无法回答他们。（学生表现出好奇，从自己的观察中发现问题）

格雷姆女士知道，按照课程计划，她的学生要到明年春天才学习植物，不过她认为这正是让学生去调查植物生长情况的好机会，因为问题是学生自己提出来的，所以会引发他们自己去寻求答案的兴趣。虽然格雷姆女士并不十分有把握，但她还是决定尝试一下，让学生在她的引导下进行自主探究。毕竟他们去年观察过种子在不同条件下的生长情况，多少积累了一些研究经验。

于是，格雷姆女士说："同学们，你们认为那三棵树为什么会变得如此不同呢？"立刻，学生们纷纷举手发言，提出了各自的看法：（学生经过思考和讨论，提出初步的设想或假设）

——与光照有关；

——一定是水太多的缘故；

——秋季到了，有些树的叶子会比其他树掉得早一些；

——地下有有毒物质；

——三棵树年龄不同；

——有害虫吃树叶；

——一棵树比另两棵要老一些……

当学生列举出足够多的假设时，格雷姆女士便鼓励他们进一步思考，在这些假设中，哪些可以进行调查，哪些只是描述？经过学生思考，去掉只是描述的假设，确定了可以进行调查的假设：一定是水太多；秋季到了，有些树的叶子会比其他树掉得早一些；有害虫吃树叶；一棵树比另两棵要老一些（从初步假设中确定研究课题）。

然后，格雷姆女士让学生根据各自的看法分成不同的小组，例如"水"组，"季节"组，"害虫"组等等（按课题组成研究小组）。她要求每个小组制订计划（制订研究计划），开展一次简单的调查活动（进行实地调查），寻找证据来验证他们的假设（用证据来论证假设）。

在学生制订调查计划时，格雷姆女士倾听他们的设想，并让各小组向全班同学说明他们的研究计划，并进行讨论。通过这种迅捷、公开的现场讨论评价，使学生反思自己思考问题的过程，完善自己的假设，制订更周密的调查计划。

接下来的三周，学生利用课余时间开展调查研究。各小组充分利用图书馆、书籍、报刊、互联网等各种资源，搜集有关树木特性、生长过程及其周围环境的信息。

"树龄"组最快找到了问题的答案。他们跟学校有关人员取得联系，找到了购树的原始单据，并且到苗圃去核实，结果发现，这三棵树品种相同，树龄相差无几。对这样较早完成调查的小组，格雷姆女士就请他们加入到尚未结束的其他小组中去。

"水"组的学生几乎每隔一小时就察看一下三棵树周围的地面，他们轮流值日，并记录下各人的观察。他们用记录的数据向全班报告："掉光叶子的那棵树几乎一直淹在水里；中间那棵有时淹在水里；而绿叶茂密的树周围地面潮湿，但从来没有淹在水里。"

有一位学生回忆说，以前他家栽种的天竺葵叶子变黄的时候，妈妈曾告诉他，这是由于水太多的缘故。"水"组学生读了一本名为《栽培健康植物》的小册子后，明白了当植物的根部被水包围时，就无法从周围空间获取空气，等于是被水淹着。根据自己的观察、他人的解释和从小册子中得到的信息，学生们推断：无叶的树完全被淹，中间那棵部分被淹，而第三棵则没有被淹。

"水"组继续工作，调查水的来源。他们发现，学校管理员一周有三次打开草坪洒水系统，开放时间太长了，过量的水流过草坪，汇聚到三棵树这边来。

最后，各个小组集中起来汇报调查结果。学生们发现：（1）有些观察结果和所得信息，不能解释三棵树为什么会有差异，例如"树龄"组所做的工作；（2）有些调查结果只能部分地说明观察到的现象，例如"虫害"组的工作；（3）对学生们来说，感到最合理、既符合观察记录又符合别的途径所得信息的，只有水太多这种解释。（根据调查和思考的结果，学生验证最合理的假设）

全班学生很满意，经过三周的工作，他们找到了一种合理的解释。在格雷姆女士的建议下，学生们给管理员写了一封信，告知他们的发现（发布研究成果）。管理员来到他们班上表示感谢，此后他注意控制好草坪洒水系统（研究成果得到应用）。最后，格雷姆女士问学生，怎样才能证明他们的解释是正确的呢？学生们讨论后说，那就只有等到明年了。

来年同月，格雷姆女士班上的学生们看到这三棵树都挂满了绿叶，就更加坚信他们得出的结论有效地解释了他们的观察。（用实践来验证研究成果）

附：同学们给学校管理员的信

学校管理员：

　　您好！

　　我们班同学注意到，操场上的三棵树在同样的季节里各不相同：一棵落光了树叶，一棵叶子颜色黄多绿少，还有一棵却绿叶茂密。

　　这三棵树来自苗圃。我们同苗圃取得了联系，他们告诉我们这些树属同一品种，并且树龄相同，所以这不是它们产生差别的原因。

　　据调查我们发现，那棵落光叶子的树总是淹在水里，树叶黄多绿少的树有时淹在水里，而挂满绿叶的树从来没有淹在水里过。

　　我们班同学看到书上说植物不能淹在水中，否则，它会因无法从周围空间获取空气而死掉。我们想这可能是这三棵树产生差异的原因。

　　我们注意到，您一周有三次打开草坪洒水系统，开放时间太长了，过量的水流过草坪，汇聚到三棵树这边来，造成了水淹的现象。希望您采取适当措施，改变这种状况。

　　对您辛勤的工作，我们表示由衷的感谢！

五年级（1）班全体同学

　　其实，这就是一篇微型研究论文或研究报告，它直接促成了问题的解决。

研究并不神秘

上面这个例子就是一个完整的研究过程，研究成果还得到了应用，并获得了实践的检验。通过这个例子，我们再一次发现：研究并不神秘，研究的过程和方法也是人人都可以掌握的。特别重要的是：研究的水平和深度并不重要，关键是通过这样的研究过程掌握研究的方法，体验到什么是科学探索精神，这种精神和方法将影响人的一生，在需要终身研究的知识经济时代，将起到巨大的作用。

美国耶鲁大学教授陈志武在《中国经济转型需要教育改革》一文中谈到他女儿在美国做研究的情况："在我女儿她们四年级的时候，老师就会花一年时间讲科学方法是什么，具体到科学的思辨、证明或证伪过程。她们学到，科学方法的第一步是提出问题和假设，第二步是根据提出的问题去调查和找数据，第三步是做分析、检验假设的真伪，第四步是根据分析检验的结果做出解释，如果结论是证伪了当初的假设，那么，为什么错了？如果是验证了当初的假设，又是为什么？第五步就是写报告或者文章。

"这个过程讲起来抽象，但是，老师会花一年的时间给实例、让学生自己去做实验。比如，我女儿读四年级时，老师让她们想一想如何应用科学方法，针对什么问题来进行检验。她们四五个小孩一起酝酿了一下，认为可以研究学生每天早晨到校的高峰时间是几点钟。她们设想，每天学校8点半开始上课，那么，8：20左右应该是学生到校的高峰点，这就是她们的假设。把这一想法告诉老师，老师说OK，你们可以去检验一下这个假设。于是，她们下一步就是搜集数据。大概有四五个星期，每天清早，这些小孩分头站到各个校门口，去统计各学生到校的时间。通过统计数据，她们发现7：50是学生到校最多的时候。这一结论跟她们原来设想的很不一样，否定了最初的假设。为什么7：50到校的学生最多，而不是8：20？后来，她们调查、讨论、分析了很久，得出一个解释：是因为很多的父母送小孩上学后要去上班，而8：00或者8：30是很多公司和机构上班的时间，为了上班不迟到，父母肯定要提前一点把小孩送到学校。这就是她们最后得出的解释。然后，再写出研究报告，向全班同学表述、讲解整个研究过程和结论。

"这种活动不是为考试，而是最好的研究性学习，让人学会调查，学会思辨，培养头脑，避免自己被别人愚弄。这种实际动手的研究所达到的训练是多方面的，尤其是靠自己找问题、靠自己调查、靠自己思考、靠自己得出结论，这非常出色。

"实际上，如果按照我女儿她们在小学四年级就学到的科学研究方法标准去判断，国内经济学以及其他社会科学类学报上发表的许多论文，都没法及格，因为许多论文只停留在假设的层面上，然后就把没有经过数据实证的假设当成真理性结论。过去在中国没有经济、社会、历史类数据，无法做深入的实证研究可以理解，但今天很容易找到数据，为什么这么多人不去找数据、做实证研究，而轻易下结论、甚至是不顾摆在眼前的数据乱下结论呢？回想起来，当年居然还要围绕'实践是检验真理的唯一标准'这一命题展开争论，连那种最起码的科学精神都还难以接受。到今天的中国，还是有这么多人相信'8等于发'、'4等于死'、'5等于无'等等这些东西。为什么呢？这些都跟我们没有从幼儿园、从小学就开始强化科学方法的教育训练有关，跟没有把科学方法应用到关于生活现象的假设中去的习惯有关。基于科学方法的思辨能力是一个创新型、民主型社会的基本素质，是走出愚民社会的前提。"

陈志武教授还写道："我女儿她们每个学期为每门课要做几个所谓的'项目'。这些项目通常包括几方面的内容，一个是针对自己的兴趣选好一个想研究了解的题目或说课题。第二是要找资料、收集数据，进行研究。第三是整理资料，写一份作业报告。第四是给全班同学做5到15分钟的讲解。这种项目训练差不多从托儿所就开始。我觉得这一点很有意思，刚才讲到品牌跟市场营销很有关系，因为品牌、市场营销都跟表述技能有关。就我自己来说，从小学到大学那么多年，从来没有在众人面前做表述的机会，更谈不上训练。我第一次在几个人面前做报告，是大学毕业的时候，写了一个关于计算机汉字输入的文章，那是做了一个学期的项目。当时，我把摘要写在几张大纸上，轮到我讲时，老师和其他同学都坐在那儿，我一站在他们前面，就不知道如何讲话了。怎么讲呢？要讲的我已经在纸上写得好好的，但我实在不知道怎么开口。结果，我说，'你们干脆自己读我上面写的吧'，我就不讲了。后来老师还让我通过论文答辩了。那是我第一次在几个人面前讲述自己的研究和观点，但我就是讲不出来。我的第二次机会是在国防科大读了两年半的研究生后，又是要讲毕业论文，那一次稍微好一点。

"正因为我们都去追求考试分数，所以，从来不在乎表述能力的训练。幸运的是，现在我在多人面前讲不会发抖了，这是经过多年磨炼的结果。回想起来，如果我从小学就开始这样磨炼的话，恐怕就不是现在这个样子了，可能能上升到另一个高度。

"关于研究性项目，我的大女儿陈晓在五年级时，对北京的气候感兴趣，她在社会课上做了一项研究，把北京一年12个月中每月降雨量、温度的历史数据收集起来，然后计算历史上每个月的降雨量的最高、最低与平均值，计算每个月温度的最高、最低与平均值，然后再分析这些跟北京的其他天文、地理情况的关系，写好报告以及讲解文稿，她在全班同学前讲她的这些分析结果。我觉得这样的课程项目研究与讲解是非常好的一种训练。实际上，她在小学做的研究与写作跟我当教授做的事情，性质差不多。我做研究上网要找资料，而她也是为每个题目上网找资料、做研究，她写文章的训练也已经很多。这就是美国教育厉害的地方，你看一个小孩，在研究思考上已经这么成熟，以至于到现在，我跟我女儿说，她很快可以做我的研究助理了。但在国内，一些本来很聪明的人即使到读博士研究生时期，还不一定具备这些研究素养、研究能力，有些研究生连做个研究助理可能还不合格。

"正因为这种思辨能力的培养，现在我跟女儿讨论问题时，她们一听到任何话，很自然地就会去怀疑、审视，然后就看能否找到证据来证明这个话逻辑上或者事实上、数据上站不站得住脚。这种习惯看起来简单，但是对于培养独立的思辨能力，让学生毕业以后，特别是大学毕业以后，不只是简单地听领导的话的机器，这些是非常重要的自然的开端。"

从上述例子中，我们看到，生活中处处可以找到可研究的问题，研究的过程和方法也并不神秘和艰难，人天生就有研究能力，谁都可以从事研究，甚至连托儿所的孩子和小学生都可以做研究，研究过程能培养人质疑、搜寻资料、思辨和自主创新能力，而且当众做研究报告能提高表述能力，会影响到未来市场营销能力和品牌的形成，更重要的意义是使人成为有科学精神和民主意识的现代公民。

我国著名地理学家、气候学家、原浙江大学校长竺可桢说过：科学就是有秩序的常识。这说明科学并不神秘，研究也并不高深莫测，就是用一套方法把常识整理出秩序而已，小学生都可以做到，你还有什么做不到的呢？

对刚刚开始研究的人而言，最常采用的是以下两种研究步骤，步骤A适合社会科学的研究，步骤B适合自然科学的研究。

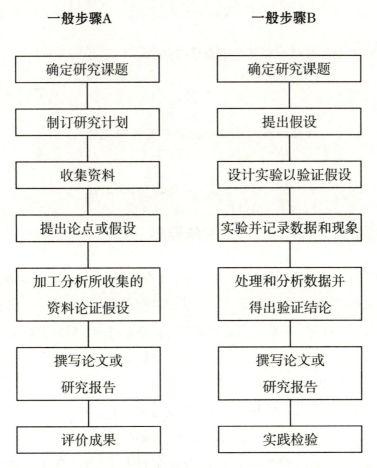

我们看到，科学研究的过程和方法并不难掌握，只要多参与一些实际的研究，谁都能成为一个研究者，你就获得了一项知识经济最需要的、终身受益的大本领。

蚂蚁说了些什么?

二十一世纪的文盲是不会学习的人。

——托夫勒

二十一世纪的蠢人是不会把学习变为研究的人。

——刘　伟

童年趣事

2005年,一位叫王垠的清华大学博士生在网上谈到他的童年趣事:

"我小时候住在父母执教的中学里。两间平房,门口有一小块地,妈妈在里面种了一些菜。我们一家三口虽然穷,但是过着宁静舒适的生活。我在这个地方一直住到上初中的时候。这些房屋记录着一个年幼科学家的探索和实验,直到它们被夷为平地。

"妈妈拒绝让我养猫狗,她说凡是会拉屎的都不养——除了我。所以我小时候就喜欢与蚂蚁做伴。我总是试图用各种各样的办法去了解蚂蚁的生活习性。我可以一整天的观察我家屋檐下的蚂蚁来来去去。看见它们用触须碰一碰,然后各自分头走开,我就会想:它们到底说了些什么?我在想,能不能用一种方法解开蚂蚁语言的密码?

"我从书中得知蚂蚁洞里有蚁后，她有很大的肚子。为了一睹芳容，我开始试图水漫金山，把水往蚂蚁洞里灌。我有时一个下午就干这种事情，却没有一次成功看到蚁后。后来才知道蚂蚁是非常精明的下水道工程师，水大部分都渗到地底去了。可是我不甘心，我开始试用别的办法。比如在洞口放一块糖。可是蚁后架子太大，终究不肯出来，让别人帮她送饭进去。

"我还用活蚂蚁进行过心理实验。首先用破袜子摩擦塑料尺产生静电，然后把尺子放在一只正在行走的蚂蚁身后不远处。蚂蚁走不动了，我就开始推测它在想什么？它感觉到什么？它可能会觉得有外星人？但是由于尺子拿开以后，它若无其事继续走，我猜它只是有点纳闷，而不惊慌。但是反反复复几次之后，它明显有罢工的意思，似乎忘了自己要去干什么。后来我又发现蚂蚁被吸到塑料尺上之后会由于带上相同的电荷而被'发射'出去，就像人间大炮一样。'人间大炮'是日本电视剧《恐龙特急克塞号》里的一种可以把人当作炮弹发射的威力很大的电磁装置。

"一点儿微小的发现，就可以引发我做大量的探索和实验。这就是我在那个年代的特点。虽然妈妈也逼着我练习毛笔书法、绘画，还多次获奖，但我不喜欢这些东西。我似乎生下来就是科学家，不是搞艺术的，不过也许只是妈妈的强迫让我反感了艺术而已。

"物理是我最喜欢的，因为它让我了解到世界的奥秘。我一般开学前几天就会把物理书上的实验都挑出来，费尽辛苦找到材料实践一番，心里美滋滋的，上学真是快乐！"

后来王垠考上了清华大学的研究生，开始了真正的研究。他在做完了一项课题研究后，恍然大悟："我感觉到了什么叫做研究，这跟我小时候干的那些事情没有什么两样。你在身边发现一个问题，想知道为什么。然后你就想去获得解决这个问题的知识。你去看书，你去问专家，你和同学朋友讨论，你上网去搜索相关资料。如果没有发现答案，那么好啦，你就可以自己试图去发现为什么，这是最有趣的部分。知道了为什么，就想让这个东西有用处，对人们的生活产生好处。这就是研究。"

原来，"研究"就这么简单！小孩子天生就会。

法布尔与《昆虫记》

王垠的经历让我们想起法国杰出的昆虫学家法布尔。

法布尔1823年出生在法国南部的一个农民家庭。他在农村度过童年，从小就对乡间的花草和虫鸟非常感兴趣。由于家中贫困，他连中学也没有读完。但是法布尔抓紧一切时间自学，15岁时，他只身报考阿维尼翁市的师范学院，结果被正式录取。毕业后，法布尔获得了一个中学教员的职位。教学之余，法布尔读到一本昆虫学著作，正好与他的童年兴趣相合，从此萌生了要毕生研究昆虫的志向。那一年，他不足十九岁。

1879年3月，法布尔用积攒下的一小笔钱，在小乡村塞里尼昂附近购得一处坐落在荒地上的老旧民宅，他给这处居所取了个风趣的雅号——荒石园。在荒石园中，他用观察与试验的方法，实地记录昆虫的生活现象、本能和习性，同年，他写的《昆虫记》第一卷出版。

在以后的三十多年里，这位荒石园主人穿着农民的粗呢子外套，吃着粗茶淡饭，不知疲倦地从事独具特色的昆虫学研究，终于撰写出了10卷科学巨著——《昆虫记》。在书中，被达尔文誉为"无与伦比的观察家"的法布尔以人性观察虫性，他描写了昆虫的本能、习性、劳动、婚恋、繁衍和死亡等各种现象，并以虫性反观人性，处处渗透着人文关怀，睿智的哲思跃然纸上，使《昆虫记》成为轰动世界的名著。

贝佐斯的梦想

喜欢读书的人都知道，美国有一家世界最大的网上书店——亚马逊网络书店，书的销量居世界第一。创办这家书店的老板叫贝佐斯。让人想不到的是，贝佐斯在创办亚马逊网络书店的同时，还邀集了一批航天科学家，研制了一种新型的宇宙飞船，这种飞船载人不多，进入太空也只能在"次轨道"

上运行，但可以垂直发射和垂直着陆。贝佐斯研制这种低成本宇宙飞船的目的在于：使飞船每年可以发射52次，让更多的普通人可以到太空旅游，探索太阳系。2006年，贝佐斯开始了第一次发射，尽管目前飞行高度只有87米，离梦想还很远，但实现了垂直起降。贝佐斯目前正耐心地一步步接近他的梦想……

贝佐斯为什么有探索太空的兴趣？为什么能同时在网上书店和航天这两个毫不相关的领域做出这么大的成就？原来，他从小就非常喜欢研究。他上高中的时候曾经写过一篇研究论文《零重力对家蝇老化速率的影响》，获得了美国太空总署的学生论文奖，并受邀参观美国太空飞行控制中心。参观回来后，他对采访他的记者说，自己的梦想是在太空建立太空饭店、主题乐园，以及太空轨道的游艇。

这个梦想一直在他的心中萦绕，尽管他后来在大学学了电脑专业，毕业后进入金融行业做财务分析，后来又成为亚马逊网络书店的创办人，但他一直没忘自己的梦想，从2003年开始了研制新型宇宙飞船的计划，一步步向自己早年的梦想迈进……

贝佐斯兴趣广泛，他日常读的书有：丰田汽车的精简生产线企管书、纳米机器人摧毁地球的科幻小说、石黑一雄的小说《长日留痕》、有关火箭工程的书等等。正是这些研究和广泛的阅读兴趣，使他在毫不相关的两个领域内都取得了巨大成就。

从贝佐斯的经历中我们看到，研究、阅读、兴趣、梦想有机地结合到了一个人身上，使他获得了超乎常人的、真正的成功。

研究并不神秘

我们看到，王垠、法布尔、贝佐斯都是在童年和中学时代就对研究产生了兴趣，他们都采用了观察和实验的方法做研究，他们都没有良好的研究环境和仪器设备，但并没有影响他们的研究，法布尔最后还成了世界著名的昆虫学家。

一提到"研究",许多人就认为那是高深莫测、非常复杂、非常艰难、需要许多知识、需要极为聪明的头脑、需要许多仪器设备、需要图书资料、需要研究伙伴、需要专家的指导,总之是离普通人相当遥远的事情,只有那些受过高等教育,甚至读过研究生的人才能从事"研究"。大多数人总认为自己的知识和能力还远远达不到"研究"的水平。这种观念使他们不敢从事"研究",多少聪明才智因此浪费,多少潜能得不到开发,多少王垠、法布尔、贝佐斯被埋没。更可悲的是:多少有知识的人因而缺乏本领!

其实,从王垠、法布尔、贝佐斯的经历中可以看出:研究并不神秘和复杂,并不需要大量的知识准备和仪器设备,人人天生都有研究的能力,只不过少数人意识到了并不断应用和提升这种能力,而大多数人没有意识到,也没有自觉去发展这种能力。我国的学校也不倡导研究性学习,特别是我国贻害终身的应试教育,强迫青春焕发、好奇心和想象力丰富的中小学学生长期做大量偏题怪题,以应付没完没了的有标准答案的书面考试,忙了十多年,就为了一次高考。久而久之,学生们失去了好奇心,失去了想象力,失去了对大自然的惊愕,失去了探索未知的兴趣,失去了提出问题的能力,也缺乏研究的思维方法训练和动手实验的实践能力,长大后便随波逐流,变为一个缺乏好奇心和想象力、不爱研究、不想研究也不会研究的人,造成大多数人缺乏探索精神和自主创新能力,因而缺乏在现代社会竞争的本领。可以毫不夸张地说,应试教育正在葬送学生的人生和整个民族的未来。

我们看到,王垠和法布尔研究蚂蚁和昆虫,并没用到多少知识,也并没用到复杂的仪器设备,关键是有一颗好奇心和一套研究的方法,这些都属于"智慧"的内容,属于"软件"。从王垠、法布尔、贝佐斯的经历可以看出:研究不一定非要在科研机构里才能进行,只要有了强烈的好奇心和掌握了研究方法,研究随时随地都可以进行,谁都可以从事研究。

无处不在的研究

研究,在知识经济时代,日益成为社会最强烈的需要。

　　原中国科普研究所所长袁正光教授曾经指出："在科学迅猛发展的当代，人类已经聪明到这种程度：干什么事情，先弄清事物的基本原理，然后运用科学原理指导自己的行动。也就是说，人类再也不单纯凭经验办事了，人类的行为模式已从过去的'生产——技术——科学'转向现代的'科学——技术——生产'，比起事事从经验出发，走一步看一步，往往事半功倍，少走弯路、错路。这就是现代社会比以往任何时代高速度前进的根本原因。"也就是说，科学研究已经成为人类行为的主导因素。

　　人类的行为模式既然已经从过去的"生产——技术——科学"转向现代的"科学——技术——生产"，那么在学习方式上，也应当把"生产——学习——科研"转向"科研——学习——生产"，把科研置于最优先和最核心的地位已经是时代的必然要求。

　　深圳有一家著名的高科技公司——华为公司，它的研究开发人员占到全部员工的90%以上，管理、生产和销售人员比例很小。正因为这种人员的倒三角结构，才使华为公司成为自主创新能力极强的企业，新发明新技术不断涌现。当今和未来社会最需要的是有自主创新能力的研究开发人才。信息社会也要求人们用研究的方法来驾驭信息、利用信息、创新信息。各行各业需要的"研究人员"必将越来越多，学会研究已经是每个人的迫切需要。

　　现在高新科技企业普遍的研究开发模式，就是针对市场遇到的问题，组成研发项目小组来攻关，遇到不懂的知识立即学习，学了之后立即应用到项目研发中去，而这正是典型的研究性学习。这说明研究性学习不但是一种学习方法，而且日益成为一种工作方法。

　　更有意义的是，研究性学习已经成为一种现代生活方式。现在随便一种个人电子产品，比如手机，都是功能繁多，而且不断在升级换代，说明书都是厚厚的一本，你必须边使用边研究边学习，这就是一个微型的研究性学习过程，而且这个过程将伴随你的终生。像数码相机、数码彩电、微波炉等等的使用过程都已经变成了研究性学习过程。"研究性学习"已经在你的生活中无处不在，在研究状态下生活，已经是每个人无法避免的事情了。可以肯定，随着知识经济的不断发展，今后生活中需要"研究"的事物将越来越多。

如果一个人在中小学阶段就长期进行研究性学习，养成了研究的习惯和能力，那么今后就能快速适应高新科技发达的社会需要。可以说，当今和未来社会最基础最重要的本领，就是研究性学习能力，有了这种能力，信息素养就会迅速提高，个人独立思考和独立判断能力也会不断提高，科学理性精神也会不断提升，自主创新能力也会不断增强，生活也会越来越主动和积极，各种其他本领也能迅速获得，在知识经济社会中成为受到各行各业最欢迎的人才。

美国著名未来学家托夫勒曾经说过：二十一世纪的文盲是不会学习的人。

我认为可以这样说：二十一世纪的蠢人是不会把学习变为研究的人。

我们每一个人应当尽快实现这个战略转变。

"会当凌绝顶，一览众山小"，如果我们登上了研究性学习这个学习方法的"绝顶"，就能快速获得知识经济社会最需要的本领，那时就能俯瞰苍生，"一览众人小"了！

后生可畏

计算机要从娃娃抓起。

——邓小平

研究更要从娃娃抓起。

——刘　伟

孩子的研究

《中国教育报》曾经登载过一位留学生家长谈他的儿子在美国是怎样"研究"的：

"来到美国后，不知不觉一年过去了，儿子的英语长进不少，放学之后也不直接回家了，而是常去图书馆，不时就背回一大书包的书来。问他一次借这么多书干什么，他一边看着那些借来的书一边打着电脑，头也不抬地说：'作业。'这叫作业吗？一看儿子打在电脑屏幕上的标题，我真有些哭笑不得：《中国的昨天和今天》，这样天大的题目，即使是博士，敢去做吗？于是我声色俱厉地问是谁的主意，儿子坦然相告：老师说美国是移民国家，让每个同学写一篇介绍自己祖先生活的国度的文章。要求概括这个国家的历史、地理、文化，分析它与美国的不同，说明自己的看法。

　　我听了，连叹息的力气也没有了，我真不知道让一个10岁的孩子去做这样一个连成年人也未必能做的工程，会是一种什么结果？只觉得一个10岁的孩子如果被教育得不知天高地厚，以后恐怕是连吃饭的本事也没有了。

　　过了几天，儿子完成了这篇作业。没想到，打印出的是一本20多页的小册子。从九曲黄河到象形文字，从丝绸之路到五星红旗……热热闹闹。我没赞扬，也没评判，因为我自己有点发懵。一是我看到儿子把这篇文章分出了章与节，二是在文章最后列出了参考书目。我想，这是我读研究生之后才运用的写作方式，那时，我30岁。

　　不久，儿子的另一作业又来了，这次是《我怎么看人类文化》。如果说上次的作业还有范围，这次真可谓不着边际了。儿子很真诚地问我：'饺子是文化吗？'为了不误后代，我只好和儿子一起查阅权威的工具书。费了番气力，我们总算完成了从抽象到具体又从具体到抽象的反反复复的折腾，儿子又是几个晚上坐在电脑前煞有介事地写文章。我看他那专心致志的样子，不禁心中苦笑，一个小学生，怎样去理解'文化'这个内涵无限丰富而外延又无法确定的概念呢？但愿对'吃'兴趣无穷的儿子别在饺子、包子上大做文章。

　　在美国教育中已经变得无拘无束的儿子无疑是把文章做出来了，这次打印出来的是10页，又是自己的封面，文章后面又列着那一本本的参考书。他洋洋得意地对我说：'你说什么是文化？其实特简单，就是人创造出来让人享受的一切。'那自信的样子，似乎他发现了别人没能发现的真理。后来，孩子把老师看过的作业带回来，上面有老师的批语：'我布置本次作业的初衷是让孩子们开阔眼界，活跃思维，而读他们作业的结果，往往是我进入了我希望孩子们进入的境界。'问儿子这批语是什么意思，儿子说，老师没为我们骄傲，但是她为我们震惊。'是不是？'儿子问我。我无言以对，我觉得这孩子怎么一下懂了这么多事？再一想，也难怪，连文化的题目都敢做的孩子还有不敢断言的事情吗？

　　儿子6年级快结束的时候，老师留给他们的作业是一串关于'二次大战'

的问题。'你认为谁对这场战争负有责任？'；'你认为纳粹德国失败的原因是什么？'；'如果你是杜鲁门总统的高级顾问，你将对美国投放原子弹持什么意见？'；'你是否认为当时只有投放原子弹一个办法去结束战争？'；'你认为今天避免战争的最好办法是什么？'……如果是两年前，见到这种问题，我肯定会抱怨：这哪是作业，分明是竞争参议员的前期训练嘛！而此时，我能平心静气地寻思其中的道理了。学校和老师正是在这设问之中，向孩子们传输一种人道主义的价值观，引导孩子们去关注人类的命运，让孩子们学习高屋建瓴地思考重大问题的方法。这些问题在课堂上都没有标准答案，它的答案，有些可能需要孩子们用一生去寻索。看着12岁的儿子为完成这些作业兴致勃勃地看书查资料的样子，我不禁想起当年我在中国学二战史的样子：按照年代事件死记硬背，书中的结论明知迂腐也当成圣经去记，不然，怎么通过考试去奔光明前程呢？此时我在想，我们在追求知识的过程中，重复前人的结论往往大大多于自己的思考。而没有自己的思考，就难有新的创造。

儿子小学毕业的时候，已经能够熟练地在图书馆利用电脑和缩微胶片系统查找他所需要的各种文字和图像资料了。有一天我们俩为狮子和豹子的觅食习性争论起来。第二天，他就从图书馆借来了美国国家地理学会拍摄的介绍这种动物的录像带，拉着我一边看，一边讨论。孩子面对他不懂的东西，已经知道到哪里去寻找答案了。

什么是现代社会的基础？

儿子的变化促使我重新去看美国的小学教育。我发现，美国的小学虽然没有在课堂上对孩子们进行大量的知识灌输，但是，他们想方设法把孩子的眼光引向校园外那个无边无际的知识海洋，他们要让孩子知道，生活的一切时间和空间都是他们学习的课堂。他们没有让孩子们去死记硬背大量的公式和定理，但是，他们煞费苦心地告诉孩子们怎样去思考问题，教给孩子们面对陌生领域寻找答案的方法。

美国学校从不用考试把学生分成三六九等，而是竭尽全力去肯定孩子们的一切努力，去赞扬孩子们自己思考的一切结论，去保护和激励孩子们所有的创造欲望和尝试。有一次，我问儿子的老师："你们怎么不让孩子们背记一些重要的东西呢？"老师笑着说："对人的创造能力来说，有两个东西比死记硬背更重要：一个是他要知道到哪里去寻找所需要的比他能够记忆得多的多的知识；再一个是他综合使用这些知识进行新的创造的能力。死记硬背，既不会让一个人知识丰富，也不会让一个人变得聪明，这就是我的观点。"

我不禁想起我的一个好朋友和我的一次谈话。他学的是天文学，从走进美国大学研究生院的第一天起到拿下博士学位整整5年，一直以优异的成绩享受优厚的奖学金。他曾对我说："我很奇怪，要是凭课堂上的学习成绩拿奖学金，美国人常常不是中国人的对手，可是一到实践领域，搞点研究性题目，中国学生往往没有美国学生那么机灵，那么富有创造性。"我想，他感受的可能正是两种不同的基础教育体系所造成的人之间的差异。中国人太习惯于在一个划定的框子里去施展拳脚了，一旦失去了常规的参照，对不少中国人来说感到的可能往往并不是自由，而是惶恐和茫然。

我常常想到中国的小学教育，想到那些课堂上双手背在后面坐得笔直的孩子们，想到那些沉重的课程、繁多的作业、严格的考试……它让人感到一种神圣与威严的同时，也让人感到巨大的压抑与束缚，但是多少代人都顺从着它的意志，把它视为一种改变命运的出路。这是一种文化的延续，它或许有着自身的辉煌，但是面对需要每个人发挥创造力的现代社会，面对明天的世界，我们又该怎样审视这种孕育了我们自身的文明呢？"

这位留学生家长的叙述生动有趣，思考也很深刻。我们发现，美国老师处处都在鼓励学生以研究的态度和方法来学习，作业都是想方设法促进学生提高信息素养和自主研究能力，特别是独立思考和判断能力，这是能激发孩子潜能并符合未来世界发展方向的。

从这个例子中，我们还发现，研究性学习必须从孩子开始，也完全可以从孩子开始。

前面我们曾经提到过，一位诺贝尔奖获得者曾经发出过这样的忠告："培养一位杰出科学人才的最好方法就是停止当学生，直接成为研究者。"而且越早开始研究越好。

从这位家长的思考中还让人感到：引导学生尽快把学习转变为研究，更深远的意义是再造文明——把一个传统的继承性的文明，改造成一个创造性的文明。

催人警醒的数字

我国媒体曾经报道：我国汽车总产量逐年上升，如今已经超过一千万辆，但其中90%是国外汽车"舶来品"，真正拥有自主知识产权的仅占10%。不仅是汽车，DVD、空调、彩电、电脑、手机……这些我们生活中的日常用品，虽然许多是国产品牌，但核心器件大多来自国外。

中国科技大学迅飞信息有限公司总裁刘庆峰曾在全国人大上发出这样的警告："中国企业以世界上廉价的劳动力，消耗着大量的能源，承受着巨大的污染，生产出大量的廉价商品。而掌握核心技术的外国人，只需签署一纸技术转让合同，就胜过千军万马，可以抽走中国企业一大半的血汗钱。"

有这样一组令人震惊的数字：我国申请专利数量最多的10家电子信息企业，5年申请专利的数量总和仅相当于美国IBM公司一年申请的专利数量。在医药生物领域，几乎所有药物的专利均为发达国家所拥有。我国的产业链主要集中在加工制造环节，而最重要得两端被跨国公司和国际资本垄断和控制。一端是研发环节，大部分设计和技术依靠引进。另一端是市场营销和品牌资源。而这两端，都是最需要综合能力和创新精神的环节，也是创造利润最多的环节。这说明我国企业非常缺乏自主创新能力，重要原因之一是我国教育培养出来的人缺乏创新精神和能力。可以说，增强中国人的自主创新能力，已经成了我国可持续发展的关键，这也是当今世界各国竞争的焦点。

要想大规模地、不断地培养出有自主创新能力的人才，关键在于把传统被动式、传授式、继承式、应考式的学习方式改为面向未来的、兴趣引导的、不脱离实践的、探究式的研究性学习，并且要尽早从娃娃抓起，把我们的教育和培训体制变成研究体制，把中国传统的考的文化变为研究的文化，把学习型组织变为研究型组织。如果不这样做，中国很快就将变成发达国家的知识殖民地。

杨振宁教授曾经在我国西北地区中小学校长培训班上说过："中国学生最大的问题是不会研究。"他说清华大学的学生素质并不比美国哈佛大学的学生差，但研究能力和创新精神就差了许多。原因就在于我国的中小学教育以前是不开展研究性学习的，而美国学生从幼儿园就开始了研究，熏陶了十多年，研究能力和自主创新精神自然大大超过中国学生。在这个创新决定一切的时代，迅速把学习变成研究，已经成为我国教育界和每个人的当务之急。

启 示

从前面提到的美国孩子的研究中，我们发现，研究课题引导着孩子们去学习相关知识，正是这种按研究的程序进行的学习，使学习过程变得主动、积极、充满乐趣，是边做边学边思考，边学边用，是一种"做中学，学了就做"的方式，与教育家陶行知极力倡导的"做中学，行中知"、"教、学、做合一"的理念是一致的。

我们还看到，这种"研究性学习"主要在于培育一种科学的精神和态度，同时能掌握研究的基本程序和方法，与研究者的年龄和知识程度并无太大关系。

学生在完成某个问题的研究后，基本上就体验到了科研的基本方法和过程。更高层次的研究，不过是涉及的人更多、需要的知识更广更深、研究的工具更先进、思维的深度和广度更大而已，而科研的方法和过程本质上是相同的。这对孩子从小培育科学精神，实际体验科研的基本方法和过程，以及体验知识的形成过程极有意义。在研究过程中，知识的量的多少并不是最重要的了，真正重要的是好奇心、兴趣、程序、方法、信息的搜集和整理、思考、讨论、工具运用、合作等等能力的培养，而这些能力，正是知识经济社会最需要的本领。

研究过程本身就会启发孩子认识到：自然界和人类社会中充满了各种各样令人好奇的问题，这些问题并不一定高深莫测，许多就发生在人们周围，与人们的生活密切相关。这就激发了学生的好奇心和"问题意识"，这是一切科学研究的起点。学生们用自己搜集得来的信息和数据在电脑上进行分析、思考、总结，这就培养了学生有一分证据说一分话的实事求是的科学精神，也掌握了研究的思维方法和使用电脑的能力，还学会了怎样调查，怎样搜集整理信息，怎样写小论文，怎样讨论、怎样发布科研成果，有效地培养了学生的综合能力。这比单纯书本上的、为考试的学习，效果要好得多，这是一种以培养综合能力为中心的、主动的、探索性的学习，这种研究性的学习可以把知识直接转化为本领，而且可以培育学生的自主创新能力。

美国小学的孩子都开始了研究，那么，我们是不是也应当立即开始研究呢？

钱学森是怎样成为杰出人才的?

为什么我们的学校总是培养不出杰出人才?

——钱学森

钱学森生前曾经五次向温家宝总理发问:"为什么我们的学校总是培养不出杰出人才?",此问让温家宝总理坐卧不安,各界有识之士随后发表了许多文章试图回答这个问题,国务院很快出台了《国家中长期教育发展纲要》,中央和各省市教育工作会议相继召开,各种教育改革发展规划陆续出台,一场教育改革的大幕正在拉开······

关键人物的影响

钱学森是国内外公认的杰出人才,在设计教育改革蓝图的时候,我们是不是应当首先思考一下:钱学森是怎样成为杰出人才的?他自己的经历正是成为杰出人才的最好注脚。

一个人成为杰出人才,肯定有从宏观到微观、从天赋到环境的诸多原因,谁都无法预料哪个人今后能成为杰出人才。但在成才的诸多原因中必然有一些是主要和决定性的原因,那么钱学森成为杰出人才有些什么关键性的原因呢?

在个人成才的过程中,关键人物的影响往往起着重大作用。钱学森曾亲笔写下一份珍贵文件，回忆在他一生中给予他深刻影响的人，总共有17位：

1. 父亲钱家治——写文言文

2. 母亲章兰娟——爱花草

3. 小学老师于士俭——广泛求知，写字

4. 中学老师董鲁安（于力）——国文，思想革命 俞君适——生物学 高希舜——绘画、美术、音乐 李士博——矿物学（十级硬度） 王鹤清——化学（原子价） 傅仲孙——几何（数学理论） 林励儒——伦理学（社会发展）

5. 大学老师钟兆琳——电机工程（理论与实际） 陈石英——热力学（理论与实际）

6. 预备留美 王助——经验设计

7. 留美 冯.卡门

8. 归国后毛泽东周恩来聂荣臻

这份名单中，给人最突出的印象是：最多的是中学老师，在17位人物中占了七位，而且全是当时的名牌中学北京师范大学附中的老师，可见中学教育给了钱学森极大的影响。

中学生处在从少年向青年转变的年龄，是世界观、人生观形成的关键时段，中学生好奇心最强、求知欲最旺、心理动荡最剧烈、思想上最困惑，属于半熟不熟的年龄段，这时他们最需要导师式人物的帮助。如果这时有名师指点，对他们今后人生的发展就会产生极大的影响。

中学的重要性

当年陈景润萌生研究"哥德巴赫猜想"的志向，就是在福州英华中学读书时，极为偶然地听了清华大学教授沈元讲的一次数学课。学识渊博的沈教授在课上给同学们介绍了数学界著名的"哥德巴赫猜想"，引发了陈景润浓厚的兴趣，后来陈景润终生矢志不渝地研究"哥德巴赫猜想"，取得了国际领先的成就，被数学界赞誉为"移动了群山"。

钱学森提到的林励儒老师，当时是北京师范大学附中的校长，新中国成立后曾任教育部副部长。他力主教育改革，反对灌输式的死记硬背。钱学森回忆说："我从1923年到1929年在北京师范大学附属中学念书。那个时代，在北京办学是非常困难的，但是，当时的校长林励儒先生能把北京师范大学附属中学办成质量上乘的第一流学校，实在难能可贵。他实施了一套以提高学生思维为目标的教学方法，启发学生学习的兴趣和自觉性。当时我们临考都不开夜车，不死读书，不一味儿追求考高分，能考80多分就是好成绩，只求真正掌握和理解所学的知识。我在读书时，没有死背书，看了许多书，但从不死读书，而是真正理解书。"

一位好校长就能带出一所名校，关键就是他的教育理念先进，不以考试分数为唯一标准。反观当今的中国，许多中学的硬件条件比当年的北京师范大学附中不知好了多少倍，但不少中学甚至一些所谓"名校"却加班加点补课拼命抓升学率，分数第一的氛围弥漫校园，大量的电脑和先进的设备都在为应试教育服务。甚至许多中学高考结束后在媒体上大肆炒作高考状元和升学率，拼命想把学校办成升学率奇高的县一中的样子，以显示自己的"政绩"（而非"教绩"）。这样的中学能培养出钱学森式的杰出人才吗？

一位广东省督学曾在一次讲座中谈到：他去参加一所省重点县一中的六十周年校庆，发现这所中学虽然历年升学率很高，但却找不到一位杰出人才，毕业生虽然高考成绩都很好，但却在后来的人生道路上表现普遍平庸，可见应试教育很难培养出杰出人才。这种帮人一阵子误人一辈子的县一中，会毁掉多少钱学森！

全面、平衡、和谐的教育

我们还发现，那七位中学教师对钱学森的影响是全面的。钱学森回忆到："国文老师董鲁安（即于力）、化学老师王鹤清、数学老师傅仲孙、生物老师俞谟（俞君适）、美术老师高希舜等讲课都各有特色，给我中学时代的数、理、文等课程打下了良好的基础。我们的美术老师高希舜（后来成为著名的国画大师），暑假里开办暑期绘画训练班，教画西洋画，父亲很支持我去，我买不起油彩就用水彩学画，也学画中国画，后来我画得还不错。国文老师是董鲁安，他思想进步，常在课堂上议论时弊，厌恶北洋军阀，欢迎国民革命军北伐，教我们读鲁迅的著作和中国古典文学作品。到了高中一年级时，我对用文言文写文章小品特别感兴趣。我们的音乐老师也非常好，上课时，他用一部手摇的机械唱机（当时没有电唱机）放些唱片，教我们学唱中外名曲，欣赏各种乐曲，如贝多芬的第九交响乐等，后来，贝多芬憧憬世界大同的声响，一直在我心中激荡。"

几何课老师傅仲孙说："公式公理，定义定理，是根据科学、根据逻辑推断出来的，在课堂如此，到外面如此，中国如此，全世界如此，即使到火星上也如此！"钱学森从此懂得了数学的严谨和普遍性，并上升到哲学层面来理解数学。

化学课老师王鹤清开放化学实验室。谁有兴趣做化学实验，随时都可以去做。生物课俞君适老师（原名俞谟，后来任江西南昌大学生物系教授）则带领同学们去野外采集标本，解剖蜻蜓、蚯蚓和青蛙。这两位老师培养了钱学森的观察和动手能力。

北京师范大学附中很注重外语教学，有的课程用英语授课，钱学森的英语基础就是那时打下来的。到了高中二年级，钱学森还选修了第二外语德语。钱学森后来说，我高中毕业时，理科课程已经学到大学二年级了，考上公费留学美国是靠附中打下的基础。

在钱学森读初一时，学校请了鲁迅先生来校作《未有天才之前》的著名演说，其中讲到："天才并不是自生自长在深林荒野里的怪物，是由可以使天才生长的民众产生、长育出来的，所以没有这种民众，就没有天才。"从某种意义上说，没有北京师范大学附中这样的名校，钱学森这样的杰出人才也很难冒出来。

我们看到，当年北京师范大学附中的教育是非常全面又高水平的，文、理、外语、艺术、实验、动手并重，还经常请校外的名人学者来开讲座，使钱学森不但数理化成绩突出，连文言文、外语、美术、音乐修养都很好，这样成功的通才教育是他日后成为杰出人才的重要原因。

古今中外的杰出人才，大多像法国启蒙学者狄德罗指出的那样：精神浩瀚、想象丰富、心灵勤奋，都是早年通才教育结出的硕果。爱因斯坦说过："如果没有早期的音乐教育，我将一事无成。"可我国当今许多中学，为了考试分数高，尽量压缩体育、音乐、美术、通用技术等副课，甚至经常把代表教育改革方向的研究性学习取消，增加奥数等考试类课时，学生各种偏题怪题做得没完没了，极为短视地培养畸形的考试高手，这样的中学怎么可能培养出钱学森式的杰出人才？

温家宝总理在视察某大学时说："钱学森之问对我们是个很大的刺痛，也是很大的鞭策。钱学森先生对我讲过两点意见，我觉得对同学们会有用，一是要让学生去想去做那些前人没有想过和做过的事情，没有创新，就不会成为杰出人才；二是学文科的要懂一些理工知识，学理工的要学一点文史知识。"这其实就在要求学校要培养学生的创新精神和实施通才教育。

我国已经提出要在2020年实现教育现代化，这在硬件方面不难办到，更关键的是要兴办一批像当年北京师范大学附中一样的名校，而关键的关键又在于有一批林励儒式的校长和一大批各学科高水平的名师，一切改革最终都要靠人来实现。我国教育界能否也"去想去做那些前人没有想过和做过的事情"，拿出勇气，打破旧框框，面向国内外大批招聘教育家式的校长和名教师，只要第一流的人才进入中学，再配以教育体制和高考制度改革，放手让林励儒式的校长自主办学，给他自主招聘老师、自主设计课程、自主管理的权力，未来中国就会大批地涌现钱学森式的杰出人才，中国教育就会领先世界。

第四辑 <<<

成才之路:

　　快乐的探索之旅

跟着兴趣走

知之者不如好之者，好之者不如乐之者。

——孔 子

砸在头上的砖块

诺贝尔物理学奖获得者、德国物理学家普朗克走上研究物理学的道路，是一个非常偶然的原因促成的。

普朗克小时候爱好音乐，又喜欢文学，曾经想当一个艺术家。他上中学时，在一次物理课上，听老师缪勒讲了一个能量守恒的故事：一个泥瓦匠花了很大的力气把一块砖搬到屋顶上，砖在屋顶上静止着，似乎没做什么功。但泥瓦匠做的功并没有消失，而是变成能量贮存下来了。多年后，这块砖因为屋顶风化松动掉了下来，正好砸在某个路过的人的头上，这时泥瓦匠贮存在砖块中的能量就被释放出来了……

这个生动说明能量守恒的故事给普朗克留下了终生难忘的印象，引发了他对物理学的浓厚兴趣，从此他转向研究物理学，而且研究兴趣保持了终生，成为量子力学的开创者和奠基人，最终获得了诺贝尔物理学奖。

一个故事激发出来的兴趣竟然能改变一个人的奋斗方向，进而影响了他的一生，最后催生了一门新学问的诞生，我们怎么能不高度重视兴趣的作用？

跟着兴趣走

在上世纪二十年代，曾有一位即将出国留学的北大学生问胡适教授该怎样选择专业？胡适告诉他：跟着兴趣走。

中外历史上许多著名的科学家之所以取得重大的研究成果，几乎都是因为他们对科学研究充满了浓厚的兴趣，而且这种兴趣保持了终生。

达尔文从小就对大自然充满了浓厚的兴趣，他很小就开始到郊外收集各种动植物，然后认真地制作成标本。中学毕业后，他应父亲要求去了爱丁堡大学学习医学，因实在没兴趣而中断了学业，后来又转入剑桥大学学习神学，但达尔文仍然把大量的时间和精力花在了阅读生物学书籍和采集动植物标本上。他曾在自传中回忆道："在剑桥的时候，没有一项工作比收集甲虫使我更为热心，更感兴趣了。"后来，正是这种对生物学的强烈兴趣驱使他在1883年登上"贝格尔"号军舰，开始了举世闻名的环球考察，经过长期的研究，最终他写出了轰动世界的巨著《物种起源》，提出了进化论，在科学上做出了划时代的贡献。

蜚声全球华人企业界的管理大师石滋宜博士小时候很喜欢画画，并得过许多奖，他很想将来当个画家。但他父亲告诉他：当画家既不能喂饱肚子也没有前景，你要好好考虑。他仔细想了想，觉得自己的兴趣也不仅仅在画画一项上。他父亲从事国际贸易，常常从国外买很多玩具给他玩儿，例如老式的照相机，他不仅喜欢玩儿，还会拆开来研究结构，然后思考原理并重新组合，这种过程使他形成了喜欢研究机械材料和动手的兴趣。他后来根据这个兴趣选读了大学材料学专业。由于对材料学非常感兴趣，他常常过于投入而废寝忘食，乐在其中，一点儿不觉得辛苦，后来他成为了材料学专家。

曾经两次获得诺贝尔奖的居里夫人曾经说过："怎么会有人对科学研究不感兴趣呢？有什么能比支配大自然和人类社会的不变定律更吸引人？比起它们来，小说显得多么肤浅，绘画是多么缺乏色彩，神话是多么缺乏神秘，诗歌又是多么缺乏想象啊！"

兴趣与人生

美国一位高中生被哈佛大学录取了，他的父亲给他写了这样一封信："我并不注重你在学校的学习成绩，那是靠不住的，关键是你一定要在学生时代找到自己的兴趣点，并努力去发展它。因为，在你学习的时候，强烈的兴趣会使你全身心地投入。找到自己真正感兴趣的方向，然后全身心地投入进去，激发出你身上的全部潜能，最终在这一领域取得成功，孩子，这就是我希望你做到的。"

根据哈佛大学的研究，如果一个人对他所学的专业兴趣浓厚，那么，他的学习积极性就非常高，就能发挥他全部力量的70%到80%。哈佛大学的研究人员曾对1500名大学毕业生做过这样一个调查：希望毕业后以赚钱为目的的有1255位，占83%（A类）；希望毕业后为了爱好去追求目标的有245位，占17%（B类）。10年后，1500名毕业生中有100位成为百万富翁，但其中只有一位是当初的A类学生，其他都是追求爱好目标的B类学生，也就是说，追求爱好者几乎有40%的人能够成功，而以赚钱为目的的人能成功的比例却不到千分之一，这在概率论中称为"不可能事件"。这说明，做你最感兴趣的事，只向兴趣方向耕耘，而不计较金钱的收获，将使你更易成功，也更可能获得金钱财富。相对于兴趣爱好，赚钱只是附带而来的结果。

研究更是如此，如果一个人没有研究的兴趣，世界上再好的研究方法和设备对他也是没用的。

知之者不如好之者，好之者不如乐之者

我国有许多学习方面的警句，什么"书山有路勤为径，学海无涯苦作舟"；什么"只有不畏艰险努力攀登才能到达光辉的顶点"；甚至"头悬梁，锥刺骨"、"卧薪尝胆"，把学习过程形容得如此恐怖。"苦"、"艰险"成了学习的代名词，学习让人觉得不是一个充满乐趣的享受过程，而成了受难过程。多少家长在这些警句的误导下，不管孩子的兴趣和潜能，强迫

孩子学这学那。多少学生盲目刻苦，还以为这是"有毅力"，最后学成了木讷的书呆子。

孔子说过："知之者不如好之者，好之者不如乐之者。"对学习的内容"乐之"，也就是有强烈的兴趣，能充分体验到知识本身之美，学习过程成为享受过程，才能使学习变得自觉和有趣，学习效果也最好，更能把知识学活，变成自己生命的一部分。爱因斯坦说过：兴趣是最好的老师。

笔者曾听一位中学语文教师说过，她班上有个顽劣的男生，作文写得一塌糊涂，但给女生写的情书却声情并茂精彩至极。原因就在于他有强烈的兴趣，平时特别喜欢研究情书的写法，久而久之，他无师自通，写情书根本不用老师教了。在如今竞争激烈的时代，如果你学习的不是你最感兴趣和最擅长的东西，你就不可能出类拔萃，很难竞争得过别人。

兴趣与性灵

在学习上，兴趣是最好的老师，在研究中，兴趣更是最好的导师。

要正式开始研究，最好先选择一个自己感兴趣的研究课题入手。

石滋宜博士在《将兴趣发展成自己的核心专长》一文中谈道："人生跟企业经营一样，就是要发挥自己的核心专长，而个人的核心专长要建立在自己的兴趣上。我在学习材料科学的过程中，更学习到了'如何学习'的能力。如果你在某一个领域'专'了之后，就会非常容易进入到其他领域。因为我们在一个领域'专'了之后，就能从中学到适合自己深入学习与快速学习的方法，有了这些方法，未来不管进入到什么样的新领域，也都能学得好。每个人可能有许多种喜好，可以从中选出最适合自己也最有发展前景的，并将它发展成为自己的核心专长。"

兴趣引导下的研究性学习，能增人性灵。这种研究性学习充满了探究未知的乐趣。兴趣带来的勤奋与盲目的勤奋有质的区别，前者增人性灵，后者戕害性灵。我国著名田园诗人陶渊明说自己读书往往"每有会意，便欣然忘食"。他入迷到"忘食"的地步，正因为他"会意"之后觉得"欣然"，也就是强烈地感到了读书的乐趣，这种乐趣是一种高层次的精神享受。

兴趣还能使人体验到智慧之美，能使人更有品位和格调。居里夫人说过："我一直沉醉于世界的优美之中，我所热爱的科学也不断增加它崭新的远景。我认定科学本身就具有伟大的美。一位从事研究工作的科学家，不仅是一个技术人员，而且是一个小孩儿，好像迷醉于神话故事一般，迷醉于大自然的景色。这种科学的魅力，就是使我能够终生在实验室里埋头工作的主要原因。"

天地有大美，科学家们从事科学研究，根本上是一种审美活动。研究兴趣从根本上说，就是审美情趣。如果不能从研究中体验到乐趣和美，那绝对研究不到多高的水平，也很难有新的创意，人的性灵也会逐渐丧失，还会变得日渐功利和俗气，整个人的格调会降低。研究使人的性灵丧失，是得不偿失的。如果研究过程戕害人的性灵，让人体验不到乐趣和美，只有苦和累，还不如不研究。保持人原初的朴实和率真，比变成个眼光呆滞、缺乏情趣的书呆子更符合人性。林语堂先生在文学上最推崇以袁宏道为代表的性灵派（也称"公安派"），在研究中，我们也应当做个以兴趣为导向的性灵派，这是研究中的以人为本。

性灵出万象，风骨超常伦

印度曾有一个十多岁的狼孩被救回人间，但人类学家们费了九牛二虎之力也无法让他恢复人的说话和行动能力，他只能像狼一样吃生肉，发几个简单音，白天睡觉，晚上活动，长期保持许多狼的特性。原因就在于他童年时期就跟狼一起生活，失去了人的性灵，而性灵一旦失去，终身都无法恢复。

目前我国许多老师和家长对孩子的教育方法其实就是在培养狼孩，联手努力把孩子的性灵早早掐灭。未来社会最需要的人是具有自主创新能力的人，这种能力直接依赖于人的性灵，而性灵的开发和保持全靠兴趣。

因此学校老师和家长必须把激发和保护学生的兴趣放在第一位，宁可少学点儿知识，也要想方设法激发孩子们对探索和研究的兴趣。但许多老师和家长的关注焦点都在考试成绩上，没多少人关心孩子是否有浓厚的研究探索兴趣以及怎样激发和保护这种兴趣。甚至不少老师对自己教的课程都缺乏兴趣，有性灵的老师越来越少，造成恶性循环。

孩子必须有大量自主和自由的时间来培养自己的兴趣，但许多老师和家长把孩子的时间填得满满的，学校补课，家长找家教，逼孩子上各种培训班，以为学得越多越好，这种状况只会更早地使孩子失去学习和研究的兴趣，绝对培养不出具有自主创新能力的人。如果在起跑线上就把孩子的性灵给掐灭了，那么孩子必定会输在人生幸福这条终点线或半途上。学校考不到的，社会一定会考到。那时，老师和家长们都负不了责了，只剩下缺乏自主创新能力的孩子自己独自面对瞬息万变的社会，到时孩子那种惶惑迷茫是可以想见的。

我们要学习，但要选择增人性灵的学习方法，研究性学习就是最增人性灵的学习方法。

一切知识都是为人的自我认识和自我发展服务的，而不是人为知识服务。六经应当注我，而不应当我注六经，人不能成为知识的附庸，被知识奴化和异化，而要用知识来为人自身的完善服务。我们要成功，但要追求内外和谐又平衡的成功。世间万物，人是最宝贵的，而人的性灵又是宝中之宝。唐代诗人高适诗曰：性灵出万象，风骨超常伦。性灵使人风情万种，潇洒飘逸，自然形成脱俗的风骨，生活品位和格调自是非同一般。有性灵的人最美，最可爱，最有创意，最有品位。性灵丰沛的人越多，社会便越有格调。有性灵的民族才能人才辈出，创意无限，朝气蓬勃。

态度决定一切，对大自然和人类社会有了强烈的兴趣，并且根据兴趣选择了具体的研究课题，那么研究才算真正地开始了。

仰观宇宙之大，俯察品类之盛

观察、观察、再观察。

——巴甫洛夫

有趣的实验

现代化学方程式的创始人，铈、钍、硒三种元素的发现者瑞典化学家柏济利阿斯曾在一次化学课上严厉批评听课的大学生，说他们都是些庸才，不可能成为化学家，因为他们全都缺乏化学家卓越的观察能力。学生们当然不服，纷纷反问他为什么如此乱下结论。

柏济利阿斯听完学生的反驳后，心平气和地说："我们还是先做个实验吧，至于我责备你们的根据，要等实验完毕才告诉你们。"

柏济利阿斯从实验台上拿起一个瓶子，把煤油、沥青及白糖的溶液混在一起，然后伸进一个手指，又把手指再放到嘴里，用舌头尝这种混合液体的滋味。然后，他又把瓶子递给学生，让他们每人都品尝一下，再鉴别是什么液体。柏济利阿斯强调，这种液体无毒，它的外表和气味儿都不足为据，必须亲口尝尝才能鉴别。学生们都老老实实按他的样子做了，只见他们一个个吐着舌头，一副愁眉苦脸的样子。

半个小时过去了，没有一个学生能回答教授所提出的问题。柏济利阿斯不禁哈哈大笑起来："亲爱的同学们，你们上当了！看来我的批评是有根据的，你们中间没有一个人善于观察，我伸进瓶子里的是中指，而放进嘴里的却是食指，这个细节你们谁也没有发现，你们都真的品尝了同一个手指上的溶液。"

可见观察是最简单的，但又是最容易被人忽略的一种能力。

在研究过程中，观察往往是研究的第一步，从观察中发现问题再转化为研究课题，是许多研究过程的开始。

大自然和人类社会充满了各种有趣和神秘的现象，人类历代积累下来的知识中也存在许多缺陷和不足，如果你善于观察，从中就能发现许多有趣的问题。

观察 观察 再观察

法国昆虫学家法布尔为了了解雄蚕蛾是如何寻找雌蚕蛾交配的，整整观察了6年。他还连续观察了蜣螂的生活习性40年。观察昆虫的活动，已经成了法布尔的习惯。正是在这种长期观察的基础上，最终使法布尔写出了轰动世界的名著《昆虫记》。

观察是一切研究的开始，也是研究过程中处处需要的能力。俄罗斯著名生理学家、条件反射理论的创始人巴甫洛夫在自己的实验室里贴着"观察，观察，再观察"的座右铭。

细菌学家弗来明因一次偶然的观察而发明了青霉素，并因此获得了诺贝尔奖。他说："我唯一的功劳是没有忽视观察。"

1929年的一天早晨，弗来明和平日一样认真观察他在培养碟内培养的各种细菌，他无意中发现培养葡萄球菌碟子里的葡萄球菌溶化了，而从空气中飞来的一种绿色霉菌却繁茂地生长着。这对细菌学家本是司空见惯的事情，本可以不屑一顾，但却引起了弗来明的思考：这有可能是一种非常强大的杀菌物质，才会使这些顽固的葡萄球菌被杀死。他和他的两位助手李雷和克拉多克不是只停留在理论的思索之中，而是立即将这种绿色的霉菌进行培养、提炼。经过精心培养、提炼的霉菌经过试验，发现具有强大的阻止葡萄球菌繁殖的能力，同时又证实这种新的霉菌是人类有史以来从未发现过的，是对细菌最具杀伤力的新物质。11年后，弗来明发表过的论文引起了英籍病理学家法劳来的重视，法劳来夜以继日地工作，经过无数次的培养提纯，终于在1941年培养出了较为理想的青霉素样品。

1941年，法劳来和西德雷从英国来到大洋彼岸的美国，克服了人们难以想象的种种困难，建立了世界上第一个生产青霉素的工厂。自青霉素被发现以来，相继研制成功的抗菌素如雨后春笋般涌现了出来，如链霉素、氯霉素、金霉素、土霉素、庆大霉素等等。这些抗菌素的临床应用使往日猖獗一时的传染和感染性疾病得到了有效的控制，自1943年青霉素应用于临床以来，各种抗菌素已挽救了世界亿万人的生命。

一次不起眼的观察，创造了多么惊人的奇迹！

博物智能

美国哈佛大学教授加德纳曾提出了人的七种智能理论，他后来发现人类还有一种智能：博物智能。拥有博物智能的人，特别善于观察大自然中的各种生物并进行分类整理。博物智能的代表人物是达尔文，他的巨著《物种起源》，就是靠对生物标本和化石的长期观察和分类整理而奠定基础的。

法国启蒙思想家、法学家孟德斯鸠在《波斯人信札》中说过："我以观察为生，白天所见所闻所注意的一切，晚上一一记录下来，什么都引起我的兴趣，什么都使我惊讶。"正是这种强烈的好奇心和观察能力，使孟德斯鸠成为了启蒙思想家。

现代社会正快速进入信息文明时代，互联网的普及，使许多青少年沉浸在网络营造的虚拟环境中，不愿与大自然和社会接触，极为缺乏深入观察大自然和人类社会的兴趣和能力。当今世界急需治理生态危机和减轻环境污染，保持生态平衡，特别需要大批具有博物智能的人才。已有科学家预言，今后博物智能将是社会最需要的智能，而这种智能主要就是靠经常观察大自然中的各种生物才能获得。

脱掉大衣

怎样才是科学的观察呢？

苹果坠地，水蒸汽冲动壶盖，这些是谁都见惯了的现象，但牛顿和瓦特却从中发现了万有引力定律和蒸汽机的原理。这说明，观察时要特别注意事物背后比较隐蔽和稍纵即逝的东西，善于发现一般人不容易发现的规律。

观察的方式更是多种多样，有长期观察法、重复观察法、比较观察法、间接观察法、隐蔽观察法、整分合观察法等等。

整分合观察法是现代科研用得越来越多的观察法，这种方法就是先整体观察，然后从不同角度进行观察，观察事物的各个方面、各种特性，最后再观察它们之间的联系，从而对事物有一个整体的认识。这种观察法兼顾了分析性的观察和综合性的观察，是比较全面的观察法。

不管采用哪一种观察方式，在观察前，都要有明确的观察目标与目的，制订详细周到的观察计划，拟订严谨系统的观察提纲。

观察的目的性，就是要求你能做到：有明确的观察对象、观察的要求、观察的步骤和观察的方法。具体就是指：观察什么？在什么时间观察？在什么地点观察？观察多大范围？观察多少次数？用什么方式观察？用什么仪器和技术手段观察？按什么顺序观察？是先整体后局部，还是先局部后整体？通过观察要达到什么目的？

特别要强调的是，科学观察要求客观、真实、不能有先入之见，观察时要排除一切主观因素。自己的看法和结论，应当在课题研究结束的时候自然得出。英国著名科学学家贝尔纳说过："走进实验室，摆脱掉你的想象力，就像脱掉了身上的大衣一样。"科研需要想象力，但观察的时候不需要想象力，只需要记录客观的事实和数据。

你还应当把观察到的现象写下来，最好能做一个观察日记，从观察记录中挑选出你最感兴趣的问题，然后针对这一问题去做一些资料收集工作，确认该问题转化成研究课题的可行性。达尔文当年就写了大量详细的观察日记，为写作《物种起源》奠定了基础。搜集资料时，还要及时记下资料的来源，今后写研究论文时作为引用的根据。你还可以去请教导师和专家，从他们那儿得到观察方法的直接指导。

前期的观察工作都做好了，你就可以从中发现问题并确定自己的研究课题了。

猫是左撇子还是右撇子？

研究无禁区。

——刘 伟

进入研究过程首先要选择一个合适的研究课题，那么该怎样选择研究课题呢？

猫是左撇子还是右撇子？

留美博士黄全愈曾经写了一篇《孩子能不能搞研究？》的文章，其中举了许多例子说明孩子也可以搞研究，而且越早开始研究越好。他在文章中介绍了美国一所中学的学生选择的研究课题：

——音乐（古典音乐，乡村音乐，摇滚乐）对植物生长的影响

——色彩对植物生长的影响

——食物的色彩对消费者心理的影响

——狗靠什么来选择玩具？

——猫是左撇子还是右撇子？

——辛辛那提地区的气温与环保

——老鼠有决策能力吗？

真可以说是五花八门，甚至匪夷所思。

从这些课题中可以发现，美国中学生选择研究课题时思路开阔，想象力丰富，充满趣味儿。

我国深圳翠园中学的同学们选择了这样一些研究课题：

——客家文化研究

——高层建筑（以深圳地王大厦为例）的特点

——深圳新一代人的理想职业

——深圳中学生消费观研究

——流行音乐与年轻一代

——中学生早恋问题研究

——沙头角中英街的商业发展

——大都市环境与光污染研究

——深圳人向西部发展研究

——网络个人隐私保护研究

——黑客问题研究

——深圳宠物市场研究

——深圳中学生电声乐队暑假专场演出活动方案

（摘自深圳翠园中学《研究性学习课程示范实施全景》）

我们看到，深圳中学生选择的课题非常具有深圳特色，而且范围也比较广泛，大多与中学生的生活密切相关，但课题的广度和趣味性似乎不如美国中学生，有些过于严肃。其实，研究无禁区，研究课题可以丰富多彩，越有趣越能调动同学的研究积极性。

表面上看，选择研究课题似乎很容易，其实选题关系到后续研究的成败，必须认真对待。

课题选择的误区

选择研究课题容易出现如下的误区：

选择研究课题时，最容易犯的毛病就是选题过大，使课题不具备研究的条件。

我国某中学高一年级的一个研究小组选择了这样一个课题《人类潜能研究》，这个课题就大得吓人。首先，多大范围算"人类"？全世界那么多国家，那么多民族，选哪些国家的哪些民族的人来研究才能代表"人类"？即使选出来了，能有条件去研究吗？另外，什么叫"潜能"？光把这个概念弄清楚就是一件不容易的事情。而且人的潜能有许多种，你应当选哪些来研究？要花多长时间来研究？用什么方法来研究？取得什么样的成果？可以说，人类潜能研究是一个世界性的难题，牵涉到众多学科，是人类历史上一个亘古常新的问题，这样大的尖端课题，是中学生没有条件也没有能力去研究的。

研究既要异想天开，也要脚踏实地，应当在自己的能力和条件容许的范围内去选择研究课题，否则将会使自己的研究难以进行下去，挫伤自己的自信心和研究兴趣。

课题缺乏适当的研究时限。前面我们提到的研究课题《老鼠有决策能力吗？》老师规定用两个半月的时间来完成。课题研究有没有时限大不一样，有了时限，无形中对研究者就有了一种压力。适当的压力往往会变成动力，能激发出人的潜能。根据国内外许多学校的经验，不超过一年时间能完成的课题是比较适合中小学生的课题。这方面，也要多听听导师和专家的意见。有职业的成年人主要利用业余时间来研究，可以把时限定得长一些。托夫勒研究世界未来发展趋势，撰写《第三次浪潮》用了十年时间。马克思研究资本主义的发展规律，撰写《资本论》竟然花了四十年的时间！

不善于利用业余时间来研究。许多人总觉得"研究"是一件非同小可的事，必须有大量专门的时间来进行。人们迟迟不愿开始研究的一个重要原因，就在于认为"没有时间"。其实，前面我们已经反复分析过，研究并不神秘，人人都可以从事研究。同样，研究也并不一定需要大量专门的时间，完全可以利用业余时间来进行。

1905年，年仅26岁的爱因斯坦是瑞士伯尔尼专利局的小职员，他充分利用业余时间研究物理学，那年他在《物理学年鉴》上连续发表了五篇论文，其中最重要的是提出了狭义相对论、光量子假说、光电效应。爱因斯坦同时在这三个领域做出了开创性的贡献，震动了全世界。爱因斯坦当时并没有与世界第一流科学家接触的机会，也缺乏良好的科研条件，但他全凭业余研究在一年内连续取得了多项影响深远的科研成果，直到100年后的今天，仍然没有人能超越他，1905年因此被称为"爱因斯坦奇迹年"。爱因斯坦奇迹充分说明了利用业余时间来研究同样可以取得震惊世界的科研成就，在当今互联网发达的信息社会，研究条件比当年爱因斯坦的研究条件不知好了多少倍，我们还有什么理由不开始研究呢？

课题不能与业余爱好结合起来。有些人选择的课题与自己的业余爱好没多大关系，这样的课题往往在研究中不能深入持久，很难达到较高的研究水平，而且无法使研究者充分利用业余时间来自觉研究。

香港一位的士司机业余喜欢研究蝴蝶，他一到休息时间，就去野外捕捉蝴蝶，把它制成标本，悉心研究蝴蝶的分类和生活习性，还写出了研究专著。最后他成为了蝴蝶研究专家，一些大学和民间环保组织经常邀请他去开讲座，他的生活因此而变得充实有趣。

非功利的心态

要以非功利的心态来对待研究。有些人一开始研究，就急着想出成果，以便造成社会影响和获得名利，非常浮躁，这种心态很要不得。前面说过，对研究工作，要有适当的时限，但又不能有太严格的时限。对中小学生的研究应当有适当的时限，但对成年人的、重大的、基础性的研究课题要以宽松的心态对待，给自己或其他研究者以充分的自由。闲暇出智慧，世界上许多重大的科研成果，都是在非功利的、宽松的、甚至是休闲的状态下取得的，急功近利是研究的大忌。

著名数学家纳什，在美国一所大学里长年养病，简直完全被养起来，校方也并不要求他马上出研究成果。正是这种宽松和闲暇的环境，才使纳什后来研究出著名的"纳什均衡"理论，并获得了诺贝尔经济学奖。数学家安德鲁·威尔斯，竟然可以十多年不出任何研究成果，但他所在的美国大学仍然聘用他，不给他任何压力，使他最终证明了费玛大定理，轰动了数学界。

日本近代著名思想家、被誉为"明治维新之父"的福泽俞吉曾经有一个梦想：建立一个研究所，提供最好的研究设备和图书资料，从全日本挑选一批有浓厚研究兴趣的科学家入驻研究所，给他们提供最好的生活环境，衣食无忧，随他们自己的兴趣自由研究，完全不加干涉。这种对待研究的态度，是非常高明的。在这种环境下做研究，更容易出大成果。

从前面我们谈到的例子中可以发现：研究不但无禁区，而且任何人在任何时间都可以开展研究，课题可大可小，时间可长可短。当你的爱好与研究融为一体时，你的生活质量和精神境界就提升了一个层次，知识水平和研究能力也会不断提高，生活因此而充实和幸福，何乐而不为呢？

快乐的发现之旅

上穷碧落下黄泉，快快乐乐搜信息。

——刘　伟

问题导向

在当今信息社会，研究任何东西都少不了搜集相关信息。那么在确定了研究课题并知道了信息源之后，具体又该怎样搜集相关信息呢？

深圳某中学高一年级的四位同学选择了一个他们都感兴趣的研究课题《意大利文艺复兴三杰》，他们是怎样开始搜集相关信息的呢？

由于他们从来没有做过研究，因此他们首先去找导师请教，导师要他们首先分析这个课题中遇到的一些概念，比如"文艺复兴"、"三杰"等等，然后对这些概念提出疑问，看看自己能否回答：

1. 什么是"文艺复兴"？

2. 意大利文艺复兴时间有多长？

3. 这期间意大利文艺复兴的总体概况是怎样的？

4. "三杰"指哪三个人？

5. "三杰"有哪些代表性作品？

6. 前人对这"三杰"有过哪些方面的研究？

7. 前人得出了哪些研究结论？

8. 还有哪些方面没有研究到或研究得不够？

他们觉得自己还不能很明确地回答上述问题，所以必须去找相关资料。那么到哪里去找资料呢？

在导师指导下，他们分析了上面六个问题，发现它们属于两类。一类是对"文艺复兴"和"三杰"这两个概念的认识，如前五个问题，它们可以从百科全书、艺术词典、艺术史等书中查到；另一类，如后三个问题，则需要查阅已发表的论文和专著等文献，这可以利用《全国总书目》《全国新书目》《全国报刊索引》等检索性工具书。

分头查找资料

知道了到哪里查找资料，同学们分头开始行动。

两位同学去了图书馆，查了《中国大百科全书（简明版）》。他首先从索引出发，在第12卷中，查到"文艺复兴"条目的编号为"9–5079d"，表明该条目在第九卷中5079页上。他阅读了"文艺复兴"条目后，知道了什么是"文艺复兴"，知道了"文艺复兴"的时间跨度，当时意大利文艺复兴的总体概况，还知道了"文艺复兴三杰"是指米开朗琪罗、达·芬奇、拉斐尔三位艺术大师。

然后他们又去查阅《世界艺术词典》，从人名索引中找到三人条目所在的页码，很快读到了对这三人详细的介绍。他们还找到了《西方美术史》，阅读了其中对这三位大师代表作的介绍和评价。最后，他们查阅了《全国总书目》《全国报刊索引》，找到了许多相关的研究书籍和论文。

另两位同学则上网去找相关资料。他们在百度搜索引擎中输入"意大利文艺复兴三杰"，一下子找到33600篇相关网页，人物介绍、时代背景、代表作品、作品赏析、历史地位、对后世的影响、研究论文等等内容应有尽有。他们在导师的指导下，选择了一些有代表性和权威的网页保存了下来。

许多人误以为查找资料是一件很枯燥很麻烦的事情，实际上这是一个充满乐趣的快乐之旅。在查找资料的过程中，你不断地获得你原来不知道而且课堂上也没听到过的知识，不断地获得老师无法教给你的各种查找技能，不断地发现新的查找方法和技术，不断发现前人独特的研究角度，不断发现知识本身的变化和发展，不断发现新的研究方法，不断发现研究成果表达方式越来越丰富多彩……

这是一个激动人心又很有趣味儿的发现之旅，大大开阔了你的视野，相关知识的深度和广度是课堂上的学习根本无法比拟的，还能获得许多实用技能和思想启发，还学到了研究的方法，本身就是一个极好的综合性的学习过程。更为重要的是：这个过程完全是自己主动自发进行的，不是被动灌输得到的知识和技能，这能培养出主动积极的研究精神，和终身研究的习惯，在变化迅速的信息社会，这种习惯非常重要而且必须尽早形成。

搜集资料的方法

我们来看看人们一般是怎样搜集资料的。

我国当代著名学者周国平喜欢在口袋里装一个小笔记本，平时一有什么思绪就记录下来，他称之为抓住了"逃跑的鱼"。正是这种习惯，使他抓住了许多活蹦乱跳的思想之鱼，最后用优美的文学笔调写出了许多随感式的哲学沉思类著作，极受大众欢迎。这叫"随时札记法"。

鲁迅为了写作《中国小说史略》，从上千卷书中寻找相关资料。他说自己"废寝辍食，锐意穷搜"，这叫文献检索法。

达尔文从1831年开始多次乘坐军舰做环球考察，他跑遍天涯海角，观察各种生物的生活状况，研究大量古生物遗骸，前后用了27年时间，积累了大量第一手资料，最后终于写成了震撼世界的《物种起源》。达尔文是采用直接观察大自然的"观察法"。

我国建筑学家梁思成、林徽因经常在家举办沙龙，和一批朋友海阔天空地聊天，他们的许多研究思路和资料就是从聊天中获得的，这叫"聊天法"。

我国清朝的文学家蒲松龄，平时喜欢听家乡人讲故事，而且特别喜欢听鬼故事，他听后还把这些故事记录下来。他平时不管听到什么人说到什么稀奇的事，他都收集来。经过多年的积累和加工创作，最后他写出了文言短篇小说集《聊斋志异》。《聊斋志异》被誉为我国古代文言短篇小说中成就最高的作品。蒲松龄采用的是"道听途说法"。

可见，每个人都可以根据自己的兴趣和习惯，采用一种或几种搜集资料和信息的方法。只要你留心，便处处都有与课题相关的研究资料，随时可以发现有价值的信息，日积月累，就成为深入系统研究的资料宝库。

在文献检索法中，研究者一般按下面的程序来查找资料：

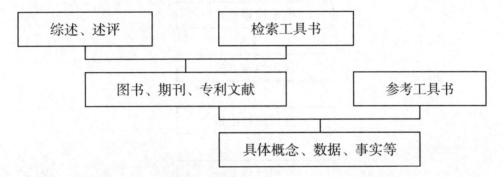

其中的检索工具书主要指书目、索引、文摘等。它们提供文献资料的查找线索，指引你从何处下手去查询资料，根据这些信息，你可以到原始文献中去查到需要的资料。

参考工具书主要指词典、百科全书、年鉴、手册、图录、年表、年谱等，它们属于原始文献，直接提供具体的知识与资料。

在当今信息大潮铺天盖地一般快速涌来的时代，找到自己需要的信息并不是很容易的事，需要一定的技能。特别在网上查找资料时，很容易被海量的信息弄得晕头转向，不知选择哪些为好。查找资料时，不仅需要清醒的头脑、耐心、细致、仔细，还需要慎重的选择和思考，并按一定的程序去做，而不是到图书馆或网上去东抄一段西抄一段。

查找资料的一般程序

下面的框图就是信息检索一般程序的流程图：

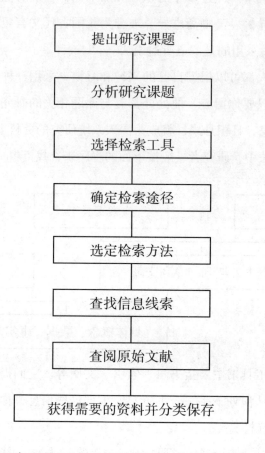

根据上面的程序和前面谈到的例子，查找资料一般应当按下列顺序进行：

1. 分析研究课题，对课题提出一系列的问题，以确定想要查询的资料是某些数据、某些概念还是某些观念等。

2. 根据要查资料的性质选择检索工具，即确定是通过百科全书等参考性工具书，还是通过报刊索引等检索性工具书进行查找。

3. 确定检索途径，即是去图书馆、网上，还是向导师或有关专家咨询。

4.选定检索方法，即从最近出版的书籍和期刊开始往前查，还是限查某几年的书籍和期刊。是用网上搜索引擎还是用光盘数据库查。

5.选定查找方法后，实际开始查找。

6.阅读原始文献，得到你需要的资料，并用适当方法分类保存。最好利用电脑数据库系统来保存，管理和使用起来非常方便。

查找资料的技能必须自己亲自去多方尝试才能掌握，随着查找次数的增多，你会感到自己的查找技能不断提高，逐渐成为驾驭信息的主人，而不是被信息大潮所裹胁，找不到自己的方向和目的地。

让我们选定自己感兴趣的研究课题，尽快开始这个快乐的发现之旅吧！

把课堂变成研究的乐园

要解放孩子的头脑、双手、脚、空间、时间……

——陶行知（教育家）

杜郎口奇迹

在中国基础教育界，这几年流传着一个如同神话一般的"杜郎口奇迹"。"杜郎口中学"如同一股突如其来的旋风，影响已经遍及山东全省甚至全国。全国各地来参观学习者络绎不绝，最多一天达700余人。

杜郎口中学是山东省茌平县的一所乡镇初中，学校座落在距县城23公里的杜郎口镇附近。这所学校原来教学质量很差，曾经连续10年在县里考核都居倒数之列，如今却跃居前三名，被誉为具有"原生性、开创性，扎根本土"特色的农村教育改革的先锋。

一位记者这样描述他的观感："杜郎口中学每一间教室的前、后及靠走廊一侧的三面都有黑板，学生桌椅也不是纵横摆放而是摆成6个方阵，每个方阵也就是一个学习小组。每个学习小组由班主任任命一名成绩优秀的学生担任小组长，负责管理全组，各学科教师根据月考情况任命本学科的学习小组长。上课伊始，部分学生拥到黑板前，先把自己的名字写在最上方，然后将上节课学习过的知识点一一写上，这叫'爬黑板'。没有'爬黑板'的学生在座位上自己读书，有个别学生蹲着在教室地板上书写。学生写完，老师开始提问，学生的回答普遍非常流利，声音都很响亮。特别是那些女生，说话的嗓门似乎个个都很大。面对众多来听课的老师，学生很自信，没有羞涩。或者说，学生们在课上已经能够做到对听课老师视而不见，尽管听课老师可能就在他的身边。历史老师抽背完学生，开始将教材中的问题分配给各学习小组。各小组派出成员将题写在黑板上，经过一番讨论，再将答案也写在黑板上。有些学生趁同学'爬黑板'之际整理预习笔记，被老师严肃制止。题和答案都写在黑板上之后，老师组织学生交流。先由一位同学大声读题及答案，然后其他同学发表自己的看法，有赞同，有补充，也有表示不同意见。教师话不多，只是适时点拨一下，一节课就结束了。"

深圳一位老师参观后写下这样的观感：

"我进了初一（1）班教室，墙上挂的是学生的而不是什么伟人的相片，相片下是学生自己写的各种感想。我全程听完了一节英语公开课。学生从头到尾在表演，老师像指导学生演节目，完全不同于一般课堂模式。学生老师完全没有患得患失的心态，感觉学生学习过程比较快乐。课堂氛围之轻松，令人羡慕。与一般公开课不同，杜郎口中学每一节课都是完全公开的，我感觉过程比较真实，几乎看不到预演的痕迹，比那些假课好得多。

"在校园里碰到几名在草地上排节目的同学，我问他们为什么不上课？她们说排节目就是课，我问不排节目的同学呢？她们说全班都在上朗读课，所以出来排节目。"

看到杜郎口中学这样上课，确实让人震惊：这还叫"课"吗？但深入一想，就觉得深有道理。难道"课"就非要有个固定的样子吗？教无定法，课也无定形。如今流行的"课"的样子，其实只是16–17世纪之间，捷克教育家夸美纽斯创立班级授课制后逐渐形成的。在出现班级授课制之前，"课"的样子是多种多样的。古希腊哲学家苏格拉底整天在雅典大街上与年轻人辩论；柏拉图在"阿卡德米学园"里整天和学生散步聊天；孔子带着他的几个得意门生周游列国，随时言传身教。孔子教学生的"六艺"——礼、乐、射、御、书、数，其中的射（射箭）、御（骑马）就不能在室内上课。我国传统的书院，山长与学生同吃同住，师生经常讨论、辩论。我们看到，辩论、对话、聊天、表演、演说、周游、射箭、骑马曾经都是"课"，而且这些课的教学效果还相当好。柏拉图创建的"阿卡德米学园"培养出了大批的人才，亚里士多德就是其中的佼佼者。更令人惊叹的是，亚里士多德不迷信权威，敢于批判和超越自己的老师柏拉图，提出了"我爱我师，我更爱真理"的著名观点，成为西方文化创新精神的源头。孔子弟子三千，其中杰出的人才有七十二人，这样高的成材率已经很惊人了。中国古人讲究"行万里路，读万卷书"，那万里之行，就是更重要的"课"。"课"本来就没什么固定形式，也不应该有固定形式，哪种形式效果最好、学生受益最多，就是好"课"——不管白猫黑猫，逮着老鼠就是好猫！

班级授课制将大规模标准化生产方式引入教育领域，大幅降低了教育的成本。这次上课形式的变革是建立在印刷术的基础之上的，是适应工业文明标准化生产的，在当时是巨大的进步。在这种教育模式中，人们将6-20岁的青少年送入学校，以班级授课的形式学习一套预先设定的知识和技能，期望他们能适应将来工业化工作的需要。这种教育模式延续了300多年，至今仍然是世界各国的主流教育模式。在信息文明呼啸而来的今天，班级授课制受到根本性的冲击，一种新的上课模式——研究性学习正在萌芽。这种上课模式的关键在于把学习变成了研究，在课题的引导下，上课的形式可以多种多样，有向古代回归的趋势，但是在网络条件下的更高层次的回归，辩论、对话、聊天、表演、演说、周游等上课形式又回来了，教育形式又一次百花齐放了。

解　放

深圳教育科学研究所2007年曾经在全市中小学做过一项学生心理状况调查，结果发现，中小学生最严重的心理问题是厌学，而且不论学习成绩好的还是学习成绩差的学生，或多或少，都有厌学情绪。2008年春节期间，深圳一个住宅小区里，先后有两名初三男生跳楼自杀，原因都是"学习压力太大"。

北京一家教育科研机构2006年曾在全市中学做过一项调查，发现因为"学校好玩"和"喜欢读书"而上学的比例都很低。初中生占10.7%，高中生只占4.3%，这表明我们的基础教育正在一步步挫伤学生的学习兴趣。高中生还没进入大学，真正高水平的学习还没开始，便有近96%的学生对上学和读书丧失了兴趣，这与知识经济时代必须终身学习的需要显得多么格格不入。我们的中小学能让学生越来越讨厌学习，真算得上教育奇迹了。

厌学的主要原因之一是我们的课堂很少让学生自主。看看大多数学校的课堂吧——学生正襟危坐、教师不许他们乱说乱动、师生之间很少互动、老师满堂灌、学生天天做大量难题到深夜、各种考试不断、考完还要排名次、周末和假期要补课、课余家长还逼着孩子上各种补习班，负担如此沉重又如此被动的学习，天真烂漫活泼好动的学生能喜欢吗？爱因斯坦说过："负担过重，必然导致肤浅。"这种负担重又被动的学习，不但学不到多少真知识，而且极少有思考判断讨论体验的时间，必然导致知识上的肤浅。缺少独立思考和独立判断能力、知识上又普遍肤浅的学生能适应未来瞬息万变的信息社会吗？

态度决定一切，学生对上课感到很枯燥，很厌烦、很压抑、很被动、很累，怎么可能学好？

难道课堂就不能充满乐趣、充满活力、充满主动、充满探索、充满思想碰撞、充满魅力、成为学生最向往的乐园吗？

我国著名教育家陶行知强调教育"要解放孩子的头脑、双手、脚、空间、时间，使他们得到充分自由的生活，从自由的生活中得到真正的教育。"杜郎口中学直接在课堂上全面解放学生，让学生在课堂上充分自由地展现自己的个性和思想，积极又随意地参与课堂各种活动，学生真正成了课堂的主人，课堂成了学生的乐园和表演舞台，教室成了自由快乐的研究室，老师成为导演和导师，这样的课堂，学生岂不天天盼着来上课？这样的课堂才最有效、最有趣、最有益，对学生的终身发展有深远的影响。这样学习，学生还会走神、睡觉、厌学、跳楼吗？

鲁迅认为对儿童的教育，主要是"理解、指导、解放"。蔡元培认为："教育是帮助被教育的人给他能发展自己的能力，完成他的人格，于人类文化上能尽一分子的责任，不是把被教育的人造成一种特别的器具，给抱有他种目的的人去应用"，其原则是"展个性，尚自然"。蒋梦麟认为，教育的产出是造就"活泼的个人"、"能改良社会的个人"、"能生产的个人"。这些大师，都一致地强调"解放"、"展个性、尚自然"、"活泼的个人"，这启发我们：现代教育的本质就是"解放"，而且是彻底和全面的解放，教育就是促使学生自我解放的艺术。

当今的知识经济时代，最需要系统智慧，而闲暇才能出智慧，闲暇就是人充分解放和自主的状态。古今中外无数事实也证明了，人只有在解放和自主的状态下，才能获得智慧，才能有创新能力。古希腊为什么出现了那么多充满智慧的大哲学家、大艺术家、大科学家？原因之一就是：那是一个充满闲暇和自主的时代。当时的希腊是奴隶制社会，大量的体力劳动都由奴隶承担了，自由民和奴隶主拥有大量闲暇时间，身心充分解放，因此涌现了大批喜爱思考、善于创新的大家。当今的教育更应当解放，解放了的学生和老师，一定会创造出教育奇迹，杜郎口中学就是一个成功的例子。

利用电脑来研究

我曾经到珠海六中去参观过他们的电脑网络教学实验，深受启发。

珠海六中是海边上的一所渔村中学，这所学校生源较差，高考从来是剃光头，是典型的"薄弱学校"。最近几年，学校在华南师范大学未来教育研究所的帮助下，开展了电脑网络教学实验。学校在极其艰苦的条件下起步，想尽办法筹集了几十万元买来第一批电脑，经过几年的探索，他们已形成了一套较为成功的电脑网络教学方法。

我听了高一的数学课，发现老师大胆改革了课程体系和教学方法。老师

第一堂课发给学生一个"任务单"，上面开列着本次课要完成的各项任务、完成任务的要求、相关网络资源提示、讨论题、练习题，然后老师花几分钟略讲了一下注意事项，便让学生自己在网上查找完成这些任务的相关资料。学生将这些资料消化整理，并列出自己不懂的问题。同学之间可以讨论、互相帮助，如果问题在讨论中已解决，则在问题单中划掉。最后，剩下几个全班大多数同学都不懂的问题，老师便在下次课中引导学生从网上查找解决办法。找不到或仍不懂时，老师再重点讲解，之后让学生在电脑上做练习并互相批改，将批改结果发到教师机中。教师从中发现普遍存在的问题，发回学生机中让学生设法利用网络来解决。下次课再引导学生从网上查找解决办法，找不到时，再重点讲解……

老师在"任务单"上开列了涉及一个单元的任务，原来一个单元要4节课以上才能完成，但他们只用了2节课。最有特色的是，他们让学生参与老师备课，老师只提出单元提纲框图，让学生在网上搜寻相关资源，搜寻整理资源的过程就是一个学习的过程。在上课时，学生一直在问题引导下进行探索，并和老师、网络有充分的交流，老师讲得很少，但最后学生掌握得相当好。整个过程课堂气氛极好，学生兴趣盎然，他们提出问题、解决问题、利用网络和讨论协作的能力都得到了锻炼，课堂成了活泼的研究室。据介绍，网络班的学生成绩普遍比普通班要好，而且学习的兴趣、主动性、搜寻整理利用信息的能力明显比普通班好。

这种充分利用电脑网络让学生主动进行研究性学习的方法，代表了信息文明背景下的教育改革方向。

如果把杜郎口中学的改革与珠海六中利用电脑网络的研究性学习结合起来，效果可能更好。比尔·盖茨认为，在飞速发展的信息社会，"教育将被彻底改变，并且被改得面目全非"。从杜郎口中学和珠海六中的改革中，我们似乎看到了那"面目全非"的样子……

为什么课堂教学改革，总是那些条件和生源都很差的边远农村学校做得好呢？我们条件更好的城市中学，特别是城市重点中学怎么就做不了改革的示范学校呢？怎么在教育改革方面，总是农村学校领导潮流呢？怎么城市重点中学就不敢彻底解放学生呢？

这说明，在信息文明飞速发展的时代，在旧的工业文明中领先的城市重点学校不见得还有优势，谁最先顺应了信息文明的发展趋势，谁最先彻底改变了观念并掌握了最先进的教学方法，谁就会成为新时代的先锋和典范。

德国中学的历史课

台湾著名作家、评论家龙应台曾经在《德国人怎样上历史课？》一文中介绍了德国中学是怎样上历史课的：

如果这一课是1870年的普法战争，那么老师会在上课前要求学生读很多第一手资料，比如俾斯麦首相的演讲原文，要学生从演讲稿中探讨当时普鲁士的外交策略，从而分析普法战争的真正原因。除了德国观点学生还必须知道法国观点，老师可能用电脑放映图片，反映当时法文报纸上的时事讽刺画、评论、或者画家笔下的巴黎街头。分析战争本身，老师可能出示一张1870年普鲁士的经济发展指标图，用来解释当时的"新科技"——比如铁路的广泛使用和新制大炮的威力，如何使普鲁士在战场上占了上风。

也就是说，在整个讲课的过程中，教科书非但不是唯一的教材，而且不是核心的教材，甚至可能根本没用到。

第二个特征是开放式的教学。教学的主轴不是让学生去背诵任何已经写进某本书里的叙述或评价，而是要学生尽量从第一手资料里看出端倪，形成自己的判断。如果这一堂课的主题是纳粹，学生可能必须去读当时的报纸、希特勒的演讲、工会的会议记录、专栏作家的评论、记录片，等等，然后在课堂里辩论——纳粹的兴起，究竟是日耳曼的民族性所致，还是《凡尔赛和约》结下的恶果？或者是经济不景气的必然？各种因素都被提出来讨论。至于结论，学生要通过资料的分析和课堂的辩论自己来下。

满头卷发的卢卡斯说："我们那时就读了托马斯·曼的哥哥亨利希·曼

的《臣仆》，因为他就认为德国人有惯性的服从性格。我们在课堂上就此辩论了很久。"

如果主题是1848年的欧洲革命，学生必须从经济、社会和政治的不同层面分析革命的起因，然后还要试图去评价这场革命的后果——这究竟是一场失败的革命，如法国的托克维尔所说，"社会顿时撕裂成两半：美妒的无产阶级和恐惧的有产阶级"；或是一场成功的革命，因为20年后，德国和意大利都统一了，而法国扩大了选举权，俄罗斯废除了农奴制。事情的是与非，人物的忠与奸，往往没有定论。学生必须自己从各种资料的阅读里学习梳理出自己的看法。

"我们还常常要做报告，"刚刚来到香港的汉娜说，"一个人讲45分钟，等于教一堂课。"

"你记得讲过什么题目？"

"当然记得，"她说，"因为要做很多准备。我讲过英国的殖民主义。"

在这样的历史教学方式里，教科书的地位，只不过是一个基本的参考读物而已。在众多一手和二手的资料中，包括演讲、漫画、照片、统计图表、新闻报道和学者评论、人物日记、法庭记录，等等，教科书只是一个指引，不具任何一锤定音的权威。

开放式的历史教学，着重在训练学生运用材料的能力，尤其是培养学生面对纷杂的史料做独立思考和独立判断。教科书充其量只是路边一个小小指路牌，不是烫了金的《圣经》。

至于考试，他们解释，也不会以教科书为准，而是开放式的题目，都是要你写文章回答的，譬如，"试分析魏玛共和国失败的原因。"测验的是一种融会贯通的见解，教科书根本没有答案，也不可依赖。

我们看到，这是非常典型的研究性学习，教材只是课题研究的索引和指南，学生需要自己去寻找和阅读大量的第一手资料，并通过讨论和分析得出自己的结论，课堂完全变成了研究室或演讲厅，这是最适应信息社会的以思维为本的学习方法，能培养出学生独立思考独立判断能力，以及综合运用信息的能力，在这个过程中，学生也会变得知识渊博，而且那些知识都是学生自己找来并运用过的，这样掌握的知识能不变成本领吗？

美国大学的"讨论班"

留美学者薛涌曾经写了一篇《中国的大学生为什么不行？》的文章，其中介绍了美国大学里流行的"讨论班"的上课方法。

在讨论班上，老师只是导演，想尽办法激发学生参与讨论。同学之间的竞争非常激烈，争先表现自己的智慧。你讲不出有意思的话，马上就被撂到一边，成为无足轻重的人物。薛涌写道："从讨论班出来的学生，到了社会上，马上知道自己能干什么、能够贡献什么别人没有的东西。因为他每天上课就是演习这些技能……在中国读书，总担心自己没有学问、'不懂'。在美国读书，总担心自己没有思想，没有激发人的能力。在那里一年下来，你发现学到的死知识似乎有限，但整个环境，都在逼着你创造、冒险，走别人没有走的路径。所以，这种环境下出来，个人进取精神必须非常强才行。

"人家的大学，实际上是一种文化。这种文化，不在乎你知道什么，但刺激你一刻不停地进取、思考、表达、创造，不论捡起什么都能闹出一番动静来。这是现代社会的精神，也是现代大学的精神。这种精神，和我们从小背书的传统是相反的，对当今中国大学中的整个既得利益集团都是一个挑战。找不到这种精神，中国就不会有一流大学，也很难成为一个世界大国。"

从上述中外几个例子中，我们知道了怎样把课堂变成自由快乐的研究室：教师想方设法让学生在课堂上彻底解放，让学生成为课堂的主角，让课堂成为展示学生风采的舞台。让学生在课题引导下预习、上网或去图书馆查询和阅读资料、提问、思考、讨论、辩论、表演、做报告、备课、练习、改作业……老师当导演，把学生导向自主合作研究，导向有独立思考独立判断能力和主动探索精神的阳光学子……

第五辑 <<<

研究方法：

　　　　成才的关键

元素周期律是怎样发现的？

认识一位天才的研究方法，对于科学的进步并不比发现本身更少用处，科学研究的方法经常是极富兴趣的部分。

——拉普拉斯（物理学家）

逐步逼近法

十六世纪时，丹麦天文学家第谷经常用望远镜观测天文现象，经过20多年的时间，他积累了大量的天文观测资料，但他并没有对这些资料做系统深入的研究。后来，德国天文学家开普勒对第谷积累的观测资料进行了仔细研究，提出了太阳绕地球转的假设，但他后来发现与实际观测的数据不符。他又假设火星绕太阳做圆周运动，但仍然与观测数据不符。最后，他假设火星绕太阳做椭圆运动，终于与观测数据相符了。开普勒就是用这种通过实际观测数据来不断修改假设，然后逐步逼近的方法，发现了行星运动三大定律。

通过这个例子，我们发现，科学家在进行研究时，通常采取这样几个步骤：

首先从观察或实验开始，尽量多地收集观察资料或实验数据，然后对资料或数据进行仔细分析思考，经过分类、对比、归纳、推理、联想、计算、总结等思考过程后，思维便会发生一个飞跃，通过想象和概括得出初步的结论。但这个结论还是粗略的，还只能算未经证实的假设或猜想，这是对解决问题的第一步逼近。

为了检验初次假设的正确性，必须继续进行观察和实验，如果新的资料和数据与假设相符，那么初次假设就更可靠。如果观察资料和实验数据与初次的假设不相符，就要思考原因，并修改初次的假设，这样提出第二次假设。这样继续下去，一次比一次接近于可靠的假设，这就叫逐步逼近法。

那么最终怎样判断假设的可靠性呢？可靠的假设必须符合两个条件：一是能圆满解释已有的全部观察资料或实验数据（内符）；二是根据假设能做出正确的预言（外推），以便指导今后的实践。

激动人心的预言

科学的预言往往显示出神奇的力量。

1869年以前，科学家对某些化学元素，如氢、氧、钾、镁等的性质，已经有初步的了解，但这种了解还是孤立的，对这些元素之间有什么联系还缺乏深入的了解。俄罗斯化学家门捷列夫别出心裁地把元素按照原子量的大小排成次序，发现每经过一定的排列间隔，就有化学性质相似的元素出现，也就是说，元素的化学性质随着原子量的增加呈现出周期性。于是，他提出了"元素性质周期性变化"的假设。这个假设能圆满解释已经发现的元素的化学性质之间的联系，这叫"内符"，但能否预言未发现的元素性质呢？即这个假设能否"外推"呢？

门捷列夫根据元素性质周期性变化的假设，大胆地预言了一些当时还没发现的元素的存在，而且预言了它们的性质。比如，1871年，他预言有一种新的金属元素存在，它的原子量接近72，比重约5.5。果然，在15年后的1886年，科学家发现了金属元素锗，原子量为72.6，比重为5.35。由于门捷列夫的所有预言后来都被准确地证实了，因此，"元素性质周期性变化"的假设最终成为科学界公认的"化学元素周期律"。

门捷列夫说过："确定一个定律的正确性，只有借助于由它推导所得的结论（当还没有这定律时，这些结论是不可能有的和不可设想的），以及这些结论在实际考验中的证实。……而要寻找某种东西，或是某种关系，除了看和试之外，再没有旁的方法了。"这里明确地指出了科学研究的重要方法是：看和试，即观察和实验。当提出了假设或猜想后，必须到实验或实际中去证实，这就是"实践是检验真理的唯一标准"的道理。

人人可以做研究

许多人有一个误解，以为科学研究必须是绝顶聪明的人才能做的事，其实，只要掌握了科学研究的方法，人人都可以从事科学研究，只不过取得的研究成果可能有大有小而已。我们可以看到，掌握科学研究的方法并不难，只要考察一下科学家们是用什么样的方法来研究的，再实际地参与几项课题研究，慢慢便可以掌握科学研究的方法，甚至你都可能创造出自己独特的研究方法。

做任何事都必须讲究方法，方法对路，能收到事半功倍的效果，在科学研究上更是要特别注意方法，否则将浪费大量的时间和精力。

每门学科研究的对象不同，从而研究方法也应当不同，各有自己的特点，善于迅速地找到最好的方法，是一项很重要的才能。著名物理学家拉普拉斯说过："认识一位天才的研究方法，对于科学的进步并不比发现本身更少用处。科学研究的方法经常是极富兴趣的部分。"牛顿说他善于站到巨人的肩上，实际上是他善于借鉴巨人的研究方法。

门捷列夫采用分类、排列、比较、假设、预言的方法，发现了元素周期律；法国物理学家德布罗意采用对称和类比的方法，提出了德布罗意波（相波）理论；我国晋朝的陆机写了《文赋》，梁朝的刘勰写了《文心雕龙》，这两部著作对文章的写作方法进行了系统的研究；许多著名的科学家，如笛卡儿、爱因斯坦等人甚至把方法论作为专门的课题来研究。

看、试、想、协作

科学研究最常用的三大武器是观察、实验、思维，简单说来就是

"看"、"试"和"想"。通过观察或实验，从大自然中得到观察资料，或者发现新的实验现象，经过思维，找出这些零散的资料或数据之间的联系，使之成为一个新的定律、理论或完整的思想体系。检验这个定律、理论或思想体系的正确性的唯一标准是实践，如果它既能圆满地解释已有的现象（内符），又能正确地预见将来（外推），而且能够在相同条件下多次反复（可重复性），那么，这就是新的正确的定律、理论或思想体系。

有些科学家擅长观察，有些擅长实验，有些擅长思考，兼备这三种才能非常重要，但却很不容易。历史上许多重大的科学发现，通常是这三种人之间相互协作的结果。比如第谷善于观测，开普勒善于思考，二人前后相继协作，最终发现了行星运动的三大定律。理论物理学家杨振宁、李政道提出了宇称不守恒，杰出的实验物理学家吴健雄用实验验证了这个结论，最终使杨李二位获得了诺贝尔物理学奖。

美国著名的科普作家阿西莫夫说过："在人与自然界斗争的智力角逐中，有三步棋是一定要走的：第一，必须把关于自然界某些方面的观察资料都收集起来；第二，必须把这些观测资料条理化；第三，必须从已经条理化了的观察资料中找出概括这些观测资料的某些原理。"

如果你经常选择一些课题进行研究，就会逐步掌握科学研究的一般方法，研究起来必然如虎添翼，你也会成为一个具有科学精神并掌握了科研方法的现代人，你在信息社会便会如虎添翼，成为最有本领的人。

弯曲的空间

把科学家的研究方法从他们的头脑里解放出来，成为大众研究的有力武器。

——刘 伟

归纳法

牛顿14岁的时候，家乡遭受一场暴风雨的袭击。别人都往家里跑，牛顿却跑到外面研究风的力量。他一会儿顺着风跳，一会儿逆着风跳，看看落地距离有什么不同，然后根据距离来计算风的力量。他还用三棱镜把日光分解成不同颜色的光，以便研究各种颜色光的折射性。

牛顿后来成为人类历史上最伟大的科学家之一，他在物理学、数学上都有划时代的贡献，他发现的三大运动定律、万有引力定律，奠定了经典物理学体系的基础和核心内容。他发明了微积分，奠定了近代高等数学的基础。他甚至发明了世界上第一架反射望远镜。做出这么多、这么大贡献的科学家，在人类历史上是极其罕见的。

牛顿为什么能做出如此巨大的贡献？这与他强烈的好奇心、想象力、独特的研究方法都密切相关。

通过长期的观察、实验和思考，牛顿形成了自己独特的研究方法：实验、归纳、创造。具体做法是：根据小范围内的观察和实验，归纳出经验定律或经验公式，然后不断用在更大范围内观察到的物理现象来验证和改进经验定律和经验公式，最后得到普遍的定律和公式。人们再依据这些定律和公式来创造性地改造自然。

前面已经谈到过，科学研究并不神秘，就是用一套方法把观察到的现象和数据整理出秩序，牛顿采用的实验、归纳、创造就是这样的方法。

这种以归纳法为核心的研究方法，在科学史上曾经发挥了巨大的作用，许多学科的定律和公式，就是按这种方法发现的。

爱因斯坦：空间是弯曲的

在1915年前，科学家们在天文观测中发现：水星总不规规矩矩地绕太阳转一圈后回到起点，而总要比绕一圈多走一点儿才结束旅程，牛顿的万有引力定律解释不了这种奇怪的现象。

1915年，爱因斯坦提出了"广义相对论"，指出宇宙空间是弯曲的，而微观的基本粒子在空间中的运动也遵循这种弯曲的形式。这种惊世骇俗的理论让全世界的人都大吃一惊，但它却能解释水星奇怪的运动轨迹。

还有光的运动路线问题。信奉牛顿定律的人们认为：由于光不是由物质粒子构成的，因此光在真空中应当沿直线运动，不受引力的影响。但根据天文观测，光线经过太阳附近时，会从直路上发生偏斜，就好像光是由物质粒子构成的一样，受到太阳引力的影响而发生弯曲。信奉牛顿定律的人们认为这种偏斜的程度不大，但爱因斯坦指出，光的偏斜将比人们认为的多出两倍多。

1919年5月，英国一支观测队在非洲和巴西拍摄了日蚀的照片，结果证明光在经过太阳附近时，从直线偏斜到几乎刚刚是爱因斯坦所预见的程度。1922年的日蚀照片进一步证实了爱因斯坦的理论是正确的，这个观测结果轰动了全世界，爱因斯坦一举成名。

宇宙空间果真是弯曲的！牛顿定律解释不了的现象，爱因斯坦的相对论却可以解释，并得到了观测结果的证实。

探索性演绎法

爱因斯坦之所以能提出相对论，关键是他采用了新的研究方法。

随着科学研究范围的不断扩大，牛顿采用的研究方法渐渐显得不够用了。爱因斯坦认为："适用于科学幼年时代以归纳为主的方法，正让位于探索性的演绎法。"这种探索性演绎法的具体过程是：由经验材料作为引导，提出一种思想体系，它一般是在逻辑上从少数几个叫做公理的基本假设建立起来的，其他定律或公式都是由这几个公理推导出来的。对这个体系的要求，是能把观察到的事实联结在一起，同时它还具有最大可能的简单性，即这体系所包含的彼此独立的假设或公理最少。

这种演绎推理的方法，其实我们在欧几里德几何学中见到过。欧氏几何就是一种思想体系，它就是从很少的几条公理出发，采用逻辑推理的方法，推出一系列几何定理，这些定理能把观察到的几何现象联结在一起。那几条公理，就是前人根据经验事实而提出的基本假设。

思想体系是由概念、公理、以及逻辑推理方法得到的定律这三部分内容构成的。

相对论思想体系的公理便只有两条，即：1. 相对性原理（任何自然定律对于一切匀速直线运动的观测系统都有相同的形式）；2. 光速不变原理（对于所有惯性系，光在真空里总以确定的速度传播）。相对论的其他定律和公式都是用演绎推理的方法由这两条公理推导出来的，相对论思想体系的正确性最终得到了实际观测的证实。

大胆假设，小心求证

应当怎样创立新的思想体系？爱因斯坦认为研究者的工作可分为两步，

第一步是发现公理，第二步是用公理按逻辑推理的方法推出其他定律或公式。其中第一步最难，它没有一般的方法，常常需要科学家具有异乎寻常的想象力和直觉。所以爱因斯坦强调："想象力比知识更重要。"

爱因斯坦这种以演绎推理为特色的研究方法对当代高新科技研究产生了深远的影响，当今许多重大科技成果都是依照这种研究方法得到的。

在人文科学研究中，我国著名学者胡适曾经提出了"大胆假设，小心求证"的研究方法，具体做法是：首先去阅读与研究课题相关的资料和数据，然后发挥想象力和直觉的洞察力，大胆提出自己的初步假设，由于这个假设还没有得到验证，因而只能算"假设"。然后再进一步阅读和寻找资料和证据，看它们与假设是否相符。如果不相符，就调整和修改假设，再去验证。如此循环往复，最后得到可靠的结论。我国清代的"乾嘉学派"就采用了这种方法来考证古籍的真伪和研究汉字的变迁。

牛顿的方法侧重于归纳，爱因斯坦的方法侧重于演绎。在当今实际的研究中，往往两者并用。归纳中有演绎，演绎中有归纳，比如演绎的前提是公理，而公理就是根据归纳并加上想象力提出的。只要我们经常实际参与到课题研究中去，这两种方法就不难掌握。

如果科学家采用的研究方法能普及到大众中去，成为大众研究的有力武器，那么发挥出来的智慧生产力将是惊人的。谁率先掌握了科学家的研究方法，谁就将在知识经济时代成为佼佼者。掌握了巨人的研究方法，你就将跃到巨人肩上，就可能成为比巨人站得更高的人，当然就可能获得比一般人更大的本领。

神与物游

知识不能单从经验中得出，而只能从理智的发现和观察到的事实两者的比较中得出。

——爱因斯坦

费尔马大定理

1995年，43岁的英国数学家维尔斯证明了著名的"费尔马大定理"，轰动了世界，被认为是"20世纪最重大的数学成就"。

"费尔马大定理"是法国数学家费尔马在1637年提出来的。费尔马是一位律师，但他业余酷爱研究数学和物理。1637年，30多岁的费尔马在读古希腊数学家丢番图的名著《算术》时，在书的空白处用拉丁文写道："任何一个数的立方，不能分成两个数的立方之和；任何一个数的四次方，不能分成两个数的四次方之和，一般来说，不可能将一个高于二次的幂分成两个同次的幂之和。我已发现了这个断语的美妙证法，可惜这里的空白地方太小，写不下。"他这里说的"任何一个数"，在当时是指正整数。

费尔马去世后，人们在整理他的遗物时发现了这段写在书眉上的话。1670年，他的儿子发表了费尔马的这份页端笔记，人们才知道这一问题。后来，人们就把这一论断称为费尔马大定理。用数学语言来表达就是：当整数n

>2时，方程$X^n+Y^n=Z^n$没有正整数解。就是说，没有一组正整数x，y，z能满足上面的方程。

起初，数学家们想重新找到费尔马没有写出来的那个"美妙证法"，但是近300年过去了，谁也没有成功。著名数学家欧拉证明了方程$X^3+Y^3=Z^3$和$X^4+Y^4=Z^4$不可能有正整数解。但他无法证明n>4以后的情况。后来不断有数学家参与证明，虽然不断地刷新着记录，如1992年有数学家证明了n=1000000时，费尔马的论断仍然成立，但这不等于定理被证明了，因为对n>1000000时的情况还不能肯定定理成立。费尔马大定理此时只能算是假设，或者猜想，还不能算定理。

维尔斯出生于英国牛津，他从小对费尔马大定理十分好奇，这条美妙的定理吸引他进入了数学世界。大学毕业后，他决心实现幼年的幻想——证明这个假设！他极其秘密地进行费尔马大定理的研究，守口如瓶，不透半点儿风声。

经过7年锲而不舍的艰苦努力，直到1993年6月23日。这天，英国剑桥大学牛顿数学研究所的大厅里正在进行例行的学术报告会。报告人维尔斯将他的研究成果作了长达两个半小时的发言。10点30分，在他结束报告时，他平静地宣布："因此，我证明了费尔马大定理。"这句话像一声惊雷，把在座的人惊呆了，大厅里鸦雀无声。半分钟后，雷鸣般的掌声似乎要掀翻大厅的屋顶。英国学者顾不得他们优雅的绅士风度，忘情地欢呼起来。

消息很快轰动了全世界。各种传媒纷纷报道，并称之为"世纪性的成就"，科学家们把这个成果推选为1993年世界科技十大成就之一。

可是不久，传媒又迅速地报出了一个"爆炸性"新闻：维尔斯的长达200页的论文送交审查时，却被发现证明有漏洞。

维尔斯在挫折面前没有止步，他用一年多时间修改论文，补正漏洞。这时他已是"为伊消得人憔悴"，但他仍然"衣带渐宽终不悔"。1994年9月，他重新写出一篇108页的论文，寄往美国。论文顺利通过审查，美国的《数学年刊》杂志于1995年5月发表了这篇论文。维尔斯因此获得了1995-1996年度的沃尔夫数学奖。

经过300多年，几代数学家的不断努力，费尔马大定理终于被证明了！

假设：由特殊到一般

费尔马大定理的提出过程，说明了一种提出假设的方法：由特殊到一般。

费尔马首先发现：任何一个正整数的立方，不能分成两个正整数的立方之和；任何一个正整数的四次方，不能分成两个正整数的四次方之和。但这两种情况只是特殊情况，费尔马根据这两种特殊情况，提出了自己的假设：一般来说，不可能将一个高于二次的幂分成两个同次的幂之和。经过几代数学家的努力，最后终于用逻辑推理证明了这个一般性的假设，假设便成为定理。

一般来说，研究一个课题时，先要从观察或实验资料出发，经过整理和分析，便在研究者脑海中产生想象和概念，这时，思维会超越已有的经验向前推进（如费尔马超越n=3或4），对所研究的问题提出初步的推断（如费尔马提出的推断），但这个推断还没有经过严格的证明或实践的检验，只能把它看作假设（或假说）。如果以后经过严格证明或实践的检验，那么这个假设就上升为定律、法则或理论。如果假设无法证明或实践检验是错的，那就要用逐步逼近法，修改假设，再进行证明或实践检验。一直这样做下去，直到得到比较可靠的结论。

大胆假设

怎样提出假设，是研究过程的一个关键。

除了费尔马这种从特殊到一般的方法外，提出假设还有以下几种方法：

对称、相似、类比：人们都知道，大自然中充满了对称现象，有正面就有反面，有左就有右，有阳电就有阴电。人体简直处处是对称的：左手对右手、左眼对右眼、左耳对右耳等等。中国文化特别讲究对称，整个北京城都是按对称的方法建成的。法国物理学家德布罗意受到对称现象的启发，在

1924年提出了"实物波动性"的假设，他的思路是这样的：

1. 大自然中充满了对称现象；

2. 当今观察到的宇宙是由光与实物组成的；

3. 既然光有粒子性和波动性，那么，与光对称的实物也应当与光相似，也有粒子性和波动性。

实物是由基本粒子构成的，这一般人都知道，但说实物还有波动性，可就是太大胆的假设了，难道实物中还有"实物波"？

德布罗意不但假设了实物有波，他还用类比法预言了实物波的波长！

在物理学中，光的波长 λ 和动量 ρ 之间有关系式：$λ = h / ρ$，其中h是普朗克常数。德布罗意假设：这个公式也将适用于实物。

德布罗意的大胆假设在物理学界掀起了轩然大波。这种在并无实验证据的条件下提出的假设使得物理学家们很难接受。甚至连德布罗意的导师朗之万也根本不相信这种假设。1927年，美国贝尔实验室的三位物理学家通过电子衍射实验，证实了电子确实具有波动性。至此，德布罗意的大胆假设成为定理，他也获得了普遍的赞赏，荣获了1929年诺贝尔物理学奖。

移植：即将某学科中的结果或方法移植到另一个学科中去。比如用种牛痘来预防天花，就是一个生动的例子。

种牛痘是英国医生琴纳发明的。琴纳出生于1749年，他从小生性温和，兴趣广泛，尤其热爱大自然。在学校他是优秀生，课余还喜欢收集多种动植物的标本来研究。琴纳青少年时期，天花正在整个欧洲蔓延，而且还被勘探者、探险家和殖民者传播到了美洲。在英国几乎每个人都会被传染上天花，在成年人的脸上或身上会留下难看的疤痕。成千上万的人由于病情严重而变成瞎子或疯子，每年死去的人更多。琴纳目睹这种灾难，13岁时就立下了将来当个医生以便根治这种疾病的志向。

琴纳当上医生后，发现牧场挤奶女工在患牛痘的母牛身上感染牛痘后，便不会染上天花。他想，把牛痘移植到人的身上是否能预防天花呢？经过20多年的探索、研究，1796年5月的一天早晨，琴纳用清洁的柳叶刀在一个叫杰米的8岁孩子的两条胳膊上划破几道，接种上牛痘浆。后来证明，这是预防天花的有效途径，牛痘疫苗从此产生了。当今所有现代接种法都来源于琴纳的第一次伟大发现。从中我们可以看到：用移植的思路提出假设是多么神奇！

从分析数据中找出经验公式以待理论证明：丹麦天文学家第谷长期用望远镜观测天文现象，积累了大量的天文观测资料。德国天文学家开普勒对这些资料进行了分析，提出了经验公式$T^2=D^3$，即行星公转周期T（以年为单位）的平方等于它与太阳距离D（以太阳与地球距离为单位）的立方。后来这个经验公式得到证明，成为行星运动第三定律。这里的经验公式，就是一种假设。

分类：对已经发现的对象按某些特征进行分类，从而找出规律以预见将来。

达尔文于1831年12月登上"贝格尔号"军舰进行环球考察。他每到一地，便爬山涉水，采集矿物和动植物标本，挖掘生物化石。在历时五年的环球考察中，达尔文积累了大量的资料。回国之后，他一面分类整理这些资料，一面查阅大量书籍。1859年11月达尔文经过20多年研究而写成的科学巨著《物种起源》终于出版了。在这部书里，达尔文旗帜鲜明地提出了"进化论"的思想，说明物种在环境变化的影响下处在不断变化之中，是一个由低级到高级、由简单到复杂的演变过程。达尔文之所以能提出"进化论"的伟大理论，重要原因就在于他善于将考察得来的大量资料进行分类，并从中发现规律性的东西。

分类必须按主要特征来分，没有抓住主要特征，不但不能揭示规律，反而会掩盖它们。

通常提出正确的假设不是一次完成的。第一次假设如果失败，就要分析失败的原因，以便提出第二次假设。相对可靠的假设就是这样逐步逼近的。得到可靠的假设往往要经过许多次的假设，还可能耗费很长的时间。比如地震发生的原因，就经历了许多种假说：断层说、岩浆冲击说、相变说、地球自转说、板块说等等。虽然现在还没有发现地震形成的真正原因，但人类对地震的认识通过这些假说不断在深化，总有一天，人们会得到可靠的假说。

爱因斯坦说过"提出问题比解决问题更重要"、"想象力比知识更重要"。在科学研究中，往往提出假设比逻辑推导还重要，重大的科学突破，往往是提出了超乎寻常的假设，比如相对论的两条基本假设——相对性原理和光速不变原理，就极为出人意料，没有超乎常人的想象力是无法提出来的。正是以这两条基本假设为基础，爱因斯坦推导出了整个相对论思想体系，物理学因此彻底改观。

测不准原理

在研究方法方面，除了牛顿和爱因斯坦分别形成了自己独特的研究方法外，培根、康德、波普尔等哲学家也做过深入研究，给后来的年轻科学家提供了研究方法的指导。到了二十一世纪，许多科学家采用了更为实用和系统的研究方法：观察、实验设计、推演和解释。

随着科学研究范围的不断扩大，科学家们的眼光日益深入到宏观的宇宙和精微的微观世界，人们对科学研究方法的认识也越来越深刻。科学哲学家们发现：要证明一件事物为真几乎是不可能的——只能反过来建立合理的怀疑，怀疑它"不假"。

德国物理学家海森伯在1927年曾提出了量子力学的"测不准原理"，这个原理指出：一个微观粒子的某些物理量（如位置和动量，或方位角与动量矩，还有时间和能量等），不可能同时具有确定的数值，其中一个量越确定，另一个量的不确定程度就越大。测量一对共轭量的误差的乘积必然大于常数$h/2\pi$（h是普朗克常数）。海森伯在1927年发表的论文一开头就说："如果谁想要阐明'一个物体的位置'（例如一个电子的位置）这个短语的意义，那么他就要描述一个能够测量'电子位置'的实验，否则这个短语就根本没有意义。"这实际上是说：一个电子只能以一定的不确定性处于某一位置，同时也只能以一定的不确定性具有某一速度。可以把这些不确定性限制在最小的范围内，但不能等于零。这个测不准原理反映了微观粒子运动的基本规律，是物理学中又一条重要原理。

"测不准原理"实际上指出了一切测量值都不可能绝对确定，只能大致（或相对）确定，而且一组测量值之间是相互影响的。稍微思考一下，这和我们的生活常识是一致的。当我们说一段绳子长一米时，绝不能肯定它就是绝对准确的一米，只能说它接近一米，因为尺子也不是绝对准确的，绳子和尺子的长度相互影响着对方的确定性。

既然一切测量都不可能绝对准确，那么通过实验得到的实验数据也不可能绝对准确，所以实验也不能证明你的假说是绝对正确的，实验只能对假说起到支撑作用——假说获得了实验某种程度的支持，那么这个假说相对更"不假"了，而不能肯定它一定为真，仅此而已。

现代科学研究的基础是"零假说"——用实验或推演来尽量证明某事物并非虚假。实验数据并不能证明假说的正确，而只能说明假说出错的可能性有多大，绝对正确的假说是无法用实验证明的，因而绝对正确的假说也是不存在的（为零）。科学研究从某种意义上说就是尽量证明你的假说是错的（出错的可能性有多大），波普尔称之为"证伪"。如果假说出错的可能性越小，则假说越相对"不假"。所以一切被实验或实践证实的定律都只能是相对真理，它们只在一定范围或一定条件下成立，总有被证伪的那一天，科学因此而不断进步。哥白尼的日心说就把托勒密的地心说证伪了，爱因斯坦的相对论也把牛顿定律证伪了——牛顿定律在宏观宇宙和微观粒子世界里不再适用。

想象力比知识更重要

许多科学研究都是建立在假说基础上的，但也有一些研究不需要先提出假说，只要有观察和描述也可以进行研究，但这些观察和描述必须来自于有逻辑性的深思熟虑，必须受到理论的指导。正像爱因斯坦指出的："在原则上试图单靠可观察量来建立理论，那是完全错误的。实际上恰恰相反，是理论决定我们能够观察到的东西……只有理论，即只有关于自然规律的知识，才能使我们从感觉印象推论出基本原理。"

正因为如此，考古学家在考古学理论的指导下，很清楚该到哪里去发掘，并大致知道他们想要发现的是什么，但又不能很准确地预见到他们会发掘出什么。同样，流行病学研究或多重基因表达分析也不需要事先提出假说，但也往往会得到出人意料的发现，这充分表明了科学研究的魅力。

人们一般会把科学研究看作是一种有逻辑、有计划的活动，然而，大量科学发现却往往是令人惊讶和出人意料的，科学研究常常像艺术创作一样，需要想象力和横向思维的发达，它们不仅不会削弱严密性、仔细观察和细致分析等在科学研究中的重要作用，还能发现许多令人惊奇的东西。

所以，还是爱因斯坦说得精彩："想象力比知识更重要。"科学研究需要极为发达的想象力，这也是科学研究充满魅力的重要原因。神与物游，不但是诗人的特征，也是科学家的特征。人们在知识社会，越来越需要诗意地栖居。你要获得大本领，就必须浑身充满了诗意的想象……

欧几里德奇迹

字字精金美玉，为千古不朽之学问。

——梁启超对《几何原本》的评价

《几何原本》

可能很少有人知道，在欧洲历史上，印刷数量仅次于《圣经》的书竟然是《几何原本》。

这本研究平面几何的书首版于1482年，即谷登堡发明活字印刷术30多年之后。自那时以来，《几何原本》已经被印刷了一千多版，发行量惊人。这本两千多年前古希腊数学家欧几里德写的著作，其中的主要内容直到今天还是全世界中学生必须学习的内容，历史上任何自然科学理论都没有这么长的生命力和有这么广泛的影响，欧几里德创造了一个惊人的奇迹！

如果欧几里德当年只满足于把丈量土地所得的具体结果归纳为若干条经验定律，那么几何学就无法有更大的发展。但他没有这样做，而是另辟蹊径，别出心裁地用几条简单的公理加上逻辑推理方法推出了一个严谨的思想体系。

在《几何原本》中，欧几里德第一次采用了公理化的方法。公理就是确定的、不需证明的基本命题，一切定理都由公理演绎推导出来。在这种演绎推理中，每个证明必须以公理为前提，或者以被证明了的定理为前提。

这一方法后来成了西方建立任何知识体系的典范，在差不多2000年间，被西方科学界奉为必须严格遵守的学术研究规范，极大地推动了科学的发展。正因为如此，自《几何原本》问世以来，思想家们为之倾倒。德国诗人、作家歌德将欧几里德几何学视为"哲学的最完善的引言与入门"。爱因斯坦早在12岁时，就对欧几里德几何学感到惊奇。他强烈地感到几何学的"这种明晰性和可靠性给我造成了一种难以形容的印象"，正是几何学给了爱因斯坦后来创立相对论的方法启示。

欧几里德的《几何原本》是现代科学诞生的一个关键因素。科学绝不仅仅是把经过细心观察的现象和小心概括出来的结论收集在一起而已，科学一方面是将经验同实验进行结合，另一方面，需要细心的分析和严密的推理。正是在后一方面，《几何原本》提供了一整套逻辑方法。欧几里德的巨大功绩，不仅在于创立了一门几何学，更重要的是发明了这种以演绎法为特色的逻辑思维规则，这种思维规则几乎可以用在一切学科中，现代科学的飞速发展，这种思维规则起到了巨大的推动作用。

演绎法

学者们一直在思考：为什么现代科学产生在欧洲而没有出现在中国或日本？

可以肯定地说，这并非偶然。像伽利略、哥白尼、牛顿、爱因斯坦这样的卓越人物所起的作用是极为重要的，但这些出类拔萃的人物都出现在欧洲，而不是东方。我们发现，欧洲人思维上似乎更易理解科学，社会大众也特别崇拜科学家，研究科学是社会的普遍风气。使欧洲人易于理解科学的一个明显的历史因素，是古希腊的理性主义以及从希腊人那里流传下来的数学知识。对于欧洲人来讲，只要有了几个基本的原理，其他都可以由此推演而来的想法似乎是很自然的事，因为在他们之前有作为典范的欧几里德，他们都受到《几何原本》的深刻影响。

欧几里德的《几何原本》在西方的影响极大，一译再译，还出现很多批注本，它变成了一本流行的教科书。它的普及，为伽利略—开普勒—牛顿开创近代科学做了必要的准备。西方精密学科都是依照《几何原本》的公理演绎体系展开的。牛顿的名著《自然哲学的数学原理》是典型的《几何原本》式的公理演绎格式。自那以后，许多西方的科学家和哲学家都效仿欧几里德，说明他们的结论是如何从最初的几个假设逻辑地推导出来的。许多数学家和哲学家，如罗素、怀特海、斯宾诺莎也都这样建立他们的思想体系。

《几何原本》的影响并不限于数理学科。马克思的《资本论》也是依照《几何原本》的逻辑体系展开的。《资本论》第一卷，一开始就是许多基本概念的定义（价值、使用价值、交换价值、剩余价值、相对和绝对剩余价值、剩余价值率……），就像牛顿的《自然哲学的数学原理》一开始定义速度、速率、相对和绝对速度、加速度……随后是有关剩余价值产生的基本方程，即剩余价值的产生等于劳动生产率乘以资本投入，它相当于牛顿第二定律那种动力学方程。再由此推出引理、定理等命题，如：无产阶级绝对贫困化、经济危机周期律等等。

美国《独立宣言》的第一个论断是"我们认为下述真理是不证自明的：人人生而平等"。"不证自明"是《几何原本》中的五个公理的基本特征。林肯认为，"人人生而平等"乃自由社会的第一公理。它很像现代宇宙学的第一公理——宇宙学原理：整个宇宙是没有中心的，处处是平等的。

《独立宣言》的几何学式的表述，原因在于，起草《独立宣言》的杰斐逊一生酷爱《几何原本》。杰斐逊受过良好教育，是专业建筑师，自然懂得几何学。退休以后，《几何原本》仍是他最爱读的书之一。林肯早年并没有受过良好教育，《几何原本》是他后来自学的。当他成为国会议员后，仍用零星的时间钻研《几何原本》。他说，他的心灵靠三本书造就：《圣经》《几何原本》和《莎士比亚戏剧集》。《圣经》使他看到全能的上帝，《几何原本》令他发现理性的威力，莎士比亚则驱使他赞美和服务于善良的人。

同时代的中国政治家曾国藩也很重视《几何原本》。曾国藩在洋务运动初期，1865年，就支持刻印《几何原本》，并为之写序。他强调逻辑推理的重要性，主张"不能仅知演算，而不知其所以然"。后世崇尚林肯或曾国藩的政治家很多，可惜，极少有人提到他们二人崇尚的《几何原本》的理性威力。

爱因斯坦更是明显地受到《几何原本》的影响。他曾写道："适用于科学幼年时代以归纳为主的方法，正让位于探索性的演绎法。"

应当怎样创立新的思想体系？爱因斯坦认为研究者的工作可分为两步，第一步是发现公理，第二步是从公理按演绎推理的方法推出其他定律。善于发现公理，除了需要研究者自身的想象力、创造力和直觉的洞察力之外，还需要历史为他提供的条件，社会条件不成熟，科学没有发展到一定水平，也无法发现能引起重大科学突破的公理，就如牛顿不可能发现相对论一样。如果发现了适当的公理，推理就会一个接着一个，甚至有些是研究者自己都无法预料的，重大的科学突破便因此产生，相对论和量子论都是这样产生的。

爱因斯坦曾经说过："没有一种归纳法能够导致物理学的基本概念，对这个事实的不了解，铸成了19世纪多少研究者在哲学上的根本错误。"在他看来，许多所谓常识的东西其实不过是幼年时代被前人灌输在心中的一堆成见，这堆成见是需要重新思考的。它们很可能是由于人们只处于宇宙一个局部领域而见到的特殊现象，并不是宇宙的一般规律。比如，物体运动时长度不变只是低速运动的特殊现象，长度随着速度而变化才是宇宙的一般规律。爱因斯坦对一些人们认为是常识的概念如"同时性"、"质量"等都重新思考，正是这种对基本概念的怀疑精神，再加上以演绎法为特色的思维方法，使爱因斯坦创立了自己的相对论思想体系，取得了革命性的重大科学突破。

千古不朽之学问

在历史上，中国在技术方面一直长期领先于欧洲。但是从来没有出现一个可以同欧几里德媲美的中国数学家，导致中国从未拥有过欧洲人那样的几何理论体系，中国人对实际的几何知识理解得不错，但这些几何知识从未被提高到演绎推理体系的高度。

直到1600年，欧几里德几何学才被传教士介绍到中国来。徐光启和利玛窦1607年翻译的中文版《几何原本》没有在欧洲的际遇。中文的《几何原本》没有广泛印刷流传，没有注释本（只有给康熙皇帝专用的进讲本），没有变成一本青少年的教科书。系统的公理演绎的逻辑方法，在中国的典籍，包括数学典籍中，是没有的。无论在1607年之前或之后，都缺乏。直到250年后，1856年，才有李善兰与英国传教士伟烈亚力译出全本的《几何原本》十三卷，后将其用作同文馆的教材。尽管如此，学者们也只是注意到《几何原本》对数学发展的重要。此后，又经过了几个世纪，直到二十世纪初，《几何原本》的演绎逻辑推理体系才在受过西方教育的中国人之中普遍知晓。在这之前，中国人并没有从事过实质性的科学工作，也没有产生有成就的科学家。

按照爱因斯坦的说法，现代科学的发展依靠两个基础：实证方法和形式逻辑体系。爱因斯坦说："西方科学的发展是以两个伟大的成就为基础的：希腊哲学家发明的（在欧几里德几何学中的）形式逻辑体系，文艺复兴时期发现通过系统的实验有可能找出因果关系。在我看来，中国的贤哲没有走出这两步，是不用感到惊讶的。令人惊讶的是，这两项居然被发现了。"

在日本，情况同样如此。直到18世纪，日本人才知道欧几里德的《几何原本》，并且用了很多年才理解了该书的主要思想。尽管今天日本有许多著名的科学家，甚至有好几个诺贝尔奖获得者，但在理解了欧几里德几何学之前却没有一个。

由此可见欧几里德的《几何原本》对科学发展的关键性作用。人们不禁会问，如果没有欧几里德的奠基性工作，现代科学会在欧洲产生并飞速发展吗？

爱因斯坦曾经强调，欧几里德几何学是哲学家发明的体系，它并不限于数学家，而是所有"爱智"者都应遵循的思维逻辑。它是各种学问的普适基础。欧几里德的原书名是《原本》，而并非翻译成中文后的书名《几何原本》，中文翻译无意中把《原本》大大窄化了，这也反应了中国人的传统思维方式，重具体和实用，而不重抽象和推理。据传，柏拉图在他创建的阿卡德米学园门口写着："不懂几何学者莫入"。这个学园不只研究算学、几何学、光学、天文学，还研究社会科学。上述口号要求，无论研究哪一门学问，都必须先懂得几何学，也即通过研究几何学，掌握其中的形式逻辑体系。在任何知识领域内，只有应用了这种逻辑推理体系，才能形成系统化的、结构严谨的学科。柏拉图认为真理是依靠辩论（包括诡辩）而获得，他认为对几何学无知者，不懂得严谨的推理，不具有参加任何辩论的资格。

如今，数学家们已经意识到，欧几里德几何学并不是唯一的一种内在统一的几何学体系。在过去的150年间，数学家们已经创立出多种非欧几里德几何学体系。自从爱因斯坦的广义相对论被接受以来，科学家们已经认识到，在宇宙之中，欧几里德的几何学并非总是正确的。例如，在黑洞和中子星的周围，引力场极为强烈。在这种情况下，欧几里德的几何学无法准确地描述宇宙的情况。但是，这些情况是相当特殊的。在大多数情况下，欧几里德的几何学可以给出十分近似于现实世界的结论。

正是欧几里德《几何原本》的巨大价值，梁启超称该书："字字精金美玉，为千古不朽之学问。"《几何原本》最早的中文版译者之一、明代的徐光启认为该书"举世无一人不当学"，并预言此书"百年之后，必人人习之"，可惜直到400多年后的清末民初，中国人才开始普遍学习几何学。

现在欧几里德几何学已经是初中生都可以很快学会的学问，但关键是要深刻理解欧几里德几何学的思想精髓和它的演绎推理方法，掌握它的严谨系统的逻辑体系，它仍将在我们今天的研究中起到重要作用，给我们以理性的熏陶。

逻　辑

我国当代哲学家黎鸣先生曾经深刻地指出："西方人为什么比我们强大？说到根上，就是人家有逻辑，而我们没有逻辑，或者说我们自己抛掉了逻辑。"

黎鸣在《中国人为什么这么愚蠢？》一书中指出："在天（文）、地（质、理）、数（学）、物（理）、化（学）、生（物、理）、心（理）、哲（学）、社会科学（政治学、经济学、社会学、法学、伦理学、新闻学……）等等之中，我们具有五千年悠久历史传统且拥有世界上最多人口的中国人，究竟创造了哪一门、哪一科呢？又在哪一项上占有明显的优势呢？甚至日本人也可以嘲笑我们，敦煌在中国，可是'敦煌学'却在日本。

"纵观古今，我们有天文观测，但无天文学；有地理勘察（如《徐霞客游记》等），但无地质学、地理学；有植物栽培、运用，但无植物学；有动物驯养、利用，但无动物学（今天的动植物分类，我们沿用的方法仍是西方人发明的门、纲、目、属、种等系统分类方法）；有具体的数字计算，但无抽象的数学；有四大发明，但无物理学、化学；有桥梁房屋建筑，但无建筑（材料、工程、结构）力学；甚至有语言、文字、绘画、音乐，却无成系统的语言学、语法学、修辞学（许慎的《说文解字》是一部字典，《马氏文通》是后来学习西方语法学之后的产物，六书法则并未形成严格的原理）、美术学（中国绘画无透视学、无色彩学等）、音乐学（虽然中国明代朱载堉最早发现了十二平均律，但并没有使之成为和声学、音律学等）。我们中国人自称有五千年古老传统文明，却竟然是一个无'学'的文明。我们的四大发明固然伟大，但它们均为'术'，而且是古代先人在直接与自然接触的生命体验中发现和发明的比较粗略的技术，它们并没有进一步上升为'学'，也即没有变成抽象的理论思维，变成阐明事物规律的学说。例如四大发明中的火药，其物质组成成分（元素）是什么？其化学性质是什么？其发生爆炸的原理是什么？又如四大发明中的指南针，为什么它永远指向南方（或北方），磁性究竟是什么？这一切，全都要等待后来的西方人去进行抽象的理论思维才最后获得认识。我们中国人在所有方面，几乎都只在'术'上止步不前，从而在'学'的领域成就甚微，简直可以说无'学'。

"什么是学科意义上的'学'呢？其关键即在具有高度抽象的理论，该理论既可以解释事物已有的现象，又可以抽象地描述现象发生的规律，从而不仅可以具体解释事物当下实际的运行，还可以进一步预言事物未来的状态和变化，并在进一步的实践中获得验证，或证实，或证伪。

"建立理论的最重要的前提之一，即必须掌握最基本的逻辑思维规律。

"什么叫逻辑？逻辑就是讲话的根据、工具、规律，也就是思考的根据、工具、规律。中国人把这个命根子丢掉了，所以中国人讲话、思考丧失了根据、工具、规律，中国人变成了不会正确讲话、不会正确思考的民族，说白了，是变成了不会讲理，而只会讲礼、讲情、讲等级、讲面子，最后是只讲传统习惯势力的民族。这个传统习惯势力就是两千多年来独尊儒术的传统习惯势力，就是两千多年来极权专制的传统习惯势力。

"逻辑就是你怎么讲话、怎么思考，你用一种什么方法讲话和思考，怎么能够使你的讲话和思考符合真实、真理、有效、可靠。这就是逻辑。

"真正的逻辑不仅仅是语言、思维的规律，不仅仅是数学发生并形成的规律，更主要的，它是一切万物万事发生、成长以及结果的总规律。"

黎鸣先生指出了逻辑的极端重要性，科学思维的精髓之一就是逻辑推理，只有掌握了逻辑推理的方法，研究才能深入，才可能建立新的学说和系统的思想体系，科学才可能不断发展。所以我们在进行研究性学习时，必须高度重视掌握逻辑推理的思想和方法，这更是培育自己理性精神的极好机会，也是人格完善的必须。

瞎子应当怎样摸象？

新时代是个"思考力差距化"的时代。

——大前研一（日本战略家）

三个诸葛亮为什么顶不了一个臭皮匠？

三个臭皮匠顶个诸葛亮，是中国人都很熟悉的成语，这个成语的意思是说集体的智慧往往超过单个天才的智慧。可是，在现实生活中，我们常常发现：三个臭皮匠之间如果发生争论，往往顶不了一个诸葛亮。更有甚者，三个诸葛亮争论起来，可能连一个臭皮匠都顶不了！

著名作家王蒙曾经研究过我国建国以来理论界的历次重大争论，他发现，当年一些争论得热火朝天甚至你死我活的问题，不过是一些"人要吃饭"之类的常识问题。比如农民可不可以包产到户、可不可以有自留地、可不可以卖自己种的菜、实践是不是检验真理的唯一标准等等。其实当年只要到农村去实地看看，连臭皮匠都很容易得出结论：只要包产到户，并给农民留些自留地，粮食产量和农民生活水平立刻就提高了，根本就用不着争论。可是我国的理论家们却一本正经地争论了几十年，最后竟然上升到了你死我活的阶级斗争的高度，甚至有许多人为这样的"争论"弄得家破人亡，直到粉碎"四人帮"后，安徽凤阳小岗村的农民们还要冒着杀头的危险偷偷搞包产到户。

现在回头来看这些耗费了无数精力甚至牺牲了许多生命的争论，简直荒唐透顶，真让人哭笑不得——我们那些貌似诸葛亮的理论家们在瞎忙些什么？世上还有比这样的"争论"更可笑更可悲的么？那么多诸葛亮竟然都顶不了一个臭皮匠！曾经三起三落的邓小平深知这些"争论"的误国，干脆决定"不争论"，正是"不争论"的智慧，成就了我国改革开放的巨大成就。

当代竞争：智慧管理方法的竞争

随着世界快速进入知识经济时代，有知识的人越来越多，竞争越来越成为智慧和创意的竞争，怎样集中更多人的智慧和创意来取得竞争优势，成为各个机构领导人的紧迫课题。人们不得不深入思考：三个臭皮匠怎样才能真顶一个诸葛亮？或者进一步，三个诸葛亮怎样不争论地合作成就一番事业？也就是说，人类能否发明一种思维游戏规则，能够既避免争论又能集中许多人的智慧来从事建设性的事业？

集体研究，其实就是一个集中众人的智慧来提出和解决问题的过程，因此更需要这样的思维游戏规则。

比尔·盖茨的微软公司，每开发一个软件，都要动员几千名软件工程师参与，这是一个多么浩大的智慧管理系统工程！如果这些高智商的人才忙于互不相让的争论，都认为自己的意见最正确，恐怕任何软件都开发不出来。知识经济时代，其实是一个集体智慧竞争的时代，哪个组织更能激发出成员的集体智慧，并用一套合理的思维游戏规则将集体的智慧引导到建设性的项目上来，它就必定会在竞争中胜出。

当今各领域的研究越来越成为集体行为，研究性学习就要求小组合作研究。要把学习变为研究，掌握既避免争论又能集中集体智慧来解决问题的思维规则显得尤为重要和紧迫。

人人都可能是瞎子

"瞎子摸象"是中国人很熟悉的一条成语，孩子们在小学就学过了，那几个摸象的瞎子早已成为人们的笑柄。可是有多少人认真想过，自己在认识事物和面对各种问题时，是不是也成了摸象的瞎子？在会议上、在讨论中、在项目开发中、在做大大小小的决策时、在研究课题时，人们争论来争论去，"公说公有理，婆说婆有理"，都认为别人错误，自己正确，就像那几个摸象的瞎子，这个说象是一根柱子，那个说象是一堵墙……。"瞎子摸象"式的思维方式，使多少智慧在争论中相互抵消，多少时间在争论中浪费，其实我们每个人都经常是摸象的瞎子。

如果仔细思考一下研究课题的过程，就会发现，任何研究其实都是一个瞎子摸象的过程。研究就是从对研究对象片面、肤浅的认识逐渐过渡到全面、深刻认识的过程。

研究的核心是思考，思考的前提是怀疑，"我思故我在"的"思"，首先就是怀疑，不迷信权威，不从众，只相信证据和符合思维规则的严密推理。

法国哲学家、数学家笛卡尔曾经提出了思考的四个基本方法：1. 凡是我没有明确地认识到的东西，我绝不把它当成真的接受，只能当作假设；2. 把难题分成若干部分来一一解决；3. 按秩序进行思考，从最简单的对象开始，逐步上升，直到认识最复杂的对象，就连那些本来没有先后关系的东西，也给它们设定一个秩序；4. 尽量全面地考察，尽量普遍地复查，做到确信毫无遗漏。

正是笛卡尔提出的这些思维方法，奠定了现代科学研究的基础。

现代社会的研究和开发越来越成为集体行为，许多课题研究和开发项目涉及到众多的学科，需要不同学科背景的研发人员通力合作才能完成。因此，必须尽力寻找既能避免争论，又有建设性的思维规则，把集体智慧引导到研究和解决问题上来。知识经济实质是大脑里的智慧经济，智慧管理是最高级的管理。

怎样正确地摸象？

在集体合作研究过程中，最关键的就是集体讨论和思考。游戏必须有规则，思维更要有规则。英国思维大师爱德华·德·波诺写的《六顶思考帽》就提出了一套思维游戏规则。如果自觉运用这套思维规则，将会使讨论和思考效率大大提高。

瞎子摸象式的思维之所以可笑，原因在于瞎子们在同一时间摸着象的不同部分而引起了争论，如果让瞎子们同一时间都摸象的同一部分，并且大家都依次摸遍象的全身，则不会发生争论，并且对象都会有全面一致的认识。

六顶思考帽的思维规则就是按这种思路设计的。

六顶思考帽的规则是：在集体思考时，在一个时间段里，让大家都戴上同一种颜色的帽子，同时思考这种帽子代表的内容。

六种颜色思考帽代表的思考内容：

白色思考帽：提出客观的事实和数据，没有任何感情色彩。

红色思考帽：表达情绪、直觉、感情，提供感性的看法，感情可尽情发泄。

黑色思考帽：提出冷静和严肃的批判性意见，意味小心和谨慎，指出任一观点的风险所在。

黄色思考帽：乐观、充满希望的积极思考，只看思考对象的优点和长处。

绿色思考帽：提出创造性的新观点、打破框框的奇思妙想。

蓝色思考帽：对思考过程和其他思考帽的控制和组织，对思考过程的管理。

六顶思考帽基于如下三条基本原理：

1. 分开思考。思考的最大障碍在于混乱，原因就是试图同时思考太多的方面。情感、信息、逻辑、希望、创造性都搅在一起，特别在集体思考时更是如此，争论就是这样产生的。这和笛卡尔把难题分成若干部分，再建立秩序，然后按秩序——思考的方法是一致的。

2. 一个时段只思考一个方面。只容许所有思考者在同一时间段内思考同一个方面的内容。思考者要将逻辑与情感、创造与信息等六个方面区分开来，在不同的时间段里让大家同时思考其中一个方面。传统的"一分为二"的看问题方法，这里发展成"一分为六"。大家都轮流从六个方面去思考，就做到了笛卡尔要求的"尽量全面地考察"。某一时段的每个思考者都朝同一个方向思考，所有的观点都平行排列出来。每个人不需要对其他人的看法立即做出回应，只须排列出每个人的观点，不立刻否定任何意见，这就避免了争论。若两个观点互相冲突，则并列出来，承认它们在某种情况下都对，对它们都给予同情的理解，这样能做到笛卡尔要求的"确信毫无遗漏"。稍后必须两者选一时，才会做出一个最后的结论。

3. 寻求向前发展的路。这种思维规则强调思考"能够成为什么？"，而非"本身是什么？"，是寻求一条向前发展的路，而不是争论谁对谁错，它从思维规则上保证了"不争论、只发展"，是一套探索性、建设性、引导创新的思维规则。

使用六顶思考帽的方法：

单独使用： 所有人都同时戴上某顶思考帽来进行某个方面的思考。

连续使用： 一个接一个地按顺序使用各种颜色的思考帽，但没必要每一顶思考帽都用到。

这时有如下两种用法：

预先设定序列： 大家先戴上蓝色思考帽讨论决定帽子使用的顺序，这种方法常用在初学的时候。

逐渐形成顺序： 由一人选定第一顶帽子，使用完后，再选择下一顶。可用在大家已熟练思考帽使用规则的时候。

只有小组的主持人才能决定使用什么思考帽，所有成员在某一时刻只能戴上同一顶思考帽。任何一个成员都不允许随便说：这里我想戴上黑色思考帽思考。

在戴上每顶思考帽时，通常只允许每个人讲一分钟，必要时才延长到把看法陈述完为止。戴上红色思考帽表达感觉时更应简洁明了。在大家都戴上某顶帽子时，可让成员轮流独立思考，主持人也可询问某个成员在某顶帽子下的思考结果。

帽子使用顺序没有一定的模式，根据实际问题来灵活设定。蓝色思考帽在讨论开始和结束时都必须使用。

个人也可以用六顶思考帽的方法来思考、决策和解决问题。

使用六顶思考帽的好处：

可使讨论和思考的结论自然而然地形成；

把关注焦点放在画各条路线图上，只要路线图画出来了，选哪条路就不用争了；

任何人做决定时，都会经历赞同、反对、感觉、事实等过程，六顶思考帽把这些方面有效地区分并按顺序组织起来，使思考更清晰更有秩序；

在无法做决定，又必须做决定时，由红色思考帽裁决，所有的决定都属于红帽，戴上红帽投票，这就给直觉思维留下了余地。

六顶思考帽有两个目的：

一是简化思考，某一时刻只思考一件事；

二是让思考者自由转换思考方式并不伤及自我和个性。

六顶思考帽在许多著名的跨国公司中得到了成功的应用，这些大公司在决策、会议、讨论、研发过程中，系统地运用六顶思考帽的思维规则，获得了极好的效果。

把学习变成研究时，关键就在于掌握思考的规则，应当自觉把六顶思考帽变成讨论和思考时的共同准则，在做集体课题研究时，自觉运用六顶思考帽的思维规则，将会使研究更有效率、更快地得到研究成果。

被誉为日本"战略之父"的大前研一在他写的《思考的技术》一书中写道："新经济是呈倍数形态的，所以思考力的差距所造成的经济能力差距，也是呈倍数的。而且现金流是从全世界流入无国界的世界里。因此，新时代是个会因思考力而造成极大差距的时代。换句话说，新时代是个'思考力差距化'的时代。"

我国的应试教育特别强调死记硬背，让学生把大量知识记入大脑，而真正智慧的记忆是把思维规则和思维方法记入大脑，而把知识存储在电脑硬盘或数据库中，在需要时能够方便快捷地取出来使用，这样知识活化率才高。大脑是CPU，即信息处理器，主要是用来处理信息和思考的，并不是用来记忆的，硬盘和数据库才是用来记忆的，二者配合好，电脑才能功能强大。上课也应当是训练思考，而不是增加知识记忆，知识是在思考中顺带掌握的。所以大脑要记忆的是处理信息、思考、研究的规则和方法，而不是信息或知识本身。我国学校教育把大脑中最珍贵的CPU当硬盘来使用了，这样大脑记忆得越多，制造的混乱也会越多。

用各种方法来努力提高自己的思考力是时代的需要，每个人都要多方接触新经济的各种形态，增加实践经验，掌握六项思考帽这样先进的思维规则，同时不断反复做能够提高思考力的训练，也就是做中练，最终就能大幅度提高思考力。

中国式辩论赛：思维的误导

公说公有理，婆说婆有理。

——中国式辩论赛

把辩论和辩证区分开来是非常重要的，辩论者是为了取胜，而辩证者则是要努力发现真理。

——罗　素

研究需要比较高的思维能力，而提高思维能力的方法之一是参加辩论赛。如今中国的年轻人很喜欢参加辩论赛，许多人因参加过辩论赛而变得伶牙俐齿能说会道。但我发现，辩论赛没让中国人变得更会思考和更会讲理，反而变得更不会思考和讲理了，很多人无理也能搅三分。

这是为什么呢？

仔细分析一下，就会发现：中国式辩论赛本身存在着诸多的思维误导。

逼人说假话

首先辩论赛的规则便大成问题。赛前，双方根据抽签来决定谁是正方谁是反方，而不管每个辩手到底认同哪方观点。由于抽签前难以预料本队抽到正方还是反方，所以双方都事先准备了正反方两套辩论方案。如果本队抽到了反方，那么辩手不管对反方的观点多么不以为然，也要旁征博引地、文采斐然地、幽默风趣地、敏捷迅速地表达反方观点是多么正确。如果抽到了正方，也同样可以妙语生花地论证正方观点绝对正确。也就是说，辩手可能说的是假话，论证的根本不是自己真正认同的观点，但都能雄辩滔滔地论证自己绝对正确，而对方观点全是谬误。就是说，不论抽到哪一方，辩手都总是有理。

逼迫辩手雄辩滔滔地说假话岂不荒唐？

中国当前普遍存在的道德沦丧、信仰缺失不就是从假话泛滥发源的吗？辩论赛不但不纠正这种弊端，还在用规则倡导之，岂不是误导？

自己永远正确吗？

本队总是有理绝对正确更为荒唐！

这种本队永远正确而把对方"辩"得一无是处的思维模式，其实和专制君王不许有不同意见如出一辙，类似文革中强词夺理的大批判。

辩论赛的辩题大多是一些永远争议不清的问题，比如"人性本善还是本恶？"、"成才是遗传重要，还是后天努力重要？"之类的辩题，人类已经争论了几千年，相关的著作汗牛充栋，形成了许多不同的思想流派，而且今后仍将争论下去，不可能得出绝对正确的结论。可在辩论赛前，辩手们就已经下了不容置疑的结论，而且都能论证正反结论都对，在自相矛盾下，却能论证本队总是有理，绝对正确，真乃天下奇闻！

赛前就认定本方观点绝对正确的"辩论"还叫什么辩论？结论一定要在辩论之后下，正是结论不确定、观点可能多元才需要辩论，否则根本不必辩。在这种根本不必辩的"辩论"的误导下，辩手们的思维水平不但没有获得提升，反而培养出了一种貌似讲理的蛮不讲理——辩手可以不管自己真正的观点是什么，都能把正反两方观点论证得绝对正确，自己就跟自己矛盾，根本违反了形式逻辑中的矛盾律，使中国式辩论成了彻头彻尾的诡辩和表达技巧展示，与发现真理根本无关，这是重"术"不重"道"、因小失大的根本性思维误导。

中国式辩论赛让人觉得：实践已经不是检验真理的唯一标准，口才才是检验真理的唯一标准，谎言精彩地重复一千遍更是真理。这种辩论赛只会引导观众怎样论证自己永远正确，而不管自己的观点是否真的正确。人人都认为自己永远正确的社会将是多么可怕的社会？这样的辩论赛再雄辩滔滔都没太大价值，甚至辩论越精彩对观众思维的误导越大。当年希特勒就堪称德国的最佳辩手，他能雄辩滔滔地论证他提出的"国家社会主义"永远正确，而且不许别人反驳，最后把德国引入世界大战的深渊。中国文革时发生的众多武斗，原因也是强调本派绝对正确的大批判引发的。文革过去了几十年，可我们的辩论赛还在强化文革思维，不是很荒唐么？

因此，必须对辩论本身正本清源，弄清什么样的辩论才是有益的，才能避免辩论赛的思维误导。

辩论之功

辩论在人类历史上曾经风光过，精彩的辩论也曾经激发出许多伟大的思想。无论中西早就有辩论的传统，我国春秋战国百家争鸣时期的名家就以善于辩论著称，公孙龙的"白马非马"论曾经名噪一时，使中国人的抽象思维能力开始萌芽。古希腊哲学家苏格拉底就是靠在雅典街头与人辩论来启发大众学会深入思考。著名的苏格拉底之问，成为雅典公民独立思维的助产婆，他的学生柏拉图写的《理想国》是一本对话集，对话其实就是一种广义的辩论。

柏拉图认为真理要靠辩论（包括诡辩）获得。古希腊一些辩士甚至靠传授辩论术赚了大钱。西方中世纪的基督教会专门设置了一个"魔鬼辩护师"的职位，这个魔鬼辩护师专门对宗教裁判从反面提出意见，以使裁判结论考虑更加全面，这就是一个非常理性的制度设计。正是通过辩论，西方文化发展出了一套成熟的逻辑思维规则，造就了一代又一代的思想家、哲学家、科学家、政治家、学者，直接催生了欧洲文艺复兴，为近代科学和民主奠定了基础。这种辩论传统后来发展成了西方议会辩论制度和法庭辩论制度，现代民主和法制的精髓之一就集中体现在这种辩论制度上。

思维方法的落后才是最根本的落后

我国当今辩论赛的思维模式，其实反映了我国一个根本性的弊端：辩论早早被专制统治者禁止了。

自从董仲舒提出"罢黜百家，独尊儒术"并被汉武帝采纳后，两千多年来，中国便陷入了长期的不许辩论的思想专制，从此中国读书人只在民间书院讲学中零星见过学术辩论，但辩论始终无法普及和健康地发展。

我国从隋朝开始的科举制度一统天下后，考试内容都是统治者规定的"标准答案"，不许考生思想上越雷池一步，中国从此形成了长期又完善的制度化的思想专制，读书人更没有辩论的机会和场合了，造成了思想学术万马齐喑的压抑状态。思想专制是政治专制的核心，因此中国历史上奇缺思想家，大众更是缺乏科学和民主意识，中国传统社会产生不了近代科学和民主与缺乏辩论制度和环境有极大关系。

杨振宁教授在题为《近代科学进入中国的回顾与前瞻》的讲座中谈到："公元1400年前后好几个世纪，文艺复兴在欧洲崛起，产生了巨大的文化与知识的进展。在公元1400-1600年两百年间，几乎人类各项活动在欧洲都有了长足的进展。从长远的角度来看，事实上技术领域的进展可能相对是最不重要的。在艺术、建筑和文学方面的进展都有更大的影响，它们使欧洲文化迈入了新的时代。但是如果就影响来看，'自然哲学'的进展恐怕是最重要的。因为它为近代科学的萌芽准备了肥沃的土壤。只须列举这两百年间欧洲一些伟大思想家的名字已足够看出这些进展的气势与其长远的影响：

达·芬奇（1452-1519），哥白尼（1473-1543），马丁·路德（1483-1546），加尔文（1509-1564），纳皮尔（1550-1617），培根（1561-1626），伽利略（1564-1642），开普勒（1571-1630），哈维（1578-1657），笛卡儿（1596-1650）

相反地在中国，1400-1600年这200年是一段知识停滞不前的时期。这时期中最著名的哲学家是王守仁（即王阳明，1472-1528）。他的学说，我认为没有对中国思想或中国社会产生什么真正的长远影响。比起上面列举的欧洲大思想家对后世的影响，王守仁的影响是望尘莫及的。他的部分思想可以被解释为反科学的。可是，即使是这一部分，在以后的几个世纪中亦没有产生多少影响。"

欧洲文艺复兴时期，思想界真是群星灿烂，他们对欧洲大众产生了巨大影响，后来欧洲的飞速进步，原因就是这些思想家奠定了思想基础，世界文明史其实根本上是思想史。我国只有区区一个王阳明，他的思想还有一部分是反科学的，但就这点儿可怜的思想资源也没在中国产生什么影响，我们在思想上的"赤贫"其实比经济上的贫困更触目惊心！思维方法的落后，才是中国最根本的落后。

最令人忧虑的是，如今思维落后的状况并没有得到重视和改善，诺贝尔经济学奖获得者科斯就曾指出：中国当今最缺思想市场。有了思想市场才可能产生思想家，在思想家的影响下，社会才能有真正的进步。日本明治维新之所以能成功，重要原因之一，就是号称"明治维新之父"的思想家福泽谕吉对日本社会广泛、深刻的影响。

思想市场最能引发大众的多元思维，激发出创造力，而思想市场要靠辩论来形成，因此，深入研究辩论，形成健康的辩论风气，对当今中国有重大而深远的意义。

辩论的前提

中国古代也曾有许多能言善辩之士，如春秋战国时代的苏秦、张仪之类能给君王出"合纵连横"之策的人物。但这种人物只能称为"策士"即给君王出谋划策的人，而不能称为"辩士"。

辩论的第一个前提是：双方平等。策士与君王首先就不平等，他们与君王是隶属关系，根本谈不上与君王平等地辩论。三国时期，诸葛亮去东吴

"舌战群儒"，事先也是成竹在胸结论在握，他根本就是去说服江东群儒联合抗曹的，也谈不上是辩论。

辩论的第二个前提是：双方事先都没有绝对正确的结论，这时候才需要辩论。

辩论的第三个前提是：许多辩题是不可能辩出唯一正确的结论来的，无论正反方都不可能得出绝对正确的结论。正是这些永远辩论不清的命题，启发人们不断从各种角度思考，人类的思维方式不断完善和多元，思维工具越来越先进，众多哲学流派因此而产生，人类的思维水平不断提高，思想市场不断完善。在当今越来越复杂的时代，这种永远辩论不清的复杂问题只会越来越多，因此倡导多元、宽容、理性、双赢、互益的辩论越来越重要，辩论是思想启蒙的极好形式。

在经过了"文革"万马齐暗不许辩论的黑暗年代后，中国人对辩论的权利情有独钟格外珍视，中央电视台不断举办国际大专辩论赛，如今辩论赛已经普及到了中国的每一个角落，这是历史的进步。但当今中国还仅仅是允许辩论了，其实还很不会辩论，甚至还没入门，还需要深入思考真正有益的辩论该是什么样的？

辩论和辩证

辩论其实一种论证，是严谨地讲理。亚里士多德把论证分为证明的论证和论辩的论证。证明的论证的论题必须是基本真理和科学知识，论据要求严格，必须由真实、必然、原始的基本原理来担当，目的是为了发现真理。而论辩的论证使用未必真实、原始的判断作为论据，目的是让对方接受自己的主张。有益的辩论应当像证明的论证。罗素说过：把辩论和辩证区分开来是非常重要的，辩论者是为了取胜，而辩证者则是要努力发现真理，辩证者就是要采用证明的论证。

这种证明的论证其实是一种科学思维训练，对科学研究大有益处，科学就是在这种论证中不断发展的。当年围绕哥白尼的日心说、达尔文的进化论，西方就曾经发生过极为激烈的争论，哥白尼和达尔文就是靠了基于大量事实的证明的论证得到了科学界的承认。正是这样证明的论证，使真理越辩越明，而且得到广泛传播。

定义：什么是"文化"？

我们常常见到报刊杂志上辩论文化问题，特别是中西文化的论战，我国每隔一段时间就会发生一次。有些人主张"中体西用"，有些人宣扬"全盘西化"，有些人鼓吹"中西结合"，有些人倡导"西体中用"、有些人倡导国学，有些人宣扬普适价值。文化问题虽然有很多次辩论，但越辩论越让人闹不清什么是"文化"了。

既然要辩论文化问题，那么首先就要把"文化"的定义弄清楚，到底什么叫"文化"？据说如今"文化"的定义有三百多种，那么大家在辩论文化问题时，是不是都用的同一种文化定义？如果大家用的不是同一种文化定义，就无法辩论下去。我们发现，许多文化辩论，其实双方的"文化"定义是不同的，许多无谓的争论就是因为概念定义不清造成的。

给概念下定义并不容易，"文化"这样的概念就更难下定义了。有时我们在大街上看到两个人吵架，他们越吵听的人越糊涂，不知道他们在吵什么，两个人说的不是一个东西，他们对概念的定义根本就不一样，鸡在跟鸭讲。许多浪费时间的争论其实都是这样造成的。概念不清，不重视概念的定义，是许多中国人的思维弊端。

在辩论时，给概念下定义的权力不能垄断在某个人或某一方人手里，某个概念的定义必须是大家都认同的。定义就如游戏规则，大家都必须遵循这共同的游戏规则才能玩儿下去，这些游戏规则不能由某个人随意定任意改，必须参加游戏的人公认，并共同遵守。给概念下定义是辩论的基础，真懂辩论的人必然对概念的定义非常在意，辩论前他会努力把概念的定义彻底弄清楚。

论证过程比结果重要

辩论的思维是一种强调论证过程比结果重要的思维，辩手的水平就体现在论证过程的严谨可靠上，而结果反而并不太重要，许多辩题也难以有唯一正确的结论。辩论的思维和科学研究的思维是一致的，科学研究就是不断发现和提出问题，并运用想象力提出解决问题的假设，然后用各种证据按逻辑规则进行严谨的推理论证，逐步验证假设，这和辩论的论证过程是一样的。

在辩论中一方提出一个观点，只能算未有定论的假设，一定要允许对方质疑为什么是这样？真正有益的辩论，表达要有逻辑一贯性，论证过程不能违反同一律、矛盾律、排中率等逻辑规则，不能有逻辑漏洞。逻辑规则实质上就是思维的规则，人人都必须遵守，这也是中国传统文化最缺乏的。中国许多文人很擅长抒情和辞藻华丽的表达，不会逻辑严谨地说理，因此普遍缺乏客观冷静的理性精神，这在中国式辩论赛中表现最突出。在论证中，任何结论都必须有充足证据的支持，而不是靠幽默和辞藻华丽的所谓雄辩来战胜对方。胡适先生说过：科学就是拿证据来，事实胜于雄辩。

在辩论中，辩手不能强迫别人接受自己的结论，他会用精确的概念定义、充足的事实和论据、严谨的逻辑推理来证明一个结论，靠理性的说理来征服人。他也不轻易接受别人的结论，而要考察对方结论的论证过程是否具备上述几个要素，这正是科学的批判性思维的表现。

中国目前盛行的应试教育，给学生从小就灌输了各种各样的未经严格论证的结论，这些结论大多是被当作正确答案要学生背下来以对付考试，不能有丝毫的怀疑，如果你怀疑，答题的结果与标准答案不一样，考试很可能不及格。这和科学研究最需要的怀疑精神以及高度重视论证过程的要求是完全相悖的，实际上还是科举统一、标准、僵化的思维模式，致使中国人从小就很难形成科学精神和科研传统，更难养成自主创新能力，只会模仿，形成精神上的奴性人格。

一个好辩手和别人不一样地方就是说话具备了辩论的所有要素，让人觉得他说话概念清晰，证据充足，内在逻辑严谨，充满了理性力量，让人不得不服，而不是气势逼人辞藻华丽滔滔不绝地辩败对方。

研究：辩手的基本功

在辩论赛前，辩手应对辩题有一种研究的心态和收集事实的能力。优秀的辩手拿到一个辩题，一定会先调查和搜集大量资料，然后根据事实、数据、资料提出自己的假设，之后依据逻辑思维规则认真推理论证，得出可靠的结论，形成自己的观点，这其实是一个完整的科学研究过程。辩手先要怀着一种谦卑的态度，对很多问题我们以为自己懂了，深入研究一下就会发现，其实自己所知甚少，甚至可能对一些基本概念的定义都没真正弄清。

人的一生只要有一次这样系统而又具体的研究过程，就会让你极大地提高思维水平和研究能力，而且会让你变得谦卑。你会认识到下一个结论不是那么简单，你学会了科学论证的方法，具备了科学精神。如果你的人生中幸运地有3到5次这样的机会，那你就基本上成为一个很成熟的有科学理性精神的知识分子了。

美国教育要求美国人从幼儿园就开始研究，直到博士毕业，不知研究过多少课题了，美国人中该有多少成熟的知识分子！怪不得美国人获得了最多的诺贝尔奖，有这样的科研传统，怎么能不英才辈出？西方人就是这样，不断地提出问题研究问题解决问题，思维工具越来越先进，因此西方文明领先世界。

古希腊曾经因为辩论流行，产生过一个"诡辩派"，他们为了辩论而辩论，无理搅三分，有点儿像如今中国的辩论赛。但在辩论的风气中涌现出了大哲学家苏格拉底，苏格拉底与"诡辩派"根本不同的是，他通过辩论来追求真理，不只是为了辩论而辩论。苏格拉底说过："我唯一知道的，就是我的无知"，他通过辩论，认识到了自己的无知，达到了最彻底的谦卑，反而成了影响最大、影响时间最长的伟大哲学家。柏拉图认为对几何学无知者，不具有参加任何辩论的资格，因为几何学中包含了演绎推理的逻辑法则，不懂逻辑法则的人说话无法有逻辑一贯性，跟这样的人辩论是浪费时间。从某种意义上说，西方科学精神和科学方法的起源就是来自辩论。

一个人不应急于发表自己的观点，更不要轻易下结论，而是先要想一想这观点背后的问题。先想想历史上人类最优秀的头脑是怎么想这些问题的，然后才可能站到巨人的肩膀上，再看看能不能把对这个问题的理解稍稍向前推进一小步，否则你想了半天的问题也许前人已经想得非常透彻了。能把巨人想过的问题稍稍向前推进一小步就不得了了，人类文明就是这么一小步一小步地推进的。所以在研究中，要强调搜集前人的研究成果，去查阅相关的文献，去读经典名著，从而使自己知道天高地厚，这个过程就是典型的既有继承又有创新的研究过程，也是自己思维水平不断提高的过程。

大音稀声

我们不难发现这样一种现象：经常有人说，某某口才不好，但是思想非常深刻。某位大学者水平很高，但不擅言辞，有内秀。这种说法其实大有问题。

口才好，是指能把一个问题说清楚。如果能把问题想清楚，就一定能说清楚，说不清楚，说明还没想清楚，思维根本就是混乱的。语言是思维的外壳，思维不清楚，语言没法清楚。辩论的过程就是逼迫辩手把一个问题彻底想清楚，并且能清晰地表达出来。

曾经担任过辩论赛教练的郭宇宽先生指出：定义和逻辑思维规则，就是一个辩手的工具，它们决定了人的思维境界。能把对一个问题的思考清晰地表达出来，你的思想也就到那个境界了。某位得诺贝尔经济学奖的经济学家，其实就提出了一个简单的概念——"信息对称"。就是提出了这一个概念，一篇不长的论文就得了诺贝尔经济学奖。因为人家用这一个概念，就很好地解释了生活中常见的一些经济现象。这个概念，其实是经济学家穷其毕生精力思考研究出来的，最后总结出来就是这么一个很简单清晰的词语。而我们国内有的经济学家，动不动写了几十本书，但大部分都是垃圾，对人类的思维境界和有效表达没有任何贡献。真正的大师，都是通过长期深入的研究，最后根据思维规则推导出了简洁清晰的结论。

一位好辩手，不是拿到一个辩题可以滔滔不绝说几个小时，那往往是头脑混乱，水平低的表现。而是几分钟就能说透一个问题，这个问题在一定范围内已经不用讨论了，再说都是废话。这就要求辩手要养成深思熟虑后精确简洁表达的习惯，你表达的水平，就是你思想的水平，老子说过"大音稀声"，就是这个道理。

辩手的风度：同情的理解

很多人认为能滔滔不绝地自说自话是口才好的表现，我国当今的许多辩论赛往往培养的是口齿伶俐而不会倾听的人。

刚接触辩论的人一开始会觉得倾听是非常困难和非常累的事情，有些辩手恨不得不让对方说话才好。辩论训练中也教一些技巧，能把对方堵得说不出话来。其实更有利于辩手成长的是欢迎对手来质疑自己的观点，甚至努力帮助对方把他的意思表达得更有效、更清楚，鼓励他把他的思维逻辑展现出来，自己认真地倾听，这样的辩论才有益处，对自己的思维才有启发和帮助。

当你对一个问题已经有了成熟思考的时候，如果你用语言堵得对方说不出话来，你自己在那儿滔滔不绝地阐释自己的观点，确实在观众眼里，你似乎赢了，但是如果第二次，第三次，以后都这样，那么你自己的思维水平无法提高。

对方思想清晰表达出来的过程，也是你从中学习提高的过程。当你设法去回答别人提出的、自己之前没有思考过的问题的时候，你的思想和认识会迅速提高。辩论的精髓其实是吸纳，而不是排斥，不是把对方驳得一无是处，而是吸纳对方的有益见解，以补充自己考虑不周或不深的地方，使自己的认识更加全面深刻。那么在辩论中首先就要学会真诚地倾听，尊重和理解对方的意见，看看对方有些什么与自己不一样的高明看法，以便自己采纳。

真正有益的辩论是双方相互吸纳对方的意见，形成高于自己原有认识水平的共识，又在新的认识水平上形成不同看法，再通过辩论形成新的共识，双方的认识水平因此而螺旋式上升，得到双赢的结果，所谓"辩证法"的原意就是这种双方共同提高的过程。只有这样的辩论，才会达到真理越辩越明、思维水平越辩越高的目的，否则只会越辩越糊涂，越辩思维水平越低，越辩越伤和气，双方只会更加坚持自己的意见——意气之见，连做人的风度都降低了，这样的辩论其实得不偿失，两败俱伤。

胡适先生把尊重对方、善于倾听、善于吸纳对方长处的态度称为"同情的理解"。宽容比自由更重要，宽容是自由的前提。有益的辩论可以提高辩手的倾听能力和宽容精神，善于捕捉到别人发言中最关键最精彩的部分。懂得辩论的人的倾听会比一般人更有效率、更全面、深刻、系统。比如在看牛时，别人眼里看到是一头牛，而在你眼里可能还看得到牛的骨架结构、肌肉纹理，眼光犀利具有穿透力。

郭宇宽先生指出，有些人学了辩论以后变得很能说，这是水平还不够高的表现。一个优秀的辩手应该惜话如金，很会听。因为他像"庖丁解牛"一样，一上来就把对方说话的逻辑听得非常清楚，知道什么样的问题是不值得浪费精力纠缠的。即使一个复杂的问题，也能看清它的逻辑脉络，能听出问题关键在哪里。在面对值得辩论的问题时，低水平的人，就像泼妇打架，张牙舞爪把相互脸都抓破了，也分不出个胜负。真懂辩论的人，不动声色，一出手就会很狠，就像武侠小说里描写的，瞬间就捕捉到一个人的命门在哪里，就是用一根筷子戳进去也能致人死地。

台湾和韩国的议会里，议员们在辩论时动不动大打出手，上演全武行，看来他们只学到了辩论的皮毛，还没有学到精髓。可见人的思维模式的转换是多么的不容易！在儒家文化影响下的亚洲国家，要出现真正的辩论，可能还任重道远。

多维视角：自己并不总是正确

在当今全球化的时代，每个人都经常会遇到有不同价值观和信仰的人。

有益的辩论教给人对不同价值观的尊重和对不同信仰的同情，努力想去倾听和理解与你不同的声音。当你有了前面说的几种能力：追求定义的清晰；强调逻辑的一贯性；具有彻底的谦卑和研究能力；有倾听和理解的习惯；说话简洁清晰之后，你应该做的是努力寻找那些与你不同的声音和信念，并去追寻这些观念背后的"为什么"，形成多维的视角。

世界各国和各民族对同一个问题往往有不同的看法，不存在一个有统一标准的正确答案，每个人的观点和信念也不一定正确。当你有了不同观点的参照，会增加许多自省的意识。就像一个人早晨起来要照镜子一样，因为在镜子中你才能看到你的形象，认识到你的自我是什么。不站在另一个角度，不换位思考，你往往认识不清自己。

郭宇宽先生指出，一些喜欢儒学的汉族学生，常表达这样的观点：现在西方文化正在侵蚀我们的文化，因为我们现在的年轻人都在学英语，我们五千年灿烂的文明，我们干嘛要学英语呢，这难道不是文化霸权吗？这不是对我们的文化侵略吗？新疆的维族同胞也很有情绪：维族也有悠久的历史，维族历史上的喀喇汗王朝也有辉煌灿烂的文化，为什么要我们学汉语呢？我们这么悠久的文化也学汉语，是不是你们汉民族文化霸权欺负我们啊？但是通常汉族人会说，我们是你们老大哥嘛，比你们先进嘛，你们就应该向汉族人学习嘛。

那么反省一下，同样的逻辑，今天中国人觉得学英语是受别人文化侵略了，那今天英语世界是文化更加强大的世界，那你为什么不向人家学习呢？当用一个同样的逻辑来反省自身的时候，我们发现这个问题不是那么简单。你问一个维族的同胞，他们说，我们太受欺负了，又得学汉语又得学英语，我们的文化受不到重视。那要再给维族人举个柯尔克孜族的例子，这个民族的朋友也抱怨说：哎呀，我们在新疆现在都得学维语，维族人文化霸权，那些维族人为什么不学柯尔克孜语？不公平。要是朝这个方向再想，那这个问题又更复杂了。从这个角度考虑，你会注意到这个问题背后的问题。

当一个汉族人懂得从其他民族的角度思考问题，当其他民族懂得从全球化的角度思考问题的时候，这个世界的理性程度恐怕会更高一些。但是这种文化的自省意识是怎样培养起来的呢？一定要有很多次的个人观念接受挑战，而辩论就是接受另外观念挑战的过程，这种挑战越多，你的自省意识就越强，越能形成多维视角，思维更全面和理性，所以辩论中要欢迎并理解对方的挑战。

上述例子启发我们不要轻易下结论，不要简单说谁对谁错，而要多试着从不同的角度想想问题。有时候换一个角度才会发现我们自身的逻辑出了问题。甚至我们要形成一个习惯，当要对一个问题下结论时，先要听听另一面的完整的声音，他们到底是怎么想的，他们是否也有些道理？

一个辩手的本能是天然地反对缺席审判，会努力去找另一方面的观念和完整解释是什么，不满足于断章取义的引用，即使四人帮、纳粹战犯都应该给他们一个完整地替自己辩护的权利，这是现代法制社会的基本制度。在原原本本理解了他的逻辑和解释以后，再做出一个判断。也许这样一个判断也不绝对准确，但会比较接近理性。未来一个健康的社会必定是大家习惯于分歧，而且尊重分歧，进而能够理解分歧，这样的社会才真叫和谐社会，只有一种声音，一种观点，还不许别人怀疑的社会是变态恐怖的社会。

一个好的辩手未来应当成为有理性的公共知识分子，而不仅仅是能说会道但只会自说自话甚至认为自己永远正确的人。成为有理性的公共知识分子意味着他有怀疑精神、批判意识、科学思维、宽容精神，这种怀疑和批判不是只对别人的，更不是对一个你所不了解的东西下的轻率结论，而首先是对别人的理解，然后是自省，对于自己习以为常的一些观念的推敲和质疑，也就是说，怀疑和批判应当首先指向自己，并不认为自己总是有理，这样才能更好地认识自己，完善自己。

习惯多元世界

郭宇宽先生特别强调多元价值观的重要性。他指出，在中国的体制和教育里，我们从小到大没有很多机会让你理解差异是什么，都是跟你相同的文化背景、大致相同区域的人交流。甚至你进到城里面也会发现，流动人口学校的孩子们跟城市的孩子融不到一起，难以交流。这意味着什么呢？意味着来自不同背景的人没有机会面对面讨论问题，所以中国占主流地位的年轻人的思维方式非常相象，价值观趋同。

中国许多人一些言行举止、思维方式就常常让人觉得怪。他们从小接触的是一样的教育，灌输给他们不容置疑的所谓的真理，教给他们一堆要你背诵的伪知识，而不鼓励你去质疑，特别是对自己的质疑，不鼓励你去听不同的意见，甚至不允许你去听不同的意见，媒体也在过滤不同的意见，与高层保持一致。其实文革发生的思维原因，就是我们的教育和宣传高度的一元化造成的，我们的青年要对此有危机感，有所自省，这样单一僵化的思维模式是很不适应全球化时代的。

成为有科学理性精神的世界公民

从前面的分析我们不难看出，经常参加一些有益的辩论是培养科学理性精神的好方法。

真正有益的辩论，主办者首先应当让辩手根据自己的观点来选择正反方，正反方不必是一个队的，观点相同的在一方。评委应当根据哪位辩手说话定义更清晰、论据更充分、更有逻辑论证的说服力、表现得更宽容、更会倾听、更尊重理解对方、更能帮助对方把自己的逻辑清晰地表达出来、更能吸纳对方精彩的观点、更有反省意识、语言更清晰简洁来打分，最后依据本队每个队员的得分累加来决定哪个队胜出。这从根本上保证了辩手说的是真话，而且强调论证过程的科学性。辩题要提前公布，让辩手有充分的研究时间，这样辩论起来才更有深度更精彩，更对观众有思维启迪的作用，是普及科学精神和科学方法的极好方式。

总之，辩论赛要注重概念定义、不轻易下结论、不简单说谁对谁错、论证过程要有充足的证据和保持逻辑一贯性、辩手要深入研究辩题和具备彻底的谦卑态度、说话要简洁清晰、善于倾听、给对方同情的理解、善于吸纳对方的长处、辩手要具有多维视角并尊重多元价值观、怀疑和批判应当首先指向自己、并不认为自己总是有理、辩论的目的是双方都在吸纳，都能提高思维水平，取得双赢的结果，并借此培育科学理性精神。

有了这样的科学理性精神，才能成为成熟的世界公民。

纸上得来终觉浅　觉知此事要躬行

从实践中来，再回到实践中去。

——毛泽东

俞敏洪

新东方集团的创始人俞敏洪曾经讲过这样一个故事：

1994年，他拿到了美国一所大学的录取通知书，并有奖学金。当时他已经创办了新东方学校，但只有2000人左右的规模，因此美国大学的奖学金和录取通知书对他是极有吸引力的，别人也很羡慕他。这时，他冷静地做了一番思考：如果去美国的话，就能拿到3万美元的奖学金，那等于20多万人民币。当时在新东方，一年下来，他的净收入也达不到那么多。但他认为如果把新东方的事业做下去，对自己的未来有极大好处：第一，能锻炼办学的实践经验；第二，这个事业中断了可惜，自己比较热爱这个事业；第三，凭借对自己的能力和对未来的计算，干两到三年后，会有很高的收益，那时即使自费，也有足够的钱到哈佛大学读书。

经过这番思考，俞敏洪毅然把美国大学的录取通知书给拒绝了，放弃了去美国留学的机会，坚持在国内办新东方学校，于是，新东方集团有了今天的辉煌……

从这个故事可以看出：俞敏洪的眼光非同一般。大多数人都有从众心理，在那个出国留学非常狂热的年代，一般人很容易被潮流裹胁。俞敏洪却能超越在一般人之上，毅然放弃多少人羡慕的美国大学录取通知书和奖学金，最后终于取得了比留学更辉煌的成就。

那么，俞敏洪的眼光独特在何处呢？

关键是他实践第一的思想。

在俞敏洪看来，创办新东方的实践经验比到国外留学更有价值，从办学实践中可以学到许多真知识真本领，还可以把这些真知识真本领直接变为财富，这是课堂上学不到的。

毛泽东

无独有偶，毛泽东在青年时代也曾主动放弃出国留学的机会。

1912年，李石曾、吴玉章、吴稚晖、张继等人在北京发起组织"留法俭学会"，教育总长蔡元培大力推动此事。当时在中国年轻知识分子中，掀起了一股留法勤工俭学的热潮。毛泽东、蔡和森等人积极响应，组织湖南优秀青年去法国留学。1918年到达北京准备赴法的湖南青年人数达40多人，居全国之首。1919-1920年间，全国先后有1600多人到法国勤工俭学。

毛泽东原来也准备出国留学的，但他在组织留法勤工俭学过程中，却改变了出国留学的打算。他对"出洋"有了新的认识，形成了自己独特的"出洋"理论：求学实在没有"必要在什么地方"的理，时时处处都可以求学。毛泽东认为："我觉得我们要有人到外国去，看些新东西，学些新道理，研究些有用的学问，拿回来改造我们的国家。同时也要有人留在本国，研究本国问题。我觉得关于自己的国家，我所知道的还太少，假使我把时间花费在本国，则对本国更为有利。"他强调，"'出洋'两字，在好些人只是一种'迷'。中国出过洋的总不下几万乃至几十万，好的实在很少。多数呢？仍旧是'糊涂'，仍旧是'莫明其妙'。"

毛泽东更看重在调查研究和实践基础上的自学、共同讨论。为了改造旧中国，他主张组织一个高尚、纯粹、勇猛、精进的团体，以便讨论共同的目的和共同的方法，讨论怎样去实践，以便将来有共同的研究，共同的准备，共同的破坏和共同的建设。要避免那种个人冥想和"人自为战"的弊病。

在送走赴法青年后，毛泽东决定暂时留在国内研究各种学问。1920年2月，他在致信陶毅时提出，用一二年的时间，将古今中外学术大纲弄个清楚，作为出洋考察的工具。3月14日，又写长信给周世钊，对不出国解释说："我想暂不出国去，暂时在国内研究各种学问的纲要。"

毛泽东认为暂时留在国内搞研究有以下几点好处：第一，看译本较原本快捷得多，可于较短的时间得到较多的知识。第二，世界文明分类东西，我们应该先研究过本国古今学说制度之大要，再到西洋留学才有可资比较的东西。第三，我们如果要在现今的世界稍微尽一点力，当然脱不开"中国这个地盘"，关于这地盘内的情形，似不可不加以实地的调查与研究。这层工夫，如果留在出洋回来的时候再做，因人事及生活的关系，恐怕有些困难，不如现在做了。一来无方才所说的困难，二来又可携带些经验到西洋去，考察时可以借资比较。

毛泽东在长沙第一师范读书时，多次利用寒暑假，与好友到各地进行游学，甚至扮作"乞丐"，去读社会这部"无字之书"。一路上，他们广泛接触社会各阶层人士，了解民间疾苦、风俗人情、历史地理情况，同时写下沿途见闻和体会。他把调查看得比留学更为重要，认为调查"是比什么大学还要高明的学校"。

毛泽东曾经写道："闭门求学，其学无用，欲从天下万事万物而学之。"他不惜花费很多时间来组建"新民学会"、办工人夜校、主编"湘江评论"、组织学生赴法勤工俭学、主办湖南自修大学。在土地革命时期，毛泽东亲自领导农民运动、进行农村调查、举办农民运动讲习所、培养骨干，成为中国共产党的农民运动专家。

毛泽东深刻地认识到：拯救祖国、振兴中华，首先就要注重实践，注重调查研究，特别注重研究中国社会的实际，把社会改造同了解本国国情紧密联系起来，注重行中知。在调查和实践过程中，毛泽东逐渐形成了"实践出真知"和"把马克思主义的普遍原理与中国革命的具体实践相结合"的观念，中国革命在他的领导下最终取得了成功。

陶行知

著名教育家陶行知一贯倡导"生活即教育"、"社会即学校"、"教学做合一"的思想。

陶行知主张把学校放到社会里去办，使学校与社会息息相关，根据社会需要办学校。他主张："教的法子根据学的法子；学的法子根据做的法子，事怎么做，就怎么学，就怎么教"。而教学的中心是"做"，即实际生活和社会实践。

陶行知极其重视实践，他早年受王阳明"知行合一"哲学思想的影响，曾取名为"陶知行"，后来他认为"行是知之始，知是行之成"，"行"比"知"应当更优先更重要，从而把自己名字中的"知行"改为"行知"，把"行"放在"知"的前面，处在更基础更中心的地位。他认为"行"是"知"的开始，要在"行"中才能获得"知"。

在教育方法论上，陶行知特别重视学生对知识的实际运用，解决了长期纠缠于中国教育史的"劳心"和"劳力"分离的问题。他说："在劳力上劳心，是一切发明之母。事事在劳力劳心，便可得事物之真理。"并由此得出学习方法的论断：运用知识，"用心以制力，就是想如何可以把这件事做好，如何运用书本，如何运用别人的经验，如何改造用得着的一切工具，使这件事和别事相互影响。"在具体教学中，陶行知强调"要解放孩子的头脑、双手、脚、空间、时间，使他们充分得到自由的生活，从自由的生活中得到真正的教育。"

我国古代学者也强调：行万里路，读万卷书。把"行"放在"知"的前面，所有知识都不脱离实际体验和实践，知识从实践中来，又从运用中回到实践中去检验。这样得到的知识才是真知，知识才能变成实际的本领。

而当今国际教育改革的趋势，也特别强调面向未来的、从实践中学又在实践中用的研究性学习，这与陶行知倡导的教育理念是一脉相承的，只不过在当今信息社会，如果能充分利用电脑网络等先进的电子通讯设备来开展研究性学习，那效果将比陶行知时代更好。

台湾原商务印书馆总经理兼总编辑郝明义曾经在他写的《越读者》一书中指出：读书只是人类历史上很短暂的时段，只是过渡时代的现象。读书坏处是综合运用各种感官的全观能力逐渐退化，容易贬低书籍以外的活知识来源，自以为聪明，其实对真实世界一无所知。不可过于迷信读书，实践才是第一位的。网络能唤醒和恢复多种感官，使人重返原始的全观认知，不脱离实践的、借助网络的研究性学习将给你插上学习的翅膀。

学习金字塔

美国学者艾德格·戴尔（Edgar Dale）在1969年提出了"学习金字塔"（Cone of Learning）：

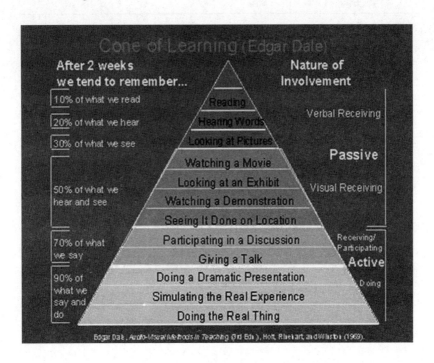

　　上图是艾德格·戴尔（Engar Dale）在他的报告中所提到的原图，下图是翻译的表格及图形：

两周后我们大概记得什么		涉及本质
我们说过和做过的事记得90%	实际做事	主动
	模拟实际经验	
	做一场引人注目的演讲	
我们说过的事记得70%	做正式的演讲	
	参与讨论	
	当场看到事情完成	
我们听过和看过的事记得50%	观看示范说明	被动
	看展览示范	
	看电影	
我们看过的事记得30%	看图片	
我们听过的事记得20%	听讲	
我们读过的事记得10%	阅读	

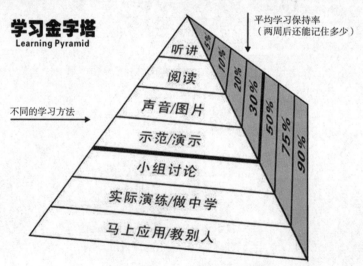

美国缅因洲的国家训练实验室
National Training Laboratories

　　这幅图片很直观地告诉我们采用不同的学习方法会得到不同的学习保持率，其中马上应用或教别人、实际演练或做中学、小组讨论这三项效果是最好的，而研究性学习正是最强调这三项内容，所以我们说，研究性学习，是效果最好的学习方法，其中学了马上用和教别人是关键，教别人也是一种综合性的实践。当年，陶行知先生发明了"小先生制"，就是让学生当小老师来教别的孩子，这就是学了马上就用的方法。在当今信息社会，孩子许多方面都比大人懂得多，他们更有资格当小先生了，关键是大人是否能放手和虚心地请他们当老师？挪威政府为了普及电脑教育，就曾经在全国聘请了5000名小学生来教老人学电脑操作，效果就非常好。

黎 鸣

　　我国当代哲学家黎鸣先生在《中国人为什么这么愚蠢？》一书中指出："在中国，更有一个特别的断裂文明的情节，即中国的普通劳动者与中国的能识文断字的文人几乎是绝对割裂的。同自然物打交道，具有生产劳动经验的中国人几乎全都不能识文断字，而能识文断字的中国文人却又几乎根本不与自然物打交道。这等于说，中国人自古以来的头脑（思维）与手（实践）是几乎绝对割裂的，再加上中国文人的思维又根本上缺乏有意识的逻辑规律性的训练，而进一步造成'术'与'学'的绝对的割裂。由于这双重的割裂，即使不考虑还有其他许多非常不利的社会体制、习俗等方面的因素，也已经非常严重地阻碍了中国人的智慧发展的道路了。这几乎就是中国人几千年来，尤其近二百年来愚蠢的命运。……中国传统文化中头脑与手，也即思维与实践的严重割裂，以及中国文人的思维与逻辑的疏离，造成了中国人的'学'，几乎唯一只有记问之'学'，而根本没有理解、推理、阐释之学，更不要说进一步的抽象思维的建构、创造之学了。"

　　黎鸣先生指出了中国传统文人人格的两个重大缺陷：由于手脑分离，造成思维与实践断裂；由于思维与逻辑的分离，造成"学"与"术"的断裂。正是这两大根本性的人格缺陷，使中国传统文人难以把知识变为本领，尤其无法变为现代社会最需要的大本领。

我国当今盛行的应试教育，脱离实践、封闭办学、死记硬背、盲目做偏题怪题、扼杀想象力和好奇心、不重视逻辑推理过程和知识的生成过程、考试都有统一的标准答案、不重视动手能力和社会实践、扼杀独立思考和独立判断，更强化了黎鸣先生指出的两个断裂，这是政府、家长、学校联手自觉进行的空前的民族精神自杀，毫不夸张地说，中华民族已经被应试教育逼到了最危险的时候！

要把知识变为本领，就必须像梁启超倡导的那样——新民，像鲁迅倡导的那样——改造国民性。根本的入手的方法就是从思维与实践结合、思维与逻辑结合这两方面下大功夫，只有实现了这两个结合，才可能培养出"新民"。所以强调做中学、行中知的研究性学习不但是先进的学习方法，更是改造国民性的根本方法。

美国人为什么那么重视社区服务和做义工，甚至把它作为大学是否录取的重要因素，就是为了让学生不脱离社会，不脱离实践，从实践中获得大本领和服务社会的精神。

真知首先从实践中来，再回到实践中去应用检验，从应用中不断完善，这不但是根本的、最有效的学习方法，还是完善人格的根本方法。我们每一个人都应当高度重视实践，在信息社会，人们容易沉溺在虚拟世界中，倡导实践出真知、强调知识在实践中的应用显得尤为迫切。

"纸上得来终觉浅，觉知此事要躬行"，我国南宋大诗人陆游早就有过这种体验，我们今天更应当倍加重视不脱离实践的研究性学习。

第六辑 <<<

在研究状态下生活

枕上、厕上、马上

时间是统计出来的。

——刘　伟

柳比歇夫奇迹

苏联昆虫学家柳比歇夫（1890-1972）82年的人生中取得了惊人的科研成果：他一共写出了70多部研究专著，内容涉及遗传学、科学史、昆虫学、植物保护、进化论、哲学等等。更令人难以置信的是，在紧张的研究中他每天竟能保持10个小时左右的睡眠，并长期坚持参加娱乐活动、体育锻炼、社会活动。

柳比歇夫没有超人的天赋，也没有令人羡慕的成长环境。他小时候因为顽皮曾摔断胳膊，年轻时溜冰又摔伤了后脑壳，成年后又不幸染上了肺结核，还在苏联历次政治斗争中挨过整。他似乎注定要像绝大多数人一样度过一个平凡且平庸的一生。

但他却创造了令世人震惊的科研奇迹！

他是怎样创造这个奇迹的呢？

原来他发明了一个"时间统计法"，用这个方法对时间进行精确管理。

柳比歇夫从1916年开始做时间统计，每天核算，一天一小结，一个月一大结，到年底还要进行总结，直到1972年他去世的那一天。他坚持了56年，从未间断。他每天统计学习、写作、看书、读报、休息、散步、娱乐的时间，甚至子女同他交流感情的时间也不忘记下。他记录的各种事情的起止时间都非常精确，误差不超过3分钟。他在统计中，把所有的毛时间都扣除，只注重每天有效时间即纯工作时间的数量。

柳比歇夫还把一昼夜中的有效时间分为三个时段，分别从事两类工作：一类是创造性的科研工作，一类是不属于直接科研的其他活动，所有计算过的工作量都努力按时完成。他每天对照工作效果，分析时间耗费的情况，找出浪费时间的因素。他发现，浪费时间的因素主要表现在：做了不该做的工作；做了应该由别人做的工作；做了浪费别人时间的工作；犯了过去犯过的错误；开会和处理人事关系时间过长等等。

经过一段时期的统计和分析，他总结道："纯时间比毛时间要少得多"，"我做研究工作的时间，每天最高是11.5小时，一般我能有七八个小时的纯工作时间就心满意足了。我最高记录的一个月是1937年7月，我一个月工作了316小时，每日平均纯工作时间是7小时。如果把纯时间折算成毛时间，应该再增加25%-30%。我今后需要做的，就是如何把这25%-30%的时间再利用起来。"

除了这种综合性的时间统计，柳比歇夫还做各种单项统计。比如一年中看书、写作、听报告、会友、看电影的次数和时间。有一年的总结表上就有这样的记载："游泳43小时，同朋友、学生谈话151小时……"

柳比歇夫的时间统计法看似繁琐，但其中运用了现代控制论中的控制—反馈原理，对实际耗费的时间记录统计，计算时间实际利用率，从而找出浪费的因素，制定消除无效时间的措施，最大限度地避免了时间的浪费。这种统计法，能使人产生对时间的敏感，建立"时间利用效率"的意识。长期坚持这样的统计，能让人产生时光没有虚度的感觉，自律习惯逐渐养成，人生因此变得充实。

正是这个"时间统计法"，使柳比歇夫82年的人生旅途充满了辉煌，取得了震撼世人的众多研究成果。

把时间花在最重要的事情上

笔者一再强调，在知识经济时代，最紧迫的事情是要尽快把学习变成研究，这样才不会被信息大潮淹没，知识才能最快地变成本领。

许多人可能会说：我也想研究，但工作太忙，事情太多，没时间研究啊。

当今时代，是终身和快速学习的时代，你不尽快学会新知识获得新本领简直就难以生存下去。你如果认识到了快速高效的学习是生存的必须，那么你就一定会选择学习效率最高的方法，即花最少的时间，学到最多的本领，这是当代最重要的事情。前面我们已经分析过，中外杰出人物大多不自觉地采用了研究性学习的方法，研究性学习是效率最高的学习方法，这在信息化的知识经济时代越来越明显。你既然必须花时间学习，就应当尽快把学习变成研究，把学习时间变成研究时间。

把学习变成研究，说起来简单，做起来其实并不容易。因为人们的学习观念和习惯是从小形成的，可以说是根深蒂固，改变起来会很别扭，甚至很痛苦。

德国物理学家、量子力学的开创者和奠基人普朗克认为：人的物理观念一旦形成，便终生都难以改变。新的物理观念必须在人的童年灌输进他的大脑。学习观念也一样，人们旧的学习观念和习惯一旦形成，也是终生都难以改变。所以美国人在"2061计划"中要求孩子从幼儿园就开始研究性学习，目的就是让孩子在童年时期就形成先进的学习观念和习惯，以影响孩子的终生，这是非常有远见的。

追求舒适，逃避痛苦，是人的本性。人们会找许多借口来逃避改变，没有时间研究，就是一种普遍的借口，致使人们迟迟无法把学习变成研究，因此学习效率长期低下。

没有时间研究，其实是不善于进行时间管理，时间管理，首先应当从时间统计开始，柳比歇夫已经给我们做出了榜样。

苏联著名教育家苏霍姆林斯基在给儿子的信中曾这样写道："清晨起

来，上课以前用功一个半小时，这是黄金般的时间。凡是早晨我能做到的事，我都把它做完。三十年来，我都是从早晨五点开始自己的工作，一直工作到八点。三十本有关教育学方面的书，以及三百多篇学术著作，都是利用早晨五点到八点的时间写成的。我已经养成了脑力劳动的节律，即使我想在早晨睡觉也是办不到的，我的全部身心，在这个时间只能从事脑力劳动。"

他对儿子建议道："用早晨一个半小时去从事最复杂的创造性的脑力劳动，思考理论上的中心问题，钻研艰深的论文，写专题报告。如果你的脑力劳动带有研究的成分，那只能在早晨的时间里去做完。如果你不注意利用这段最显著效果的时间，则无异于将它切割成了无用的或者是低效能的碎片。"

总之，只要善于统计和安排时间，善于提高时间的利用效率，充分利用自己研究效率最高的时段，减少不必要的时间浪费，每个人都会有足够的研究时间。

北宋大文豪欧阳修学识渊博，是著名的唐宋八大家之一。他在朝廷担任大臣，每天有非常繁忙的公务。有人问他，怎么会有时间读书和写作，而且还写出了那么多脍炙人口的诗文？他回答说：枕上、厕上、马上。即利用睡觉前、上厕所、骑在马上出行的时间来读书。欧阳修正是善于利用这些不起眼的零碎时间来读书，最后成为唐宋八大家之一。

台湾商务印书馆原总经理兼总编辑郝明义先生主张：再少的时间，也要坚持每天留15分钟给教科书之外的兴趣式阅读。要以写带读，以用带读，以研究带读。时间要投资也要消费，善用零碎与整段时间分别读不同的内容，学校要培养学生这种高效管理时间的习惯。早晨和周五晚上是最好的研究性读书的整段时段。如果你每天都有研究进展，感觉会很充实。如果还有固定的整段时间来和同伴交流就更好了。

上帝每天给每个人的时间都是一样长的，你的时间也无处不在，关键是你是否善于统计，并把效率最高的时段用来研究，如果你尽早这样做了，你也会创造出令自己吃惊的奇迹。

当务之急：学好中文

好读书不求甚解。

——陶渊明

在中国呼吁学好中文，似乎有些荒唐和滑稽——中国人还学不好中文吗？但当今中国的现实让人不得不发出这个呼吁。

中文危机

我的朋友朱经理拿来一篇某位电脑硕士写的文章，痛心疾首地说："你看看，这居然是硕士写的文章，文理不通，用词不当，读完了弄不清他想说什么，中文水平竟然这么差！可他却能说一口流利的英语。"

其实，这种现象已经很普遍。近年，复旦大学曾经举办过一次中文写作比赛，最后夺冠的，竟然是一位外国留学生。相映成趣的是，某年北大研究生英语考试，一位美国留学生竟然没及格，前几名全是中国学生。

大连曾经举办过一个"拯救汉语"的论坛，许多有识之士认为汉语已经面临危机，中国许多学生只愿意在英语上下大功夫，却不愿在汉语上花力气，说话和写文章都越来越没文化思想内涵，有些硕士竟然连家信都写不好。我国企事业单位招聘时，都强调应聘者的英语水平，从来没强调过中文水平。大学里有英语四六级考试，却没有中文水平考试，在这种社会导向下，中国大学生的中文水平急剧下降就毫不奇怪了。

中国工程院院士、太原理工大学校长谢克昌曾经指出，在中国大学里，汉语的阅读和写作，在众多现代科技文化必修课的冲击和挤压下严重萎缩已是不争的事实。与此相反，同为语言工具的英语却在课程表里不断地膨胀，英语教育的显赫地位使有限的教育资源分布严重失衡。南开大学哲学系副教授朱鲁子在《走火入魔的英语》一书中说："我觉得在技术层面上，与汉语相比，英语没有什么优越性可言……"他认为，英语能在中国大行其道，一个最根本的原因是在全球化浪潮中我们很多人丧失了对祖国文化的自信。要改革英语教育制度，必须摒弃我们目前以"造人才"为宗旨的工具性教育理念，而代之以"造人"为宗旨的以人为本的教育理念。

媒体曾经报道，最近连续几年，广东大学生就业率排第一的专业竟然是中文，我想这是社会在惩罚我们的中文教育——社会上中文好的大学生实在太少了。实际上社会各行各业应用最多最广泛的，正是中文，可我们的大学生研究生们却最不重视中文。谁知，物以稀为贵，中文专业的毕业生却成了就业市场上的香饽饽。现在教育部规定大学必须把大学语文列为必修课，实在是对社会惩罚的滞后反应，怎么我们的教育总跟在社会变化后面被动地应付呢？

中文影响英文

中国学生的英语好，其实也是一种假象。中文水平不高，英语水平绝不会高到哪里去。如果一个人的中文水平很差，必然缺乏深厚的思想文化底蕴，即使他能说一口流利的英语，但说的内容不可能有多少内涵。

语言的深层是文化，高水平的语言文字能力要靠深厚的文化积淀来支撑。能说流利的日常英语，并不算什么大本事，把小孩子送到国外，一年后都能说一口流利的英语。新东方三巨头之一的王强，毕业于北大西语系英语专业，他到美国后，发现自己的英语水平在美国很不"专业"，比美国清洁工的水平高不了多少，而且清洁工说的许多俏皮话，他还听不懂。我国年年举办英语翻译比赛，但连续几年一等奖都空缺。评委们说，主要原因在于参赛者中文水平普遍不高，翻译作品都达不到"信、达、雅"的要求。像傅雷那样中外文俱佳的大翻译家，已经找不到了。

如果仔细考察一下，其实我们每个中国人在工作和生活中用得最多、最广泛、对一生影响最大的，正是中文。中文是其他所有专业的基础，是人文修养最重要的工具，远比英语有用而且重要得多。如果各种学问形成一个金字塔，那么最基础的就是中文，而且中文深刻影响到金字塔的各个层次。某位科学家说过：最基础的东西往往出现在科学的最前沿，中文更会影响到科学的最前沿。

我国许多著名科学家中文水平都非常好。著名地质学家李四光的文学功底就非常深厚，当年他还写文章和鲁迅论战过。原复旦大学副校长、著名数学家苏步青能写很漂亮的诗文，他曾经主张：如果容许复旦单独招生，那么先考中文，如果中文不及格，别的都不用考了。他认为，如果连中文都没学好，别的学科不可能学好。

中文之美

更为重要的是，每个民族的思想文化精华都积淀在用母语写成的经典名著里，阅读这些经典名著能奠定一个人一生的思想文化基础。这些文化精华也是最难翻译的，即使能翻译，也少了不少味道和神韵。

语言文字有许多微妙传神的地方，只有母语才能表达出本民族智慧的精髓，因此必须读母语写成的经典原著才能充分理解一个民族的特性，才能品味到这个民族独特的精神魅力。

中华文化的精华之一是诗词，唐诗宋词元曲是世界公认的中华文化独特的瑰宝。唐诗能用最少的文字表达出人类最丰富最微妙的情感，被一位日本学者认为是世界上最高级的艺术品，是任何民族都达不到的高峰。中国诗词特别讲究意境，这种由意境构成的诗意表达，需要极高的文化艺术修养和语言表达能力。好文章都有某种诗意，甚至好画都要求"画中有诗"，音乐中的极品也是"交响诗"，连最理想的生活方式也是"诗意地栖居"。诗是文学中的文学，是民族文化的结晶。诗最凝炼，但文化含量最丰富，歧义最多，诗无达诂是学术界的共识，当然诗也就最难翻译，甚至几乎不可翻译，一翻译就失去了原诗的韵味和意境。能翻译诗的人，必须中外两种文化修养都很深厚，但这是极高的要求——谁敢说自己已经精通五千年的中国文化？李商隐的《无题》诗"锦瑟无端五十弦"的含义，中国文学界就争论了上千年，一首诗都难以精通，更别说精通包罗万象的文化了。

中文之美、表达能力之强是举世公认的，老子的《道德经》体现出来的大智慧得到全世界学者的赞赏，《庄子》表现出的文辞优美与深刻哲理高度交融的境界是其他国家的经典少有的。联合国的文件，总是中文的文本最薄，因为中文可以用最简洁的文字表达出最丰富的内容。汉字书法也成为独特的艺术品，被林语堂先生认为最能代表中华艺术的精髓。曾有一位学者称中文是"优雅的贵夫人"，而英文是"健壮的仆妇"，二者根本不在一个文化层次上。蔡元培主张中国要"以美育代宗教"，其中的"美育"首先就是要教会学生欣赏和体验到中文之美。

作为中国人，你要获得外国人文化上的尊重，就必须精读中文的经典原著，这样你才可能吸收本民族的文化精华，形成自己的文化特色。要做一个自立于世界的、文化艺术修养深厚的中国人，你怎能不学好中文？中文简直就是中国人的文化命根。

台湾著名作家、评论家龙应台曾经说过："全球化就是用别人能理解的方式表达自己的不同。"我国许多人拼命学外语，掌握了"别人能理解的方式"，可是却失去了"自己的不同"，无法表达自己民族文化的精华和特色。只有精通了本民族的语言文字，才能体验到本民族文化的精华所在，才能最传神地表达出本民族的文化特色，成为在文化上有自主创新能力的人。当今世界，文化软实力的竞争越来越成为各国竞争的焦点，英国的文化创意产业创造的产值已经位居第二，仅次于金融业，美国好莱坞大片在全世界创造的票房价值更是惊人。

当今全世界都公认中国是发展最快、市场最大、机会最多的国家，许多老外都在拼命学中文，以便到中国来找机会，所以，中文在全球化过程中，将扮演越来越重要的角色。

奇怪的是，中文在全世界大热的时候，在中国却最受冷落，中国大学生最不重视自己的语言文字，岂非咄咄怪事？

中文之劫

其实，何止是大学生，中文在中小学生中也早就失去了魅力。

我曾问过一位学习成绩很好的高中生，她最不喜欢什么课？她回答说：最不喜欢语文课。

这真让我震惊！中华民族五千年的文化，流传下来多少思想深刻又精美绝伦的经典名作、散文、辞赋、诗词、传记、戏曲、小说，韵味无穷简洁优美的中文迷倒过多少文人墨客，连司马迁的历史巨著《史记》都因为气魄宏大文笔生动而被誉为"无韵的离骚"。一部百科全书式的小说《红楼梦》，居然引发出一门蔚为大观的"红学"！中华文化中该有多少精华可以作为语文教材啊，学语文难道不是美的熏陶和最大的享受么？学生怎么会不喜欢呢？

如果去看看当今大多数语文老师是怎样教语文的，就会明白，学生为什么会讨厌语文。他们的教法是：采用西方自然科学的分析方法，把一篇篇诗文条分缕析，拆散解说，就像把一个有生命的人放在手术台上进行解剖。什么生字生词、主谓宾定状补、句子分析、段落大意、中心思想等等。把诗文解剖完了，那诗文也"死"了。

老师不但亲自动手解剖，还要求学生做练习册上的各种练习题，那些练习题就是将尸体碎片再解剖一遍，许多考试就考那些碎片。这样教出来的学生，语文水平怎么能不差？更可怕的是，这种大卸八块凌迟处死的教法整个败坏了中国文化的趣味。整天和尸体碎片打交道，还不把老师和学生都弄得恶心不已？只能使师生终生讨厌中文。怪不得前些年羊城晚报曾在头版发表文章《误尽苍生是语文》，语文课能教得师生都讨厌中文，真乃教育奇迹！

学好中文的方法

许多大家都主张：学中文就应当大量阅读和背诵名著，而且不求甚解、粗通文意即可，重点应从整体上去感受经典作品的思想内涵和鲜活的生命律动，积累应当永远重于理解。其实，世界上本来就不存在甚解的诗文，"诗无达诂"，好文章也无达诂。越是好文章，越喜欢"留不尽之意于言外"，启发读者去驰骋想象和思考，因而越无达诂。每个人读同一篇诗文，因年龄、心境、生活环境、时代、学问等等的不同，都会有不同的感受，只有他自己才能体味出来，不应当统一到标准的解释上来。陶渊明"好读书不求甚解"，诸葛亮"独观其大略"，二人都喜欢博览而不求甚解，但最终却成了最有甚解的大诗人和最有智慧的人。

武汉大学教授涂又光强调要让孩子在记性最好的时候多背有思想的中文经典，先不必要求懂不懂，就像牛吃草一样，先吃下去再说，等以后再反刍。孩子长大了，有了生活阅历，那些早年背下来的经典就会体验式地被深刻理解，成为他生命的一部分，对一生都会产生深刻影响。这是非常有见地，并被无数大家验证过的方法。

杨振宁教授曾经提出"渗透性"学习法，即对自己不懂的东西，经常去接触，如听讲座、讨论、交谈、聊天等等，可能突然有一天自己就懂了。因为你经常沉浸在一个"信息场"中，相关信息不知不觉慢慢渗入了你的潜意识，时间一长，这些信息会自动融汇贯通，某天你就突然"懂"了，就"甚解"了。杨振宁认为这是信息社会越来越重要的学习方法。其实，这与"好读书不求甚解"的读书法有异曲同工之妙。而且，越是大家，越是喜欢采用这种读书法。

以思维为本

今日学堂校长张健柏强调文科教育应以思维为本，他曾经在一篇文章中写到："文科要背诵吗？我认为当然要背诵，但是有两个基本原则：第一是内容必须很经典，必须是很有思想深度的文章才值得背。当学生们思维水平还不高，还不能理解深度思想的时候，多背一些很有价值，很有思想的文章是很有好处的。按照这个标准来看，连唐诗宋词都不值得背，很多古代的散文也不值得背。更别说现在中小学教材里面的很多垃圾文章，白话文，甚至还有小学生作文的'范文'，居然老师都要求学生去背，以为背得越多越好，实在害人不浅。据说还有数学老师要求学生背数学题来帮助解题的，真是'毁人不倦'。

"如果承认文科就是思维教育，你绝对不会把学习重点放到'文辞优美'的文章上面，特别是在中小学阶段，还必须回避这种文辞优美的文章，以防'以文害意'。即使《庄子》这种思想性很强的文章，我都不推荐孩子们背诵，就是因为文句太美，怕影响孩子们的思维走上歪路，但是我很鼓励大学生们去读《庄子》，开阔胸襟。

"中学以后，学生们思维和分析能力逐步增强，就必须以训练思维和分析能力为主，不能机械记忆和背诵。更别说大学阶段的学习了。可是我们的大学，依然在鼓励背诵和记忆的方式来学习，这简直就是国际笑话！"

张健柏强调要尽早让孩子背有思想内涵的经典，比如老子的《道德经》等，让孩子打下思维方法的根基。孩子越大越要培养思辨能力，这种以思维为本的观点是极有见地的。中国传统文人大多有重文辞优美而不重思想内涵的毛病。中文本身也有有利于抒情而不利于逻辑思辨的缺陷，这是我们在学习中文时需要注意的。

吟、诵、啸、背

学中文在重视思想内涵的同时，还应高度重视吟诵。中文是象形文字，本身就有强烈的画面感。中国诗文讲究跌宕起伏、回环往复的音乐节奏，刻意营造情景交融的意境，而且追求"诗中有画"的画面感。读者只有感情投入、充满激情地吟诵，才能体会到诗文的韵味、意境、作者的心境、诗文蕴涵的情感和人文精神，才能把自己引入诗文营造的氛围中去，从感情上产生共鸣，进而激发自己的生命活力。读者应把诗文看成立体的、有温度的、有色彩的、有乐感的、有活力的、有呼吸的鲜活生命体。把诗文读活，才能使自己学活。深情吟诵远远胜过教师天花乱坠、面面俱到的分析讲述，应让学生直接与诗文进行感情和生命深层的交融。

诗文妙处不必多说，读者在深情吟诵中自然可以体验到。有些妙处有时也无法说出来，"此中有真意，欲辩已忘言"。也只有到了"忘言"即不知该用什么词语来形容那妙处时，读者才真正与诗意情境融为一体了，这样才能使诗意渗入读者的生命。所谓"腹有诗书气自华"，就是这样的长期吟诵才能使人潜移默化气质优雅。中国古代文人读书很讲究"吟"、"诵"、"啸"，甚至"仰天长啸"，就是这个道理。黄山谷曾说：三日不读书，便觉面目可憎。如果像当今语文课上那样读书，师生的面目都必然变得可憎，最后殃及语文课本身也可憎了。

清华大学附中的韩军博士曾提出吟诵经典诗文要注意如下九个方面：1. 正己意：精神饱满、感情专注；2. 准其音：发音要准；3. 放其声：放开声音朗诵，可从集体朗诵过渡到个人朗诵；4. 理其层：品味出诗文内涵的不同层次；5. 揣其意：揣测出作者的意图；6. 摹其情：模仿作者的感情；7. 想其景：一切景语皆情语，善于从景中体味情；8. 演其形：略有些表演动作，特别是眼神的运用很重要；9. 熟其文：即熟到能背下来。

经典诗文不但要诵，更要背。先难后易，每天背二三百字有思想的经典诗文。养成习惯后，越背越喜欢背。一次背两三篇不一样的材料，如一篇白话文与一首古诗一块儿背，不求甚解地大量背。背时，两头易，中间难，要善于抓关键词。这种背的功夫，就是"读书破万卷"中的"破"。久而久之，腹中存货日多，自然下笔如有神，人也会变得高雅脱俗，"文化美容"此之谓也。这样做形远而实近，考试成绩反而会更好。只要背大约100篇古文、200篇现代文、300首古诗词，语文课就不必上了。

韩博士指出教师辅导学生读书应当做到：研讨两三点（不求甚解，直奔语言）；美读吟诵；背诵二三百字，持续严格检查。不讲作者背景，不讲段落大意，不讲中心思想，让学生自己在吟诵中体会。教师主要指导学生学会比较、判断、品味儿大家作品中的立意、谋篇和语言文字魅力。语文课应当是读书课、诵书课、抄书课、背书课，而不是听书课、做题课。这就是多快好省的学中文的方法，表面上看起来好像很笨，其实最聪明。电影《阿甘正传》中，阿甘就用傻傻的长跑，征服了多少聪明人跟着他跑。往往最笨的方法，能取得最辉煌的成果。表面上最远的路，往往才是捷径。多少聪明人想走捷径，最后都绕得最远。

林语堂先生曾经指出：每个读书人都应当在古今中外无数经典作家中找到几位自己最中意的"情人"，只有在和情人谈恋爱的状态下，读书效果才最好。在信息海啸呼啸而来的今天，这种忠告更有指导意义。林语堂还说，文章写得好的人，都是上课偷看课外书的结果，那么为什么不把课外书直接拿来当教材？为什么要费那么大劲儿编什么统编教材？还要进行莫名其妙的考试，活活把书生考成了考生，多少学生的灵气就是这样泯灭的！

诗意地栖居是最理想的生活方式，诗意地、整体感悟式地、不求甚解地读经典或背经典，更是最理想的学中文的方法。这种注重内在思想的交融和生命力激发的读书法增人灵性，能把人读活，而不会读成书呆子。《红楼梦》中，林黛玉教香菱做诗，就采用了这种方法。她让香菱先精读一百首王维的诗，再分别精读一二百首杜甫和李白的诗，以这三位大家为底子，再泛览其他各代知名诗人的作品，自己再试着写写，就不愁做个诗翁了。林黛玉倒适合当一名中学语文特级教师，还可以派到国外，当个孔子学院的导师。

总之，学好中文的方法是：找到"情人"；"吟"、"诵"、"啸"、"背"有思想的经典诗文；好读书，不求甚解；读书破万卷，下笔如有神。

更关键的是：你要有学好中文的强烈冲动，态度决定一切！那是国家的当务之急，更是你自己的当务之急。

冲破英语魔咒

学习西方文化要先难后易，先学西方文化的经典名著，才能学到精华。

——福泽渝吉（日本思想家、明治维新之父）

语言是听会的。

——徐火辉教授

回顾自己的学习经历，最让我伤心的，恐怕就是学英语了。我断断续续学过十多年英语，买过《电视英语》、《新概念英语》、《AAA英语》、《洪恩环境英语》、《移动英语》、《英语九百句》、《疯狂英语》、《美国语伴》、《沛沛英语》……，为了学英语，录音机、复读机、DVD、CD机买过好多台。我把大量时间花在了学英语上，口袋里常带一个小本子，平时抓紧点滴时间背单词，吃饭时睡觉前都不忘听英语。我学任何东西都没有学英语花的时间多，耗费的时间简直可以大学毕业三次了。但我学了忘，忘了学，反复折腾，最后还是没学会听、说、读、写……

恐怕我国许多人都有这种惨痛的经历，学英语耗费了大量最宝贵的青春和钱财，最后还是没学会英语，碰到外国人还是说不出话来，拿起英文报刊，还是无法阅读……

学英语成了许多人的魔咒和噩梦，不学又不甘心，因为中国日益融入国际社会，英语越来越重要越来越有用，而且世界文明的精华，大多集中在英文典籍中，英语也是当今国际交往通用的世界语，是全球化最重要的交流工具，中国人要学习世界先进文明，怎么能不学好英语？但绝大多数中国人耗费了大量时间和精力，每年耗费了几百亿的学费，却仍然学不好英语，还有什么比学英语更浪费生命和金钱呢？

学英语到底有没有多快好省的方法呢？

再笨再懒的人都能学会说话

在《移动英语》配套读写教程的前言中，作者这样写到：

学英语难，归根结底原因是两个：首先是学习方法，其次是语言环境，跟学习者的智力、天赋没什么关系。

世界上没有哪个民族的人是学不会说话的，再笨再懒的人都能学会说话，但人是怎样学会说话的呢？

大家回顾一下自己小时候学说话的过程，很容易发现这样几个特点：

1. 不看书，随意地跟着父母听和说，特别是在不会说话前大量地听；

2. 随时随地都泡在母语的语言环境里，能和周围的人随时随地自由对话；

3. 说的话都是最简单最实用的，谁都能听懂，非常容易达到日常交流的目的；

4. 读书写字都是到学校以后才开始学的。

从我们小时侯学会说话的过程可以发现：再笨再懒的人都能学会说话，学英语也没什么深奥的秘诀，唯一正确的方法就是我们小时候学说话的方法——绝不看书，让自己能够随时随地听和说，不管是吃饭、聊天、散步、开车、坐车、购物、做家务、玩游戏，任何时间都可以听说，让您很容易就处在听说的学习环境里。听说的内容简单实用，在生活中的使用频率都在

90%以上，而且要先练听说后学读写。英语是拼音文字，不像汉字是象形文字，因此听是根本，听要领先。

如果您处的环境不能经常听说英语，建议您不要浪费时间和金钱去学，否则很快会忘掉。最好您自己营造英语的听说环境，和家人、亲戚朋友、同事一起经常听英语、说英语、读英语报刊，这样才能学会英语。学了立刻用或教，是最好的学习方法。

所以，不看书、随时随地听说常用英语、特别是听要领先、先听说后读写，善于营造日常英语听说的小环境就是学英语的秘诀，也是英语培训的秘诀。

中国人延续几千年的教育体制过分强调书面读写能力，而忽视了现实生活中最需要的实际能力，比如说话能力、动手能力、人际关系处理能力、沟通能力、表达能力等等，中国教育一方面知识难度极大，却又严重不务实。在英语学习中，大部分学生为了考试而苦背单词、死抠语法、做大量的习题，到头来却连最简单的说话都不会。我国几乎所有学科都有这种被应试教育误导的现象，浪费了千千万万青少年的宝贵青春。

俞敏洪谈学英语的方法

新东方的创始人俞敏洪从他女儿在美国学习英语的经历中发现：英文发音系统和它的语言本身是紧密联系的，是最典型的拼音文字，会说可能就会读，会读可能就会写。这与中文完全不同，中文是典型的象形文字，每个字的写法与发音是没什么联系的，这让中国孩子在学习中文上要比西方孩子多花许多倍的时间，造成了死记硬背和重视标准答案的应试文化。中国许多学生甚至连理科公式都是靠硬背记住，而西方学生是通过大量的实验和推导来掌握这些公式，很注重实际"做"的过程和思考过程。

俞敏洪从自己学英语的经历中发现：学英语时，当你嘴里能说时，拼写就相对容易，所以学英语应当听说领先，听和说非常熟了之后，再用听写的方法去拼写，就能长时间地记住。即通过发音，通过脑子里的声音，以及生活中对这个词（最好是句子）的感知，再来拼写就很容易了。如果只会阅读理解，听说很差，没有语感，过了一两年就彻底忘掉了。学英语不能像学汉语那样一个字母一个字母地记，要在具体场景中听说句子。

俞敏洪主张先让孩子们对英语的总体发音熟悉起来，做到基础词汇（比如说常用的4000个左右），完全能用耳朵分辨出来这些单词和这些单词连成的句子是什么意思，能顺畅地听写下来，然后再深入下去学更难的东西。学英语短文不应把第一句到最后一句全背下来，而是灵活地把句子结构和句子表达法背下来。学生看着中文，能把英文标准流畅地说出来，不需要把课文从头到尾背出来，那只是关注上句和下句之间的关系，而不是这个句子本身的表达法，重点应当在句子结构的掌握和灵活应用上。

这里强调听说、听写、背句子表达法。

怪才辜鸿铭学英语的方法

清末民初的怪才辜鸿铭精通九国语言和文化，国学造诣也极深，曾获赠博士学位达13个之多。他的思想影响跨越20世纪的东西方，是一位学贯中西的学者，又是近代中学西渐史上的先驱人物，那么他是怎样学外语的呢？

辜鸿铭10岁时就随他的义父——英国人布朗踏上苏格兰的土地，被送到当地一所著名的中学，受到极严格的英国文学训练。课余时间，布朗就亲自教辜鸿铭学习德文。

布朗的教法略异于西方的传统倒像是中国的私塾。他要求辜鸿铭随他一起背诵歌德的长诗《浮士德》。布朗告诉辜鸿铭："在西方有神人，却极少有圣人。神人生而知之，圣人学而知之。西方只有歌德是文圣，毛奇是武圣。要想把德文学好，就必须背熟歌德的名著《浮士德》。"

他总是比比划划地边表演边朗诵，要求辜鸿铭模仿着他的动作背，始终说说笑笑，轻松有趣。

辜鸿铭极想知道《浮士德》书里讲的是什么，但布朗坚持不肯逐字逐句地讲解。他说："只求你背得熟，并不求你听得懂。听懂再背，心就乱了，反倒背不熟了。等你把《浮士德》倒背如流之时我再讲给你听吧！"半年多的工夫辜鸿铭稀里胡涂地把一部《浮士德》大致背了下来。

第二年布朗才开始给辜鸿铭讲解《浮士德》。他认为越是晚讲，了解就越深，因为经典著作不同于一般著作，任何人也不能一听就懂。这段时间里辜鸿铭并没有停顿对《浮士德》的背诵，甚至已经可以"倒背如流"了。

学完《浮士德》，辜鸿铭开始学"莎士比亚"的戏剧。布朗为辜鸿铭定下了半月学一部戏剧的计划。八个月之后，见辜鸿铭背诵领会奇快，计划又改为半月学三部。这样大约不到一年，辜鸿铭已经把"莎士比亚"的37部戏剧都背熟了。

布朗认为辜鸿铭的英文和德文水准已经超过了一般大学毕业的文学士，将来足可运用自如了。但辜鸿铭只学了诗和戏剧，尚未正式涉及散文。布朗安排辜鸿铭读卡莱尔的历史名著《法国革命》。辜鸿铭此次基本转入自学，自己慢慢读慢慢背，遇有不懂的词句再去请教别人。但只读了三天，辜鸿铭就哭了起来。布朗吃惊地问"怎么了？"辜鸿铭回答说："散文不如戏剧好背。"布朗又问辜鸿铭背诵的进度，发现他每天读三页，于是释然："你每天读得太多了。背诵散文作品每天半页到一页就够多了。背诵散文同样是求熟不求快，快而不熟则等于没学。"

辜鸿铭所在的中学课业本来是极繁重的，但由于辜鸿铭各科在布朗身边都提前打下了基础，整个学校学习过程便显得毫不费力，没事时辜鸿铭便背诵卡莱尔的《法国革命》。他越读越有兴致，可是读多了便无法背诵。若按布朗的要求慢慢来，又控制不了自己的好奇心。就这样时快时慢地把卡莱尔的《法国革命》背完了。后来辜鸿铭终于征得义父的同意，可以随便阅读义父布朗家中的藏书了。有许多书，辜鸿铭并没有打算背诵，但也在不经意间"过目成诵"了。

布朗对辜鸿铭的寄望极高。他曾告诉辜鸿铭："我若有你的聪明，甘愿做一个学者，拯救人类，而不做一个百万富翁，只造福自己。现在欧洲国家和美国都想侵略中国，但是欧洲各国和美国的学者却很想学习中国。我希望你能够学通中西，就是为了让你担起强化中国，教化欧美的重任，能够给人类指出一条光明的大道，让人能过上真正是人的生活！"

依照布朗的计划辜鸿铭应该先学英国文学、历史、哲学及社会学，然后再到德国学习科学，学成之后才可以回中国修习传统文化。

布朗当初确实没有看错，辜鸿铭十四岁时，学术造诣就已经非一般人所能比。他只用了短短四年的时间，不仅初步完成了布朗拟定的家庭教学计划，而且基本上修完了所在中学的各门主要课程。布朗不禁暗自为养子的聪明感到骄傲。辜鸿铭在学校里初步掌握了拉丁文和希腊文，其他课程的成绩也都很出色，已经可以申请毕业了。

1872年春季，辜鸿铭正式进入爱丁堡大学就读。辜鸿铭在爱丁堡大学的专修科为英国文学，同时兼修拉丁文、希腊文，其间又不知暗自哭了多少次。他立志遍读爱丁堡大学图书馆所藏希腊文、拉丁文的文、史、哲名著。刚开始时，读多少页便背诵多少页，还没觉出什么困难。后来随着阅读量的逐渐增大，他渐渐感到吃不消了。他要求自己坚持，再坚持，一定要一路背诵下去。辜鸿铭晚年忆及此事时曾说："说也奇怪，一通百通，像一条机器线，一拉开到头。"

方法对了，事半功倍

辜鸿铭之所以能精通九国语言和文化，关键就在于布朗教给他的学习方法：

战略定位——具有非功利的、超越当下现实的、拯救人类的终极追求。布朗要求辜鸿铭不做富翁做学者，与犹太人最重视学者的观念一样。布朗高瞻远瞩地看出早熟的中国传统文化追求天人和谐的人性价值，要求辜鸿铭先打下西方文史哲和科学的底子，再学中国传统文化，从分析走向综合，学会中西文化精华，培养健全的思维模式。

日本思想家、被誉为"明治维新之父"的福泽谕吉主张：学习先进文化，一定要先难后易，先学该文化最伟大的经典著作，这样才能学到精华。

而文学经典往往是最丰厚的文化积淀和结晶，也最吸引人最有趣。布朗要求辜鸿铭背熟歌德的代表作《浮士德》和莎士比亚戏剧就是这种高明的思路。如同中国私塾学习中国古代经典，先不管内容懂不懂，熟背下来再说，今后再从生活体验中去逐渐理解。先分段背诵经典短文，求熟不求快，熟了今后就会越来越快。生活阅历越多对经典的理解就越深刻，经典就成为你生命的一部分了。养成了背诵经典的习惯，容易过目成诵，中西文化的精华烂熟于胸，就跃上了人类文明的巅峰，这样的学者才能成为指引人类发展方向的先知。

战术方法——用表演、朗诵、说说笑笑、轻松有趣、动作化、游戏化的做中学，不用教材，直接听、读、背熟外文经典诗文戏剧，一下学到西方文化的精华，既学语言又学文化还受到美的熏陶，一举多得。

原商务印书馆总经理王云五也采用了这种学外语的方法：上来就读外国名著，发现某段有精读的必要，于熟读数次之后，将之译为中文，经过一星期后，重译为英文，绝不看英文原文，译毕对照修改。

原典英语学习法

深圳大学徐火辉教授运用脑科学、认知心理学、人类学的最新研究成果，经过多年研究和实践，发明了"原典英语学习法"。这种学习法强调三点：一是以听为根本，像欣赏音乐一样大量反复地听英文；二是听的内容必须是英语经典名著；三是听力材料必须是英国的专业演员或播音员的标准发音。

"原典英语学习法"不用统编教材、不死抠语法、不死背单词、不分析句子、不用考试，却创造了许多奇迹。徐火辉教授用这种方法指导学生学英语，培养出了五十多位进入牛津大学和剑桥大学的中国高材生，而且中国学生到了这些世界名校，英语水平并不比英国学生差，都能迅速适应名校的课程。一位八岁的小女孩，用原典英语学习法学了两年后，如今能流利地说英语，还能津津有味地读英文版《哈利波特》，英语水平超过了许多大学生甚至研究生。"原典英语学习法"的网站上，这种生动的案例还有许多。

原典英语学习法基于三条公理：

第一公理：语言是人人天生的自学能力。

第二公理：听是语言学习的本原技能，以听带读、以听带写，效率最高。

第三公理：强调听优质的经典名著原版朗读，从感受优美的声韵而非分析文本来学好英语。

原典英语学习法要求使用这样的英语素材：由专业演员或播音员朗读的声情并茂的原版经典名著素材，最好是自己最感兴趣的名著内容。可选分级的原版英语经典多媒体书系列，以情感丰富、描写生动的作品为首选。难度略高有挑战性，认真听3遍能懂20%-50%为宜。完全听不懂也要反复听。素材要同时包括音频和文本，即能听也能读。一定要先听后读、先听后写，以反复听为核心。

徐教授倡导第一步要禅式聆听，具体做法是：

先听3-5遍，多听有益，专注聆听效果，不读文字，打坐入静、闭上双目、呼吸柔和、意念专一、松弛自然、欣赏嗓音的优美。用手机、MP3等随时随地听。

每逢停顿，都让刚听到的语音流在脑海中反复回荡。通过赏音而辩音辩声，不在意听不清、听不懂，欣赏节奏语调等音乐之美，自然而然地辨别并熟悉英语发音中的独特音素和音素连读模式，提高听觉的精细化和敏锐化。

基本听清了发音的生词，自然可以根据上下文猜测词义。可用纸笔进行猜拼词训练，不求准确，会猜效果就好。

适当分段听：分成2-5分钟一段为宜，每听完一段（专注聆听多于三遍），再进入下一段。

在足够的禅式聆听的基础上，第二步再阅读，具体方法是：

在电脑上打开听过的文本，激活金山词霸的屏幕取词翻译功能，遇生词取词翻译。中级程度边听边读。

只针对生词或短语翻译，不全文或整句翻译，以便根据上下文主动猜测整句含义，减少汉语翻译式理解。

边听边读并不要求听读完全同步，重点集中精力把句子大体读明白。

若在听的过程中做了猜拼词训练，可将生词与原文及词典对照。

遇到凭直觉常用的生词或短语，要结合上下文立刻记忆，句子单独多放几遍，强化声韵感受，特别注意在句子中的用法，可查英英词典了解准确释义。

徐教授强调大致听记，方法是：

金山词霸的屏幕取词若有高素质的单词发音，可仔细听并跟读几遍，强调听记。

把生词汇集到金山词霸的生词本中，随时集中复习，最好连句子或短语一起抄录记忆，不强求记过于生僻的词汇。

单纯阅读或同步听读至少三次，不刻意追求全部弄懂，听懂70%左右即可，过于艰深部分可略过，今后听多了自然就懂了，也可记录下来请教别人。

以上两步做过之后，再次用第一步的禅式聆听方法听2-3遍，多听有益，享受听清和听懂比例显著提升的乐趣。

重点体会朗读的韵律、轻重缓急、抑扬顿挫，类似语音辨音师的训练。

专注聆听而不要主动提前回忆读过的内容，始终赏音辩音，达到自下而上的理解，这点对初学者尤其重要。

当能够毫不费力听懂80%以上内容，并有意无意希望背诵时，可采用主动回忆式聆听。

再次聆听2-3遍之后，可随时随地听，养成听书学习的生活习惯。

徐火辉教授的"原典英语学习法"深合日本思想家福泽谕吉倡导的学习西方文化要"先难后易"的主张，首先从听英语经典名著入手，而且也符合英语是拼音文字应当以听为核心的原理。因为听的是专业演员和播音员的标准英语，所有发音问题也连带解决了。

想想我们童年是怎样学会说汉语的，哪个不是在不认字前，就反复地听周围人说汉语，某天我们就自然而然说出汉语来了，谁也没去背汉语单词、抠汉语语法、分析汉语句子、参加汉语考试，但我们不都能流利地说汉语吗？

这就是一切语言学习的规律：语言是听会的！

徐火辉教授的方法也和辜鸿铭、俞敏洪学英语的方法近似，但徐教授还充分利用了现代高科技的精华——电脑，这样学英语当然能高效率地学到高水平的英语。

徐火辉教授写了一本书《超越哈佛》，国内还没有人敢于提出这个主张，如果你认真采用"原典英语学习法"，相信超越哈佛就不仅仅是梦想。

实践已经证明，"原典英语学习法"就是多快好省地学好英语的方法。

在研究状态下创业

创业就是在实践中研究的过程。

——刘 伟

我国如今有许多大学生和研究生找不到工作，政府极力倡导自主创业，而且出台了许多政策措施，辅助大学生创业。在当今的知识经济社会，该怎样创业才效率最高也最容易成功呢？

"相思李舍"的咖啡

台湾前商务印书馆总经理兼总编辑郝明义在他写的《越读者》一书中，讲了一个创业的故事：

李威德先生原来是一位专业建筑师，他因为对咖啡特别感兴趣，后来转行在台北开办"相思李舍"咖啡馆，他努力在研究状态下创业，很快使相思李舍的咖啡成为全亚洲最好喝的咖啡，他自己也成为鉴赏咖啡的味觉专家。

李威德决定开咖啡馆之后，就戒掉了以前一天喝一瓶威士忌的习惯，然后把咖啡、茶、红酒三样一起研究起来，从不同角度的比较中了解咖啡。

他不断明察暗访那些懂咖啡的人，从咖啡的生豆、烘焙、萃取、保存各找一位内行的人当导师，指引方向。自己平时下功夫去琢磨，等到对咖啡有一定的认识和体会后，再找一个咖啡专家来验证自己的水平。

他到书店浏览40多本与咖啡有关的书，连咖啡机器型号的书也要看，然后选出二三本真正可用的好书仔细阅读。同时，他参加国际咖啡协会，接触专业人士并了解他们看的书。如果需要一些冷门、生僻的书，他就采用上网购买、去图书馆找、托人到国外购买等方式想尽办法搜集到。

他在读这些书时，重点体会作者如何用全部的生命研究一项自己热爱的事业。他深入到作者的内心，用简单的方式来与作者产生心灵共鸣。"不识庐山真面目，只缘身在此山中"，有时他与书拉开一段距离，从更高更宏观的角度来审视书中内容，反而能更深刻全面地理解作者的本意。

他对书中和别人提到的东西并不轻信，保持一种科学的怀疑态度，总要用真材实料做实验，得到验证后才相信。比如书上说摩卡咖啡有五种芳香族，可他一开始找不到，于是他开始了一个不断失败又不断实验的过程。煮三分钟不对，煮二分五十七秒也不对，他就不停地煮下去，直到确定最合适的煮咖啡时间。

早期他觉得自己懂了咖啡之后，经常埋首在800种香味中，滔滔不绝地向顾客介绍，觉得很过瘾。时间长了，他发现了自己的浅薄，现在他讲咖啡只讲三件事：咖啡应该是透明的红色，不苦，不酸，人人都可以判断。他如今已经成了能把复杂化为简单，能表达得深入浅出的味觉大师了！

善研究者智

李威德的创业过程，是一个典型的不脱离实践的研究性创业的案例，在当今的知识社会，这种创业方法是最科学效率也最高的方法。可以预料，他今后进入任何领域，都有了一套研究性创业的方法，很快便可以成为这个领域的佼佼者。

在当今的知识社会，不论是做学问还是创业，都需要一种研究精神，并掌握一套研究方法，靠智慧来获得成就，凭一把子力气来没头没脑地蛮干，是根本没有竞争力的。

李威德在创业过程中，边干边学，学了就用。他阅读了大量书籍，他的智慧许多都来自阅读。我们看到，仅仅是阅读，也必须有研究的态度和研究的方法，并形成一套最适合自己的研究性阅读方法。

古今中外的杰出人物，都有自己独特的读书方法。

我国著名的田园诗人陶渊明的读书方法是：好读书，不求甚解，每有会意，便欣然忘食。他采用感觉式、熏陶式的随意读书法，享受心灵共鸣的会意，不呕心沥血地苦读。正像法国散文家蒙田倡导的那样：在书中寻找岁月优游的乐趣。这样能读出人的灵气和洒脱。

诸葛亮的读书方法是：独观其大略。即只看书中的大框架、大概、方向、重点、方法、趋势、原理等大的方面，不执著于细节，不沉溺其中，不迷信，始终坚持自己的独立思考和独立判断。这样能读出主见、大气和战略眼光。

我国南宋理学家朱熹的读书方法是：熟读精思，熟到言若出吾之口，精到意若出吾之心。他主张对有重大价值的经典著作要熟读精读，烂化于心，成为自己生命的一部分。

苏东坡读《汉书》采用八面受敌法：第一遍只读与治理之道有关的内容；第二遍专读人物言行；第三遍关注官制；第四遍琢磨兵法；第五遍研究货财……。这种方法就是主题研究性阅读，最适合做专题研究。

毛泽东、爱因斯坦等人还特别重视书外功夫，比如实地调查、交友、访谈、聊天、讨论、实验、演讲、实践等等，书里书外相结合就更全面科学了。李威德的创业过程，就综合了书里书外的功夫。

当今许多聪明人把读书和网络多媒体阅读结合起来，成为新型的"越读者"——超越纸质媒体的阅读者。

郝明义先生深刻地指出：网络多媒体阅读能唤醒和恢复人的多种感官，使人重返原始的全观认知。画面能弥补文字无法表达的内容，场景、科技细节适合特效影像来表现，好的影视、漫画、动漫也综合了人生、历史、哲学的大量信息。电子游戏能满足人渴望知道未来的多种需求，在虚拟世界中中断记忆重新开始，实现人生做不到的事。如同电影发明了蒙太奇之后（用画面的剪辑和组合来讲故事）才有了独有的魅力与生命，虚拟现实与网络的结合是未来网上阅读的方向，将使阅读立体化、动态化、多媒体化、互动化、体验化、表达和传播迅捷化。阅读越来越广泛方便了。

世上并没有统一的、对每个人都适用的阅读方法，最适合你的方法就是最好的方法。初期阅读应当什么方法都试试，然后逐渐找到自己最感兴趣、最适合自己、效率最高的方法。

开出第一条路，掘出第一桶金

郝明义先生认为：在当今知识爆炸的时代，对阅读来说，在开出第一条路之前，博只是散漫，专只是狭隘。所以要像李威德一样，首先要围绕自己的目标，集中力量开出第一条研究性阅读之路，掘出自己的第一桶金，越早越好。

郝明义先生在他写的《越读者》一书中，介绍了一种研究性阅读的方法，很有启发性。

首先选一个自己感兴趣的、小的研究题目，特别是让你感动过、怀疑过、好奇过、梦想过的题目，如"爱情"、"机器人"、"漫画"、"电子竞技"等，从自己最感兴趣的小课题开始研究。

针对这个感兴趣的小课题，先找50本书，然后分别使用观其大略、不求甚解、熟读精思三种方法，挑选出一到三本入门书。

熟读精思这一到三本书，配合相关网站的阅读，搜集相关资料，古今中外兼顾，自然发现接下来应当读的书或资料。

至少找一位导师引路、印证。

设定时间表，逐步收集阅读四五十种书和资料，随时记录，长期坚持，绝不中断。

分别用观其大略、不求甚解、熟读精思、八面受敌法整理吸收资料，分类存入电脑数据库。

先就各种书，再就这个题目领域的全貌整理写出心得，最后写出专题论文、报告、专著等等。

最后验收研究成果：说得出书店里有关这个课题的书种的缺失在哪里，少了哪些应该摆的书，以及为什么，或找导师印证。去找这个领域里，公认最顶尖的几个人的最新文章或书籍，看是否你能读明白，你所思考的问题，是否已经可以和他们在同一个层次上对话。

这是一个"博——专——博——专——验证研究结果"的过程，博与专有机结合，相互补充，每一步都要自主研究性阅读。

郝明义先生深刻地指出：获得了研究性阅读的第一桶金后，智慧财富的累积才会加速扩张，钱滚钱，左右逢源。掘到第一桶金之前的钱，都是无法理财的小钱、零钱，没有赚到第一桶金之前，所有阅读的热情都是假象。

开出了研究性阅读的第一条路之后，就可以沿路自在地采撷奇花异草了。先有体系后的乱读，才能把新知识编入已有的思想体系内。

跨出原来的道路次数越多，则越可能形成另一条蹊径，但和主干道有密切联系。

开出第一条道路后，用专门兴趣做中心，次及于直接相关的各种兴趣，次及于间接相关的各种兴趣，次及于不很相关的各种兴趣，以次及于毫不相关的各种泛览，如水中波纹一圈圈扩大，但总围绕中心。

胡适先生曾经指出：学问要既精深又博大，精深是他的专门兴趣，唯他独尊，无人能及；博大是以专门兴趣为中心的旁搜博览，几乎无所不知。

在知识社会，你掌握了先进的研究方法，获得了精深又博大的知识，就如同插上了翅膀，在创业中当然比别人飞得更高更远了，"相思李舍"咖啡馆就是一个生动的例子。